职业院校新形态**通识教育**系列教材

U0680569

创新与创业指导

微课版

主编

姚蓝洁 马超 胡文波

副主编

人民邮电出版社
北　京

图书在版编目（CIP）数据

创新与创业指导：微课版 / 熊俐，朱田主编. --
北京：人民邮电出版社，2023.1
职业院校新形态通识教育系列教材
ISBN 978-7-115-60715-7

Ⅰ．①创… Ⅱ．①熊… ②朱… Ⅲ．①职业选择－高
等职业教育－教材 Ⅳ．①G717.38

中国国家版本馆CIP数据核字（2023）第008082号

内 容 提 要

本书立足于大学生创新创业教育，系统地介绍了大学生创业需要掌握的相关知识及实践运用，对有志于创业或有意愿参加创新创业大赛的高校师生、社会人士具有一定的指导意义。全书共包括 11 个模块，内容主要涉及创业精神与人生规划、创新与设计思维、创业团队组建、创业机会识别与创业风险防范、创意设计、创意产出测试、商业模式设计、撰写创业计划书、创业项目路演、创新创业大赛前期准备，以及企业创办与管理等方面。

本书可以作为高等院校创新创业课程的教材，也可以供有志于创业的广大青年和社会人士参考。

◆ 主　　编　熊　俐　朱　田
　　副 主 编　姚蓝洁　马　超　胡文波
　　责任编辑　楼雪樵
　　责任印制　王　郁　彭志环
◆ 人民邮电出版社出版发行　　北京市丰台区成寿寺路 11 号
　　邮编　100164　电子邮件　315@ptpress.com.cn
　　网址　https://www.ptpress.com.cn
　　涿州市京南印刷厂印刷
◆ 开本：787×1092　1/16
　　印张：11.25　　　　　　　　2023 年 1 月第 1 版
　　字数：281 千字　　　　　　 2023 年 1 月河北第 1 次印刷

定价：48.00 元

读者服务热线：（010）81055256　印装质量热线：（010）81055316
反盗版热线：（010）81055315
广告经营许可证：京东市监广登字 20170147 号

编委会

主　编：熊　俐　朱　田
副主编：姚蓝洁　马　超　胡文波

FOREWORD

////////////////// 前 言 //////////////////

近年来，创新与创业一直是我国关注的重点。党的二十大报告强调科教兴国战略，并将科教兴国战略、人才强国战略、创新驱动发展战略摆在一起，将教育、科技、人才整合到一起进行系统谋划，提出"必须坚持科技是第一生产力、人才是第一资源、创新是第一动力"，以共同服务于创新型国家建设，完善人才战略布局。由此可见，创新及科技创新与人才培养的重要性。此外，党的二十大报告还指出"建设现代化产业体系，坚持把发展经济的着力点放在实体经济上""全面推进乡村振兴，坚持农业农村优先发展……"等，为广大青年创业者借助新时代的力量与机会，找到奋斗的事业指明了方向。

"创新创业型人才培养"也是高校和社会近几年持续关注和热议的话题。联合国教科文组织在《21世纪的高等教育：展望与行动世界宣言》和《高等教育改革和发展的优先行动框架》中提出，必须把培养学生的创业技能和创新精神作为高等教育的基本目标。教育部在《关于大力推进高等学校创新创业教育和大学生自主创业工作的意见》中指出，要在高校中大力开展创新创业教育。尤其是在"大众创业、万众创新"的浪潮下，随着社会各界对该口号的响应，我国已加快进入全民创业的时代。

事实上，随着我国创业环境的改善和创业文化的逐步形成，我国大学生的创业意愿日渐高涨。《2021中国大学生创业报告》显示，96.1%的大学生都曾有创业的想法和意愿，14%的大学生已经在创业或正在准备创业。

但创业并不是一件容易的事，由于欠缺必要的管理经验、市场运作策划能力、正确面对失败的心态及足够的资本支持等，大学生创业的成功率较低。解决大学生创业问题，不仅需要从外部营造创业氛围、优化创业环境，也需要从内部解决好大学生自身素质提升的问题。因此，对大学生进行系统的创新创业教育和训练，唤醒其创新创业意识，培育其创新创业精神，锻炼其创新创业能力，有利于为大学生未来自主创业、灵活就业做好准备。针对大学生创业中的主要问题，国家采取了多项措施对大学生创业进行帮助和扶持，同时，大部分高校也设立了大学生创新创业类课程。为了帮助大学生对创新创业有正确的认识，提升大学生创新创业的意识与能力，我们编写了本书。

作为大学生创新创业的教材，与目前市场上的其他同类教材相比，本书具有以下特点。

（1）知识分布合理。为了帮助读者学习、了解创业与人生规划的关系，树立正确的创业思维，顺利组建创业团队，抓住创业机会，成功进行创新创业实践，本书从介绍创业精神与人生规划入手，详细介绍了从创新与设计思维到企业创办与管理的一系列内容。

　　（2）**体例结构新颖**。本书采用"模块导读+学习目标+学习要点+课堂活动+拓展阅读+课后思考"的体例结构，并穿插了经典案例和拓展阅读材料，可以帮助读者更好地理解和运用知识；课后思考部分提供了思考练习题，可以帮助读者巩固与练习所学知识，同时提高对知识的运用能力。

　　（3）**案例生动丰富**。本书在正文讲解中附有丰富的创新创业案例，包括大学生创业案例、知名企业和优秀创业者的创业故事等。这些案例真实生动，具有很强的可读性和可参考性，大学生可以从中总结经验教训并获得感悟。

　　（4）**丰富的拓展资源**。本书配有丰富的对正文内容进行补充说明的拓展资源，读者可以通过扫描书中的二维码来查看。

　　本书采用问题、参与、研讨、案例的编写方式，紧紧围绕创新创业各模块的需要来选择和组织课程内容，重点突出对大学生创新创业意识的培养。

　　本书根据大学生创新创业过程中可能遇到的问题，按先后顺序分为11个模块，由熊俐、朱田、马超、姚蓝洁、汪拓、侯靖俊、胡文波编写。其中熊俐负责编写模块一、二、九、十一，朱田负责编写模块六、十，马超负责编写模块三、四，姚蓝洁负责编写模块五、七、八。汪拓、侯靖俊、胡文波负责制作本书的配套资源并参与录制本书的微课视频。

　　编写过程中，本书参考和使用了一些资料，在此谨向这些资料的作者致以诚挚的谢意。由于编者水平有限，书中难免存在疏漏和不足之处，欢迎广大读者批评指正。

扫一扫

扫码看微课

编　者

2022年12月

CONTENTS

///////////// 目　录 /////////////

模块一

踏上创业之路：创业精神与人生规划

模块导读 ↓

近年来，大学生创业已不再是少见的现象，创业已成为社会广泛关注的热门话题。创业不仅能缓解大学生的就业压力，还有利于大学生创造自我价值、实现人生理想，并推动社会、国家的创新进程。实施创业教育，既是社会经济发展对教育提出的要求，也是教育主动适应社会经济发展的必然措施。大学生作为我国社会主义建设的接班人、我国创新型国家建设的主力军，应积极主动地培养自身的创业素质、创业思维、创业能力，发扬创业精神，做好人生规划。

学习目标 ↓

1. 了解创业的含义与分类。
2. 掌握创业与人生规划的关系。
3. 了解创业导向的人生态度。
4. 能够树立正确的创业人生观。

学习要点 ↓

1. 创业的类型。
2. 就业型人生与创业型人生。
3. 人生价值画布。

任务一　了解创业

创业，不仅意味着创业者可以创造出丰富的产品或服务，为自身和社会创造财富，而且可以让创业者施展才能，实现自身价值和人生理想。当今的时代是一个全民创业的时代，大学生创业已成为毕业生走向社会的一种全新的就业方式。那么，什么是创业？

☷ 课堂活动

活动主题：探讨什么是创业。

活动内容：提及创业，你能想到什么？你身边是否有创业的人，他们是怎么开始创业的？你对创业有着怎样的理解？带着这样的思考，请你谈谈自己能想到的关于创业的词语，并试着写出你对创业的理解。

_____

_____

_____

_____

（一）创业的含义

《现代汉语词典》中将"创"解释为"开始（做），（初次）做"，有创立、创新之意，而"业"多指行业、职业、学业、事业、产业等。"创业"一词最早出现于《孟子·梁惠王下》中的"君子创业垂统，为可继也。"我们可以将其理解为"事业的基础"、帝王之业或者个人事业等。《辞海》将"创业"解释为"开创基业"；《汉语成语词典》和《现代汉语词典》将"创业"解释为"创办事业"；《英汉剑桥英语词典》则将其指为"可获利的、需要付出努力的事业与计划"。

创业的内涵较为丰富，综合国内外学者的观点，创业的含义可以从广义和狭义两个层面来解释。

（1）广义的创业。广义的创业指创业者在各个领域开创事业并且在特定领域内造成较大的影响，一般特指关系到国计民生的事业。例如，秦始皇统一六国、"文景之治"、开创"丝绸之路"和发展"一带一路"等都可以被看作创业。

（2）狭义的创业。狭义的创业指创业者在不确定的环境中，通过发现、识别和捕捉创业机会并有效整合资源，获取商业利润，创造个人价值与社会价值的过程。

在现代社会中，创业被普遍用于描述开创某种事业，例如，开店、创立企业等开展某种经营活动，不断创造经济价值和社会价值的行为。这是一种自主创业，与此相对的则是岗位创业，也称企业内创业，即个体或团队在从事岗位工作的同时，利用自身的专业技能和所掌握的知识开展创新创业活动。岗位创业背靠企业，风险较低。

也有学者为我们提供了关于创业的不一样的理解角度，例如，创业是一门像其他学科一样，可以被学习和掌握的学科；创业是一个将创新想法变为现实的过程；等等。因此创业的含义可以被归纳为以下5点。

（1）创业是一种有目的地开创新事业，但不局限于创建新企业的活动。

（2）创业是一门学科。

（3）创业是一个将想法变成现实，并最终实现价值的过程。

（4）创业是一个寻找机会、整合资源、开发产品、制订和实施计划的过程。

（5）创业是一种受机会驱动并以机会而非资源为中心的、边行动边思考的行动方式。

创业的含义

以下是关于创业的含义的不同说法，供大家参考和了解。

（1）创业是指那些承担风险的创业者，聚焦于发现和利用独特商业创意和商业机会，投入已有的技能知识、配置相关资源、创建新企业，从而为创业者个人和社会创造价值和财富的过程。

——吴见平等

（2）创业是一种思考、推理结合运气的行为方式，它为运气带来的机会所驱动，需要创业者在方法上全盘考虑并拥有和谐的领导能力。

——杰弗里·蒂蒙斯

（3）创业是一门学科，像其他学科一样，是可以通过学习掌握的。

——海迪·M. 内克等

（4）这个世界比任何时候都需要各式各样的创业者，他们创造性地思考和行动，他们能够把机会变成现实，并且为自己和他人创造经济与社会价值。

——美国百森商学院

（5）创业就是把有价值的想法变成现实。

——子谦国际创业教育学院

（6）根据社会的某种需求或问题，通过整合各种资源，设计制造一类专业的产品或服务，运用商业的方式，去满足需求、解决问题、创造价值，最后成就一番事业的过程。

——赵北平

（7）创新是将工作中的创意用新方法通过新产品、新流程、新服务、新事业来创造价值的过程。

——《新加坡国家创新计划》

（二）创业的分类

创业活动常涉及各行各业，创业项目的类型、动机和创业影响等也各不相同。按照不同的划分角度，创业可以分为以下类型。

1. 基于价值创造的分类

经济学家克里斯汀等人依照创业对市场和个人的影响程度，即个人改变和创造新价值两个维度，把创业分为复制型创业、模仿型创业、安定型创业和冒险型创业4种类型，如图1-1所示。不同的创业类型具有不同的特征。

（1）复制型创业。复制性创业是指在现有经营模式的基础上，简单复制原有企业的经营模式所进行的创业。例如，1998年，牛根生从伊利集团离开后，启动了一场"复制一个伊利"的计划，创办了蒙牛乳业集团。

（2）模仿型创业。模仿型创业与复制性创业一样，创

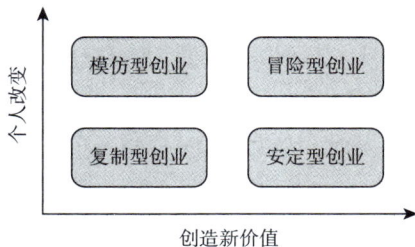

图 1-1　基于价值创造的创业分类

新成分较低、价值创造较少，但冒险程度较大，学习过程较长且容易出错，具有较高的不确定性。

例如，某产品经理辞职开"网红"奶茶店。但创业者若经过系统学习，具备相关能力和资源，也可能创业成功。

（3）安定型创业。安定型创业是指对创业者来说工作内容没有太大改变的创新创业活动。这类创业强调创业精神。例如，某研发部小组在开发完成一个新产品后，继续在该企业部门开发另一个新产品。

（4）冒险型创业。冒险型创业是指难度较高、失败率和投资回报率较高的创业活动。这类创业对创业者能力、创业时机、创业策略、商业模式创新、创业过程管理等都有很高的要求。例如，蔡先培在 50 岁时放弃稳定的生活和工作，下海经商，最终创办了科宝·博洛尼。

2. 基于创业动机的分类

依据创业者的创业动机，可以将创业分为生存型创业和机会型创业。

（1）生存型创业

生存型创业是指创业者迫于生活、出于生存需要而从市场中捕捉机会进行的创业活动。这类创业具有低成本、低门槛、低风险、低利润的特点，其创业项目多集中在餐饮、零售等行业，规模较小，大多属于模仿型、复制型创业。例如，打算自食其力的劳动者成为个体工商户，开餐馆、服装店等都属于生存型创业。

（2）机会型创业

机会型创业是指创业者基于实现自我价值的强烈愿望，在发现或创造新的市场机会下进行的创业活动。从事这类创业的创业者有明确的创业梦想，善于把握和识别创业机会。这类创业不仅能解决创业者自身就业问题，还能为更多人提供就业机会，值得社会倡导。

3. 基于创业起点的分类

依据创业者的创业起点，创业可以分为创建新企业和企业内创造。

（1）创建新企业

创建新企业是指创业者或创业团队从无到有地创建全新的企业组织。这个过程充满机遇，可以让创业者或创业团队的想象力、创造力得到最大限度的发挥，但也充满较大的风险和难度，易让创业者或创业团队陷入缺乏资源、经验和相关方支持的困境。

创建新企业的实例较多且常见。例如，陈欧本打算做游戏项目，但他发现国内许多女性消费者对线上购买化妆品信心不足，而线上化妆品行业也缺乏头部企业。了解电子商务发展趋势的陈欧意识到这是一个不错的机会。然而他这个想法却与合伙人产生了分歧，因为他们并没有做过采购、零售等工作，也不了解化妆品。最终，陈欧还是进行了冒险的尝试，他先花费两天时间上线团美网，然后以限时团购的形式将从代理商处买来的化妆品卖掉，并拉来了投资，结果业绩非常好，不到 5 个月，注册用户就突破了 10 万。2010 年 9 月，团美网更名为聚美优品，正式上线。

（2）企业内创造

企业内创造是指现有企业为了适应市场环境变化、提高企业竞争力或营业能力，开发新产品或服务，在企业内有目的地创新创造。企业内创造通常是由有创意的员工发起的，能得到企业的支持，并与企业分享创业成果。

例如，2000 年，华为集团为了解决机构庞大的问题，鼓励内部创业，将华为非核心业务与服务业务（公交、餐饮等）"分离"出去，以内部创业方式先后成立了广州市鼎兴通讯技术有限公司、深圳市华创通电子有限公司等企业。这些内创企业依托华为强大的经济实力与市场占有率为其提供相关服务，不仅使华为得到利益，同时也成就了企业内部员工的创业梦。

4. 基于创业周期的分类

依据创业者的创业周期，创业可以分为初始创业、二次创业和连续创业，如表 1-1 所示。

表 1-1 基于创业周期的创业分类

创业类型	具体形式
初始创业	初始创业又名一次创业，也就是人们理解的一般意义上的创业，是指创业者通过市场调查，根据自身资源、优劣势，权衡利弊，决定创业类型并创办企业、招募员工，生产产品或服务，不断扩大市场的过程。这类创业一般是先求生存，再求发展
二次创业	二次创业是指初创企业在发展中建立合理的发展机制的过程，或者成熟企业在新的竞争或市场压力下寻求新发展、新突破的过程。二次创业非常注重创新三要素：人才、市场、资本
连续创业	产品或服务的生命是有限的，这就需要创业者继续创业、继续嫁接企业生命。进入第三次或三次以上创业的企业往往可以形成较强的实力和较大的规模

任务二　规划人生

在生活中，每个人都在创造价值，或者想要去创造价值，例如，小时候想要成为医生、教师、律师、漫画家或者科学家等，这些不同的职业其实都能为他人和社会创造价值。实现梦想的过程，就是创造价值的过程，同时也是"创业"的过程。创业与人们的职业选择、人生规划息息相关，在十几年前，人们对人生的规划大多是好好学习、上大学，未来找一个稳定的工作。随着时代的发展，人们的职业价值观和人生规划变得多元，许多大学生在毕业后会选择创业。据央视新闻报道，2020 年，大学生创业者人数再创新高，达到 82 万。当今社会，大学生可以通过创业活动充分释放自己的创造力，创造属于自己的人生。

（一）人生的不同层次

创业本质上是个体对人生的安排，能够反映出个体以什么样的态度面对生活、面对工作，或者说选择了怎样的人生方向。2016 年，朱燕空在《创业学什么》中提出了人生的 5 个层次，即任务、工作、职业、事业和人生。

1. 任务

任务通常指他人交派的事项，有明确的时间和内容要求，例如，"要在后天上午之前完成一项活动企划"。任务是零碎而繁多的，并具有被动性与服从性，更多地体现了一种就业视角。

2. 工作

工作往往由多个任务组成，是程序化的任务。工作由个体的社会角色决定，意味着明确的职责与分工。个体往往分工合作，朝既定目标前进并推动社会发展。例如，在一个企业中，不同的人员承担着不同的工作，大家分工合作，共同推动企业发展，并凭借自己的工作成绩获得薪水和晋升。

3. 职业

职业代表工作态度，包含专业、细节和文化 3 个层面。其中，专业指个体拥有扎实的专业领域知识和丰富的实践经验，能与他人协作并做出科学决策；细节指个体的职业素养；文化则指个体对工作、自己、服务对象和环境的尊重。

4. 事业

事业是指个体能解决什么，以及为社会带来什么贡献。它是对职业的升华，是职业的意义，是一个人可以一直为之奋斗的目标，它能够解决人类最高层次的需求——自我实现。事业不是别人要求做才做什么，而是自己想做或愿意做，如个人追逐自己梦想的行为。

5. 人生

人生意味着个体站在人生的终点、站在未来去思考现在，以此来规划、设计自己的人生。人生体现的是事业发展的宽度与深度。从宽度上看，人生是将工作与生活相互交融的生活方式，从而增加人生的宽度，丰富人生的意义；从深度上看，人生则是指从可持续发展的角度、从事业的终点看待现在做的事，通常体现为人生价值。

通过朱燕空的人生方向分类，大学生可以认识不同的人生层次，并对自己的人生现状和规划有所反思。

（二）就业型人生与创业型人生

就业型人生与创业型人生体现的是两种不同的人生态度和思维模式。就人生层次的分类而言，任务、工作是就业视角，事业和人生则倾向于创业视角，职业则处于两者之间，既是就业视角，也是创业视角，因为这两种视角都要有专业的职业态度作为支撑。

就业视角倾向于"雇员"思维，具有就业视角的个体服从特征显著，其行为往往来源于他人的要求，很多时候自己并不知道为什么要这样。就业型人生以就业视角为主导，这类大学生往往不会主动创业，毕业后大多会选择按部就班地找工作。

创业视角则多了许多主观的思考，具有创业视角的个体做事更积极主动，并会花时间和精力寻找事件背后的意义。创业型人生以创业视角为主导，这类大学生会积极探索人生的意义，勇于创新、打破规则，能为自己创造更多的机会与价值。

需要注意的是，具有就业视角的大学生如果在工作过程中转变思维，愿意通过学习，不断反思、行动、创新，站在创业的视角看待自己的工作，就容易形成创业导向的人生规划，发现更多成长空间，创造属于自己的创业型人生。

（三）成为创业型人才

现在的大学教育主要是培养大学生的素质与专业能力，以促进大学生就业。但随着大学毕业生人数逐年上升，社会对具备创新与创造能力的大学生的需求变大，以及大学教育对大学生创业、创新能力的看重，大学生越来越需要转型。

如今有些人只是将工作当作生存的手段，不在乎工作的价值和意义，时常感觉工作无趣、人生迷茫。其实，每一份工作都是在为他人、社会创造价值，如果大学生能够以创业为导向，从事业和人生的层次去考虑工作，就会有不一样的发现。事实上，大学生若以创业为导向，将更容易寻找到自己的人生发展机会，获得更宽阔的发展途径。即便已经入职某企业，这类大学生也能通过企业内创造，找到人生的新方向，成就一番事业，成为社会需要的创业型人才。

万丈高楼起于垒土，千里之行始于足下。为了适应多变的社会需要，大学生应当开始转型。

（1）行动与尝试。大学生可以尝试一些新的工作机会，进行体验与反思。如果不能离开本职工作，大学生也可以在现有工作的领域中寻找发展机会。例如，张小龙在腾讯负责 QQ 邮箱团队时，主动向马化腾发出立项微信的邮件建议，然后与腾讯内部 3 个生产同类产品的团队竞争，最终胜出。如今，微信已成为一款"国民级"社交应用软件。大学生也可以利用业余时间创业，如利用网络平台创业、和他人合伙开店等。

（2）社交转型。在一个环境待太久之后，大学生将渐渐缺少可以学习或深度交流的对象，这时候可以进行社交转型，在熟悉的社交圈外构建新的人际网络。这样的交往或许能为大学生带来新的思考。

（3）发现工作的新意义。创业导向的转型并不代表一定要换工作或者创办企业，大学生通过挖掘工作的价值、发现工作的新意义，也可以为自己带来新的动力与发展空间。

课堂活动

活动主题：创业故事大赛。

活动内容：古往今来的创业者们给我们留下了丰富的创业故事。通过这些真实的故事，同学们能更深刻地认识到创业是一件什么样的事情。本活动将通过比赛的形式，引导同学们在真实事例中体会创业。

（1）材料收集。同学们自主收集相关材料，整理出一个关于创业的真实故事。

（2）故事讲述。同学们依次站到讲台上，将自己准备的故事讲给全班同学听。

（3）撰写感想。同学们通过撰写关于参加该活动的感想，总结自己对创业产生的新认识，以及自己将准备如何成为创业型人才。

任务三　树立职业精神与创业精神

人在一生中会面临许多不同的状况，如逆境、挫折、压力，而要经营好自己的人生，就要像创办企业一样，具备创业的精神与意识，以及创业者的品质，积极应对生活变化。创业导向的生活态度同时还要求人们积极探寻问题，运用不同的方式解决问题，为自己的目标和理想而奋斗，通过努力与创造，让生活更加美好。下面从职业精神与创业精神两个方面探讨创业导向的人生态度。

课堂活动

活动主题：讨论老板与企业家的不同之处。

活动内容：同为创业成功的人，有的人被称为老板，有的人被称为企业家，他们之间有哪些差别？请同学们通过综合分析，总结并阐述自己的观点。通过该活动，可以更加深刻地理解创业的意义和创业导向的人生态度。

（一）职业精神

职业精神与创业活动密切相关，表示从事某职业应具备的精神、能力和自觉，体现了人在做事时的态度和精神面貌。许多创业企业未能成长的原因主要在于其执行力缺乏和团队文化薄弱，而执行力和团队文化的核心就是职业精神。

1. 什么是职业精神

现代职业精神提倡各行各业的从业者关注社会利益，热爱工作，将生命、信仰与从事的职业有机结合。社会主义市场经济的发展强化了人的自主意识和自我发展意识，使人们不再只是把职业作为谋生的手段，还愿意在职业发展中融入自己的理想，不断追求自我价值的实现。职业精神主要包括以下3点，如图1-2所示。

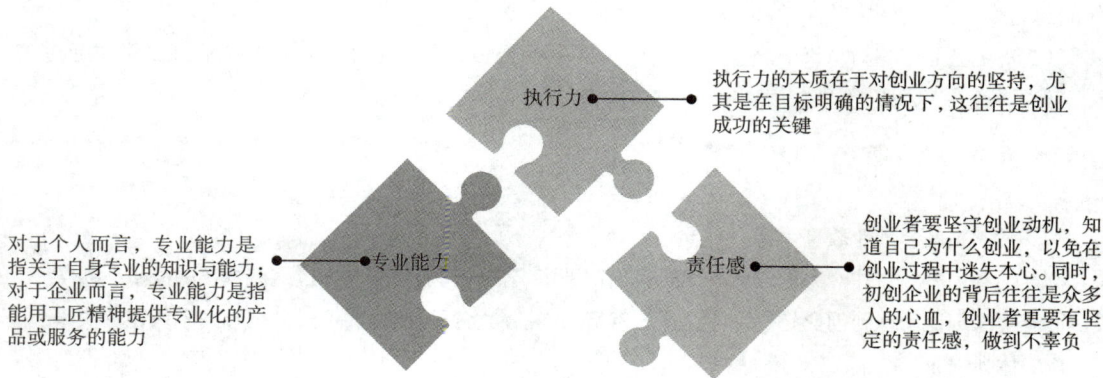

执行力 —— 执行力的本质在于对创业方向的坚持，尤其是在目标明确的情况下，这往往是创业成功的关键

专业能力 —— 对于个人而言，专业能力是指关于自身专业的知识与能力；对于企业而言，专业能力是指能用工匠精神提供专业化的产品或服务的能力

责任感 —— 创业者要坚守创业动机，知道自己为什么创业，以免在创业过程中迷失本心。同时，初创企业的背后往往是众多人的心血，创业者更要有坚定的责任感，做到不辜负

图1-2 职业精神

2. 职业精神的培养

职业精神是企业发展的需要，也是个人生存的需要。通过职业精神的塑造与培养，企业能够更好地管理员工，形成良好的企业文化；个人也能够敬业乐业、钻研积累而有所获。

（1）执行力的培养

对执行力的培养，主要体现在对团队精神的培养和对吃苦耐劳精神的培养。培养团队精神有利于集中集体的智慧，充分发挥团队的凝聚作用，对于创业而言非常重要。如果缺乏团队精神，就会出现内部沟通不良、互相拆台的现象。团队精神的要求包括两点：一是独立性，成员要独立思考，独立决策，有独到的见解，只有这样才能承担好自己的职责；二是合作性，即成员要有明确的目标、共同的承诺、坦诚的沟通、相互信任的合作，同时求同存异，能与意见不同的人合作，并顾全大局，将集体利益置于个人利益之上，将国家利益置于集体利益之上。

吃苦耐劳是中华民族的传统美德，也是我国教育培养中的重点内容。对于创业者而言，这种精神有利于提升其道德素质、意志品质和环境适应能力。需要付出大量时间、精力的创业活动，更需要创业者具备吃苦耐劳精神。这往往要求创业者做到在体力上不畏艰辛，不怕脏、不怕苦、不怕累；在精神上要有坚韧的品质，能坚持，不轻言放弃。若遇到困难便退缩，终将一事无成。

（2）专业能力的培养

专业能力往往是在业务学习和职业实践中培养起来的，能直接影响活动效率。不同职业所表现出来的专业能力既有共性又有个性，其包括记忆能力、思维能力等一般能力，以及营销能力、编程能力等为完成某特殊领域的活动所必备的特殊能力。培养专业能力包括注重专业知识水平的积累，如通过培训和网课多看相关图书与视频；积极参与相关的职业实践，并尽可能往高度专业化方向发展自己的能力；制订专业的学习计划；等等。

（3）责任感的培养

责任感是指个体对自己角色职责的自我认识和觉醒程度，它要求个体必须对他人和社会负责，同时对自己负责。良好的责任感是个体必备的品质，责任感不足的人往往很容易被现实和挫折打败。

（二）创业精神

创业精神是创业的动力，也是创业的支柱。没有创业精神就不会有创业行动，创业成功也就无从谈起。因此，创业精神对创业至关重要。

1. 什么是创业精神

创业精神是指在创业者的主观世界中，那些具有开创性的思想、观念、个性、意志、作风和品质等，主要表现为勇于创新、敢当冒险、团结合作、坚持不懈等。

国内外学者从心理学的角度对创业精神进行了深入研究，并做出了以下概括。

第一，如果个体表现出创新、承担风险和主动进取等行为，那么他就具有创业精神。

第二，创业精神体现了创业者为开发机会而集中独特系列资源创造新价值的过程。

第三，创业精神是创业者在个性方面所具有的特征，如机会捕捉能力、高成就动机等。

创业精神有 3 个层次的内涵：一是哲学层次的创业思想和创业观念，是人们对于创业的理性认识；二是心理学层次的创业个性和创业意志，是人们创业的心理基础；三是行为学层次的创业作风和创业品质，是人们创业的行为模式。

创业精神的实质是以创新为基础的行为与思维方式，即不满足于现状，改变旧有条件，寻求解决问题的新途径。

2. 创业精神的作用

创业精神是一种心理上的内在动力机制，能够激发人们进行创业实践的欲望，支配着人们对创业实践活动的态度和行为，并影响人们投身创业实践活动的方向及强度。

创业精神对个人、企业、国家来说，能产生以下作用。

（1）创业精神能够使个人成功地创建自己的企业。

（2）创业精神能够使企业具有更强的竞争力和获得更大的成长。

（3）创业精神能够使人民变得富裕、国家变得强大。

3. 创业精神的培养

提高人的主观能动性、辩证思维能力和自主创新能力是培养创业精神的有效思路。培育大学生的创业精神是一项系统工程，全社会都应该关注和支持大学生创新创业。

（1）宣扬优秀的创业文化

校园是学生成长的外部环境，校园文化对学生具有陶冶功能、激励功能、导向功能。高校应想方设法将创业精神有机地融入文化活动、科技活动等活动中，以培养大学生的创业精神。具体来说，高校可以经常邀请成功的企业家或成功的校友到校做报告，增强大学生的创业信心，利用他们的创业激情感染大学生，使他们成为激励大学生创业的榜样；还可以借鉴发达国家对大学生创业精神的培养方式，着力营造鼓励创业的校园文化环境。当代著名教育家张楚廷先生说过："学校不应只强调教育，还应重视文化；有了文化，教育自然就在其中。"高校要在社会主义核心价值体系教育中融入关于创业精神的教育，加强对大学生的创业教育及相关风险意识的教育，在校园中形成推崇创新、尊重创业、宽容失败的文化环境。

（2）培育创业人格

斯坦福大学教授推孟曾在30年中追踪研究了800人的成长过程，结果发现，他们中成就最高的20%与成就最低的20%的最明显差异是个性差异。高成就者具有谨慎、自信、不屈不挠、积极进取、坚持不懈等心理特征。这说明个性特征对个体的创业来说是非常重要的。人格教育同创业精神与创业能力的培养是相辅相成的。高校要依据大学生的心理特点，有针对性地讲授心理健康知识，帮助大学生培养健康的心理，增强心理调适能力和对社会生活的适应能力，自觉培养坚韧不拔的意志品质和艰苦奋斗的精神，提高承受压力和应对挫折的能力。此外，高校还可以采用运用创业案例剖析创业者的人格特征等方式，让大学生掌握形成良好心理素质与优良人格特征的方法。

（3）培养创新能力

创新是创业精神的核心，高校必须强调对大学生创新能力的培养。高校要尊重大学生的个性发展，爱护和培养大学生的好奇心、求知欲，为其天赋和潜能的充分开发创造宽松的环境；鼓励大学生勇于突破，突破前人观点，突破书本知识；通过开设创新创造类课程、举办主题技能竞赛，让大学生感受、理解知识产生和发展的过程，培养大学生的科学精神和创新思维。

（4）强化创业实践

高校要鼓励大学生利用课余时间参加一定的创业模拟和社会实践活动，增强大学生对企业的了解和对社会的适应能力。例如，在校内外开展创业竞赛活动，与社会、企业联合开展大学生实习、见习活动等。"纸上得来终觉浅，绝知此事要躬行"，高校应让大学生在实践中磨炼自己，形成正确的创业认知，提高解决问题的能力。

任务四　创造自己喜爱的人生

对于一个立志创业的大学生而言，创业可以让其充分发挥创造性，帮助其真正了解自己，创造自己喜爱的人生。

（一）创业人生观

人生观是人们对人生目的、人生态度、人生价值等问题的总观点和总看法。正确的人生观能够客观地反映人生的本质和人的发展一般规律，可以帮助人们明确人生目的、端正人生态度、实现人生价值。创业人生观则是指人们对于创业的人生态度。对于人生价值、人生规划，每个人都有不同的思考，有的人喜欢走"别人走过的路"，有的人喜欢走"没被人走过的路"，有的人甚至"不喜欢走路"。但大学生需要明白，这个世界在不断地变化发展，未来不只是过去的延续，人类在不断地创新创造。

同理，人类也只是未完成塑造的"动物"，这种未定型性反而成就了我们，因为我们可以探索多方面的可能性，并能在不断的实践中完善自己。同时，生命的不确定性也要求我们不断超越自己、追求卓越，实现更高的生命价值，体验更美好的人生。正如尼采所说，人的本身只是一种"试验"，人永远掌握着主权，在不断进行选择，并在每一次自我超越、自我创造时，赢得再创造的自由。

另外，大学生创业者还应树立"成功由个人定义"的人生观。几年前，"北大毕业生长安卖肉""'90后'大学生返乡养猪"等还颇受争议。实际上，养殖业已经在向技术化和智能化发展，养猪已不再是人们以往认为的没有技术含量的低层次"苦力活"，现在许多大型养猪企业也将人才要求锁定在大学本科以上。以前不少人认为高校大学生留在大城市、做企业管理者、在都市创业才是成功，而现在不少大学生返乡创业，这也诠释了他们对成功的另一种定义。

例如，2021年获得"全国脱贫攻坚先进个人""全国三八红旗手"的齐晓景，大学一毕业便选择回到家乡，带领村民发家致富。虽然她的家人都认为农村人走出去才有出息，但齐晓景认为在农村同样能实现自己的价值。她在家乡利用大棚种植食用菌，并不断了解、开发、引进新的蔬菜品种，如草莓西红柿、黄金钩豆角、反季葡萄等。其开发冷棚设施农业和引进新蔬菜品种的做法改变了当地的种植结构；后续打造的"开心农场"，在采摘园基础上拓展的体验黏豆包制作、认领土地等项目，还带动了当地乡村旅游的发展。

（二）创业梦想

许多人都有过各种各样的梦想，但最终有没有真正实现，就不得而知了。虽然没有梦想依然可以生活，但有梦想并愿意追梦的人的人生会更精彩一些，无论他的梦想是大是小。

在创业的路上，总有许多追梦人。例如，曾参与设计、制作全球首款可进行人工智能体育陪伴的羽毛球机器人因为制造机器人而感到快乐，与其他人联合创业的"90后"女博士黄山；创建残疾人品牌"一起走吧"，并凭借水果电商创造销售奇迹，获得拼多多2018年度潜力商家奖的杨添财和吴云。大学生也应该勇于创梦、追梦，成为创业路上的行路者，做一个勇敢的逐梦人。

拓展阅读

高校硕士生返乡创业

2020年10月，四川电子科技大学电子科学与技术专业的硕士研究生刘沈厅回乡成功创业的短视频，引起了网友的广泛关注。

2015年，刘沈厅研究生毕业，不仅获得了公派加拿大皇家科学院继续深造读博的机会，还成功留校成为一名高校辅导员，前途一片大好，初入大学时许下的愿望"留在大城市"可以说已经能实现了。然而，母亲因病去世的噩耗让刘沈厅体会到亲情的可贵，产生了不愿远走他乡的想法。当时，他的家乡眉山市彭山区作为农业大区，建设了许多特色农业基地，这激起了刘沈厅的创业热情。他看好农业的发展前景，坚持要留在农村，而这也是他喜欢的领域。这种对农业创业的热忱与追求使得他在面对外界的质疑时内心仍无比坚定，他认为青春无处不精彩，只要认准方向，付出心血，一定会有收获。事实也证明了这一点。

2016 年，返乡不久的刘沈厅在李山村流转了 130 亩土地，用来种植猕猴桃和柑橘。他本来以为直接请当地有经验的人负责技术、生产，自己负责管理、找销路，创业就能很快走上正轨，没想到不久就因为有机肥质量出现问题，导致 80 亩猕猴桃无一存活。这让刘沈厅意识到，农业创业并不简单。2017 年 7 月，刘沈厅拿着通过政府协调得来的 30 万元贷款，重新种上了耙耙柑。这一次，刘沈厅不仅搬到了农场住，还报名参加了当地政府组织的农业技术培训班，开始没日没夜地学习，还拜四川省农科院柑橘专家陈克玲教授为师，不断弥补自身短板，不到一年便获评"中级农技师"。

因为柑橘 3 年后才能挂果，中间成本较高，于是刘沈厅开始琢磨耙耙柑提前挂果的方法，终于发现树体的大小是影响挂果快慢的关键。因此，他在搜集研究秋冬两季气象资料的基础上，选择不剪秋冬所生新芽，并改良原有的插箭式滴管，去掉滴头，在管道上打孔以让喷洒的水肥尽量多地覆盖到树体，最终成功提前一年挂果，亩产达 8 千斤，销售额达 300 多万元。在卖完耙耙柑之后，他发现阳光玫瑰葡萄在成都能卖到 100 多元一斤，这让他发现了商机。由于彭山区日照条件不满足阳光玫瑰葡萄的光照需求，为此，他放弃了原有的传统立式葡萄架，采用"V"形葡萄架，并将果园铺设的塑料地膜换成反光膜，以增加葡萄的受光面积。在葡萄成功挂果之后，他考虑到该水果市价较高，难以在当地市场卖出好价，便与之前在浙江参与学习培训时结识的水果经销商达成合作，成功将阳光玫瑰葡萄卖到了全国各地，扩大了耙耙柑的销路。2019 年，刘沈厅的果园实现了营收 150 多万元。不少果农过来"取经"，刘沈厅毫无保留地向他们分享了自己的经验，指导大家种植，已有不少果农在其帮助下种上了优质柑橘。2019 年 10 月，刘沈厅被推选为彭山区果业商会副会长兼秘书长。2020 年，刘沈厅等商会骨干实施了"零接触式"柑橘销售新模式，在当地政府的支持下，还建立了一个"线上 + 线下"的柑橘销售中转站，在半月内成功销售出 3750 吨柑橘。

受这次销售方式的启发，2020 年 5 月，刘沈厅主导开发了"彭山数字农业服务平台"，整合了当前的直播、小程序、公众号等新媒体矩阵资源，使客商和消费者获得了"购前咨询、购中配套、购后无忧"的一站式购买服务，让整个行业实现了信息互联互通、产业共荣共生。在当地政府的支持下，刘沈厅准备联合高校和科研机构，运用大数据、人工智能等现代信息技术，建设一个占地面积百余亩的智慧果园项目，让农业更加智能化。

🔠 课堂活动

活动主题：未来的生活愿望。

活动内容：创业梦想很多时候是个体对未来理想的生活方式的反映。同学们可以尝试通过下述做法，从自己的生活愿望中挖掘出创业梦想。

（1）写出你未来想过的生活和 8 个愿望，完成表 1-2。

表1-2 未来想过的生活和8个愿望

未来想过的生活			
8个愿望			
1		5	
2		6	
3		7	
4		8	

（2）从上述8个愿望中选出3个对你最重要的愿望。

（3）你认为如何才能实现你的愿望。

_____

_____

（4）根据你的实际情况完成表1-3。

表1-3 创业选择

问题	选项
1. 我为什么要创业	○生存 ○实现自我价值 ○有趣 ○其他
2. 我是否有足够的信心，并愿意承担风险	○是 ○否
3. 我是否愿意放弃现有的利益	○是 ○否
4. 我是否具有创业者应有的素质和能力	○是 ○否
5. 我是否能够承受可能遇到的压力	○是 ○否
6. 我能创业成功的核心资源优势是	○资金 ○人脉 ○技术 ○经验 ○商业运作能力
7. 如果创业失败，我是否有退路	○是 ○否
8. 我是否能够承担创业失败带来的后果	○是 ○否
9. 我创业可能遇到的最坏结果是	
10. 我认为我创业的最大风险是	

（5）你会选择创业吗？你的理由是什么？

_____

_____

（三）人生价值画布

在着手设计自己的人生时，大学生可以通过人生价值画布进行分析。人生价值画布是用来描述、设计和分析一个人价值创造逻辑的可视化工具，它能帮助大学生认清"为谁创造价值""创造什么价值”“如何创造价值”等基本人生问题。人生价值画布包括我拥有什么、我能做什么、我能帮助谁、我能为他做什么、我怎样宣传和交付价值、我怎样和他打交道、谁能帮助我、我能得到什么、我要付出什么等 9 个模块，不同模块的具体含义如表 1-4 所示。

表 1-4　人生价值画布 9 个模块及其具体含义

序号	模块	具体含义
1	我拥有什么	我有什么核心资源，主要包括“我是谁”“我知道什么”和“我认识谁”3 类
2	我能做什么	基于拥有的资源，我做什么能够创造出价值
3	我能帮助谁	我能帮助哪些对象
4	我能为他做什么	我能给谁提供什么服务，为其带来什么价值
5	我怎样宣传和交付价值	我如何让潜在消费者发现我和我的价值；我如何交付消费者购买的产品或服务，即我如何进行自我宣传，以及通过什么渠道为他人提供服务
6	我怎样和他打交道	我通过什么方式和与消费者打交道，是面对面沟通还是打电话沟通，是一次性合作还是持续性服务等
7	谁能帮助我	我有哪些可提供支持的合作伙伴
8	我能得到什么	我通过提供服务可以收获什么，如经济回报、精神回报、社会回报
9	我要付出什么	我要付出的资金、时间、精力、风险等成本

图 1-3 所示为某一社团摄影爱好者设计的人生价值画布。大学生可以参照此画布来认识、分析自己的人生价值创造，并以此思考、规划自己的人生方向。

<table>
<tr><td rowspan="2">谁能帮助我
我需要一些专业摄影师分享摄影经验</td><td>我能做什么
我能帮助社团拍摄宣传片，帮助学生拍写真，记录学生的日常生活</td><td rowspan="2">我能为他做什么
我能帮助学生提高摄影技术、了解构图技巧、记录生活</td><td>我怎样和他打交道
我可以为学生提供短期的拍摄服务和长期的拍摄技巧服务</td><td rowspan="2">我能帮助谁
我能帮助需要拍摄的学生</td></tr>
<tr><td>我拥有什么
作为一名摄影爱好者，我熟悉摄影知识、构图技巧、颜色搭配，也认识一些资深摄影师</td><td>我怎样宣传和交付价值
我可以通过朋友圈、公众号分享、宣传线下拍摄和线上拍摄的技巧</td></tr>
<tr><td colspan="3">我要付出什么
我要付出时间、精力或金钱</td><td colspan="2">我能得到什么
我能得到拍摄费用、学生的认可、自我成就感、自我成长</td></tr>
</table>

图1-3　人生价值画布设计示例

课堂活动

活动主题：画出你的人生价值画布。

活动内容：每个人拿出一张 A4 纸，画出自己的人生价值画布，然后思考自己如何更好地创造价值并规划自己的人生。在 10 分钟内完成画布填写。与同学相互分享人生价值画布的内容。

案例分析：雷军的创业人生

2021 年 7 月 15 日，"2021 中国最佳 CEO（首席执行官）榜"公布，小米集团的雷军荣登榜首。小米集团走到今天，雷军功不可没。

同其他互联网创始人一样，雷军的成功也不是一蹴而就的。1987 年，雷军考上了武汉大学计算机系。大学期间，雷军勤奋好学，两年就修完了所有学分并完成了大学的毕业设计。一次在图书馆看书时，他被一本《硅谷之火》吸引。这本书介绍了乔布斯、比尔·盖茨等人的创业经历，并讲述了苹果等公司的崛起与现状，年轻的雷军被乔布斯的故事深深吸引，心里燃起了创业的激情，"梦想写一套软件运行在世界的每台电脑上，梦想创办一家在全世界很牛的软件公司。"

大学毕业后，雷军被分配到北京附近的一个研究所当研究者，薪资比他工作多年的父亲还多几倍。虽然同龄人都羡慕他的工作，但他心里仍然有梦想，他想去互联网技术行业闯荡。1991 年，在一次计算机展览会上，雷军与金山创始人求伯君一见如故。1992 年，雷军与同事合著了《深入 DOS 编程》一书，并在之后不断学习加密软件、中文系统等各种实用小工具。1992 年，雷军应求伯君之邀进入金山当一个程序员，在之后的 16 年里，先后出任金山公司的北京开发部经理、珠海公司副总经理、北京金山软件公司总经理等职务，还完成了金山的上市工作。

求伯君立志让金山成为一个可以挑战微软的民族企业，但理想实现之路并不容易。20 世纪 90 年代，雷军算是中关村的"元老"，金山在业内发展也比较好，彼时，马化腾、李彦宏、周鸿祎等人还未发展起来。在我国迎来互联网大潮时，金山一直忙于做 WPS，在经历了从办公软件到词霸、毒霸等多次转型的起起落落之后，才于 2007 年在香港上市，这时，腾讯、阿里巴巴已经得到了非常好的发展。这让雷军非常感慨，并不断反思。

2007 年，雷军辞去金山 CEO 一职，转身成为天使投资人，开始以更大的视角看待互联网，这让他看到了移动互联网的机会。2009 年，40 岁的雷军决心用互联网的方式做手机。他联合北京科技大学工业设计系主任刘德、金山词霸总经理黎万强等 7 人，于 2010 年 4 月正式注册创立了小米公司。当年 8 月，其第一个移动操作系统 MIUI 正式上线。2011 年 8 月，小米 1 正式发布。2012 年，小米手机全年销量达 719 万台，含税营收 126.5 亿元。2013 年，小米手机的销量增长到 1870 万台，小米也成功完成四轮融资，估值迅速突破 100 亿元。2018 年 5 月，小米在港交所提交了上市申请，并于同年 7 月成功上市。2021 年，在知名调研公司 Canalys 发布的第二季度全球智能手机市场占有率排名中，小米手机销量超过苹果手机，首次晋升全球第二。而多年来，小米公司的业务不仅涉及手机、平板，还包括智能家居。小米通过小米生态链成为当之无愧的智能生活领先者。

🔔 分析

　　雷军曾说："大学时代，我觉得我跟别人最大的不一样就是我比他们更早地确立了人生的梦想，并且付诸实践。"为了实现人生梦想，雷军放弃高薪工作，进入互联网技术行业闯荡，并不断学习、不断探索，终于取得了巨大成功。雷军的成功正是因为其年轻的时候有梦，并勇于追梦，秉持创业的热情与奋斗精神，在自己钟爱的领域发光发热。没有梦想的人注定平庸，大学生应当敢于追梦，让自己的人生因实现梦想的努力而熠熠生辉，不留遗憾。

🚩 课后思考

　　通过对本模块的学习，你对大学生创业的重要性和必要性已经有所了解。如果运用创业的态度进行人生规划，你将如何创造自己的人生价值？请填写自己的人生价值画布，根据自己的实际情况思考未来的人生规划。

模块二

推开创新大门：创新与设计思维

模块导读 ↓

　　创新是一个民族进步的灵魂，是一个国家兴旺的不竭动力，也是中华民族最深沉的民族禀赋。在经济全球化的浪潮中，唯创新者进，唯创新者强，唯创新者胜。现今国际社会正处于一个迅猛发展的时期，创新精神显得尤为重要。设计思维也能在创业者的创新创业活动中发挥作用，帮助创业者开拓思维，提出有意义的构想。因此，大学生创业者在创业的过程中必须充分发挥创新意识的引导作用，并使用设计思维分析与解决问题。

学习目标 ↓

1. 了解创新的概念与类型。
2. 了解创意、创新与创业的关系。
3. 理解创新创业的意义。
4. 熟悉设计思维的一般流程。
5. 能够进行用户画像描述。

学习要点 ↓

1. 创新的类型。
2. 设计思维的一般流程。
3. 用户画像。

任务一　了解创新

　　在日常生活中，我们能发现不同的人看待问题的角度与深度都有所不同，相应地，其行为方式也有所不同。有的人思维敏捷、眼光长远，能够发现生活中的新奇与独特之处，所以总是能快于他人发现新的市场，并获得成功；有的人则会选择跟随带头人的脚步，在已有市场中随波逐流；有的人总是一条路走向前，不给自己留退路；有的人则"狡兔三窟"，通过多种选择规避风险。不同的思维方式导致不同的行为、决策。而在创业活动中，创业者应当具备较高的创新创业能力。

（一）创新的概念

　　创新，顾名思义，创造新的事物。《广雅》中说："创，始也。"新，与旧相对。创新一词出现很早，如《魏书》有"革弊创新"，《周书》中有"创新改旧"。和创新含义相近的词汇有维新、鼎新等，如"咸与维新""革故鼎新""除旧布新""苟日新，日日新，又日新"等。

创是始的意思，所以创造不是后造，而是始造。创造和仿造相对。通常说创造，含有造出了一个前所未有的事物的意味。说创新，大致有两种意味。一种意味是创造了新的东西，这和创造实际是同一个意思。另一种意味是本来存在一个事物，将它进行更新或者造出一个新事物来代替它。在这种意味下，创新包含了创造。新的创造一般是建立在原有事物的基础上，包含了对原有事物的创新，因而创造又包含了创新。人类的创造创新可以分解为两个部分：一是思考，想出新主意；二是行动，根据新主意做出新事物。一般是先有创造创新的主意，然后有创造创新的行动。

1912年，约瑟夫·熊彼特在《经济发展理论》一书中首次提出"创新理论"。创新者将资源以不同的方式进行组合，创造出新的价值。这种"新组合"往往是"不连续的"，也就是说，现行组织可能产生创新，然而，大部分创新产生在现行组织之外。因此，他提出了"创造性破坏"的概念。熊彼特界定了创新的5种形式：开发新产品；引进新技术；开辟新市场；发掘新的原材料来源；实现新的组织形式和管理模式。

德鲁克提出，创新是组织的一项基本功能，是管理者的一项重要职责。在此之前，"管理"被人们普遍认为是将现有的业务梳理得井井有条，不断改进质量、简化流程、降低成本、提高效率等。然而，德鲁克将创新引入管理，明确提出创新是每一位管理者和知识工作者的日常工作和基本责任。

创新是指以现有的思维模式提出有别于常规或常人思路的见解，利用现有的知识和物质，在特定的环境中，本着理想化需要或为满足社会需求，而改进或创造新的事物，包括但不限于各种产品、方法、元素、路径、环境等，并能获得一定有益效果的行为。

创新的本质是突破，即突破旧的思维定式、旧的常规戒律。创新活动的核心是"新"，它或者是产品的结构、性能和外部特征的变革，或者是造型设计、内容的表现形式和手段的创造，或者是内容的丰富和完善。

（二）创新的类型

提起创新，人们往往联想到技术创新和产品创新。其实创新的类型远不止这些。创新主要有以下7种类型。

1. 思维创新

思维创新是一切创新的前提。若思维成定式，就会严重阻碍创新。有些企业提出的不换脑筋就换人，就是这个道理。有的企业不断招募新的人才，重要原因之一就是期望其能够带来新观念、新思维，不断创新。

2. 产品或服务创新

对于生产企业来说，创新主要是产品创新。对于服务行业而言，创新主要是服务创新。例如，手机在短短的几年时间里已从模拟机、数字机、可视数字机发展成可以上网的手机。手机的更新演变生动地告诉我们，产品的创新是多么迅速而高级。

3. 技术创新

就一个企业而言，技术创新不仅指商业性地应用自主创新的技术，还可以是创新地应用合法取得的、他方开发的新技术，或已进入公有领域的技术，从而创造市场优势。例如，把军事上的核技术转移到核电站的建造上，就是技术创新。技术创新是企业发展的源泉、竞争的根本。

4.　组织与制度创新

组织与制度创新主要有以下 3 种。

（1）以组织结构为重点的变革和创新，如重新划分或合并部门、优化流程、改变岗位及岗位职责，调整管理幅度等。

（2）以人为重点的变革和创新，即改变员工的观念和态度，包括知识的变革、态度的变革、个人行为乃至整个群体行为的变革。

（3）以任务和技术为重点的变革和创新，如重新组合分配任务、更新设备、创新技术等，以达到组织创新的目的。

5.　管理创新

管理创新是指企业管理方法的创新。

6.　营销创新

营销创新是指营销策略、渠道、方法、广告促销策划等方面的创新。例如，戴尔计算机公司在 20 世纪 80 年代采用的直销模式就是一种营销创新。

7.　文化创新

文化创新是指企业文化的创新。

创新的形式多种多样，大学生需明确创新的重要性，坚持以科学的态度、创新的思维与精神去对待一切新旧事物，不断拓展认识的深度和广度，开展创新性实践。大学生只有创新，才能把握时代、引领时代。

（三）创意、创新与创业的关系

1.　创意与创新的关系

创意这个词从出现开始，就经常与创新混淆。事实上，创新的基础常常就是创意，创新是创意人群和创意过程作用的结果。创意的个人性和主观性较强，而创新是客观的，是团队领导的、竞争性的。更多时候，创新以知识和技术的积累为基础，与技术等层面的变革和创造有关，需要大量的投资支持和较长的产业化进程。

综上，创意与创新的关系可以概括为以下 6 点。

（1）创新开发是创意的延展，创新是实现创意必不可少的手段。

（2）创意开发是创新的起点，创意通过创新来达到自己的目标。

（3）创意即创造力的思想，理应包括一切可能的创造思想。

（4）如果说创意是一颗颗散落的珍珠，那么创新就是一条条精美的珍珠项链。

（5）创新开发在创意的激发下，调动一切力量，向着创意指引的最初方向前进，无论走多少弯路，只要目标不变，都是可以理解的。

（6）创意开发在创新的过程中，被提炼、升华、整合、修改，甚至产生更高级的创意，都是正常的，但这无损于它的源点形象。

2. 创新与创业的关系

创新与创业是相辅相成的、无法割裂的。创新是创业的手段和基础，而创业是创新的载体。创业者只有通过创新，才能使所开拓的事业生存、发展并保持持久的生命力。创新只是为创业成功提供了可能性和必要准备，创新精神所具有的意义只有作用于创业实践活动才能有所体现，才有可能促使创业成功。

（1）创新是创业的基础

创业者在进行创业时，重要的创业资本是核心技术、创业知识、运作资金、创业团队、创新能力等，但其中创新能力是最重要的。创业者在创业过程中需要具备创新意识和创新精神，需要具有独特和新颖的创新思维，产生富有创意的独特想法，寻求解决问题的新的思路和方法，不断克服企业发展中的瓶颈和难题。

（2）创新的价值在于创业

创新的价值就在于将潜在的知识、技术和商机转化为产品或服务，能够创造财富，实现企业再创业，通过将创新成果进行商品化和产业化，实现社会财富的增值。

（3）创业蕴含着价值创新

每一个创业者能够取得成功，必然进行了价值创新。创业者进行创业，就是通过努力将创新的产品或让用户满意的服务推向市场，让财富不断地增值。因此，创业是一种能够通过自我发展实现不断创新的过程，创新其实就是我们常说的"企业家精神"的本质。

（4）创业能深化创新

创业就是让新发明、新创造不断涌现，营造出旺盛的、全新的市场需求，使创新的经济价值、社会价值得以实现，实现科技创新的进一步深化，从而提高企业或国家的创新能力，推动经济转型与发展。创业的关键在于创新，持续创新必然推动和成就创业。

（四）创新创业的意义

推进大众创业、万众创新，是发展的动力之源，也是富民之道、公平之计、强国之策。2016年中央经济工作会议明确提出，坚持深入实施创新驱动发展战略，推进大众创业、万众创新，依靠改革创新加快新动能成长和传统动能改造提升。2022年，党的二十大报告进一步强调了创新、创业的重要性，加强了在该方面的部署，提出"坚持守正创新""着力造就拔尖创新人才""加快实施创新驱动发展策略，加快实现高水平科技自立自强""营造有利于科技型中小微企业成长的良好环境"等，有力彰显了未来创新创业仍是助力国家发展建设的重要驱动力。

1. 培养大学生创新创业能力是适应快速发展的现代化社会的需要

当前科技快速发展，人才市场的竞争也日趋激烈，从而导致现代企业对员工综合素质的要求也越来越高。以化学专业来说，对于化学物质及反应过程的观察与检测，已从最初简单的肉眼观测发展为各种高端精密仪器的准确定位，如原子光谱、分子光谱、色谱、分光光度法、激光光谱法、拉曼光谱等，再加上与计算机的联用，使其检测与分析效果更加方便、快捷、准确。这就要求化学专业的大学生掌握使用高科技仪器的必要技能。如果化学专业的大学生不提高自己的综合能力和创新能力，不去学习和改进各种仪器，那么化学的发展前景将会变得黯淡。在工作上，大学毕业生不仅要有严谨务实的作风和强烈的工作责任感，还要有扎实的基础及非凡的创新精神，只有这样才能在激烈的竞争中占有一席之地。

2. 培养大学生创新创业能力是建设创新型国家和落实科教兴国战略的需要

创新是一个民族进步的灵魂，是一个国家兴旺发达的不竭动力；当今世界的综合国力竞争，归根结底是科技实力的竞争、高素质人才的竞争。一个拥有创新能力和大量高素质人才资源的国家，将具备发展知识经济的巨大潜力。大力培养大学生创新创业能力，可以为社会输送一大批具有创新思维的新青年，能有效地维持和推动国家创新体系的建立，符合我国科教兴国和建设创新性国家的发展战略。

3. 培养创新创业能力是大学生实现自我价值和社会价值的重要途径

在校大学生的专业知识水平以及综合素质相对较高，使其具有潜在的创新能力。通过创业实践，大学生不仅能把创新构想转化为社会现实，还能实现自己的创新创业梦想，使自身的价值得到社会的认可；同时，大学生创新创业的结果，必然会为整个社会的发展做出巨大的贡献。

课堂活动

活动主题：蛋糕产品的创新设计。

活动内容：同学们都准备些彩笔与白纸（A4 纸），然后分为 6～8 人的小组，分组设计"蛋糕/面包＋新元素"组合（见表 2-1），开发蛋糕店新产品和创新盈利方式。各小组选出一位代表，讲解小组的创新设计思路。

表 2-1 "蛋糕/面包＋新元素"

组合	咖啡	猫	儿童手工	茶	……
蛋糕					
面包					
其他					

任务二　了解设计思维

创新是企业发展的动力和源泉。创新本身属于一种思维模式，思维由思维材料、思维加工方法和思维结果构成。例如，在工艺品领域，运用概括、分析、想象等思维加工方法，对形状、色彩等思维材料进行处理，最终获得创意成果，也就是思维成果，这就是一种创新。而设计思维同样如此，它是一种结合科学与艺术的创造性思维。相比传统创新而言，设计思维侧重于用户的当下需求，以用户为中心，是当前主要的创新思维模式。

（一）什么是设计思维

设计思维由 Design Thinking 翻译而来，该词早期由赫伯特·亚历山大·西蒙提出，他认为设计思维是一种一般性的问题解决过程，通过建立"分析—综合—评估"模型来最终解决问题。1987 年，彼得·罗在其著作《设计思维》中介绍了设计思维在建筑行业的运用，后来设计思维被广泛运用于建筑设计、工程、管理及教育等领域。全球诸多企业，如 IDEO、苹果、英特尔、百事可乐、宝洁等，将其视为一种内部创新的主流方法，它也是一套结合创新和分析能力、促进使用者高效解决问题的思维模式。

有些不了解设计思维的人常常将其与设计行业联系起来，认为设计思维是专属于设计师或生产工程师的。实际上，设计思维作为一套适用于多行业的、创造性的方法论，可以被运用于各行各业，当然同样适合运用于创业中。

设计思维通常指运用一系列的工具与方法论，挖掘出问题的本质，将问题重新定义，并遵循以人为本的思路，将问题与用户的潜在需求联系起来，以创造契机，发现新的机会。这是一种不是仅从问题出发，而是从目标和要达成的成果出发，着眼当前和未来，使解决方案能够更加优化的方法。例如，在以畜力交通工具为主的时代，越快的马越受消费者的欢迎，于是商人们都会考虑如何获得更多快马，而具有设计思维的人则会强调，为什么消费者追求快马？是否还有其他途径可以满足消费者的需求？挖掘出问题的本质，并将问题重新定义后，他们便开始多角度探索解决方案，对最优方案进行不断测试、改进，直到创造出新的交通方式。可以说，设计思维的过程其实也是没有标准答案的过程。

全球著名创意公司 IDEO 的首席执行官兼董事长蒂姆·布朗经常在公开场合谈论关于设计思维的问题，他认为，设计思维是一种运用设计师的敏感性，以一种技术可行与商业上可行的方式解决问题以满足人们需要的方法论。换言之，设计思维就是以人为中心的创新。

拓展阅读

创新与设计思维

随着全球化进程的加快，人类已经迈进知识经济时代。知识经济是建立在知识和信息的生产、分配和使用基础上的经济，是以知识为基础、以脑力劳动为主体的经济。这也对创业者的脑力活动和创新能力提出了更高的要求。改革开放以来，我国就一直处于高速发展中，这都是由于创新激发了人们的创造性。2006 年，我国颁布《国家中长期科学和技术发展规划纲要（2006—2020 年）》，提出建设创新型国家的战略。2016 年，中共中央、国务院发布了为加快实施国家创新驱动发展而制定的《国家创新驱动发展战略纲要》，明确创新驱动就是创新成为引领发展的第一动力。作为社会主义现代化建设的接班人，为促进民族复兴和中国梦的实现，21 世纪的大学生应当重视创新，培养创新能力。

人的左脑与右脑承担着不同的功能，大脑潜能的开发重在右脑。右脑思维是指人们通过问题分析，去洞察并满足服务对象的需求，提出关于问题的多种解决方案，它更重视在满足用户需求的同时，表达美感、精神性与情感。这就是一种设计思维，而且这种设计思维在创新中十分有用，越是右脑灵活的人其设计思维能力也就越强，就越能天马行空地展开联想，获取多样的解决方法，尽力达到最优的效果。

设计思维作为全球创新创业者的共同语言，在研究中被证实其对创造力提升、创新创业能力的培育、"三创（创新、创造、创业）型"卓越人才的培养有重要意义。同时，设计思维有助于创业者进行头脑清晰的观察和对解决问题方案的批判性分析，为实现创新提供各种可衡量的手段，促进创新目标的实现，因此大学生创业者应当重视设计思维对创业创新的重要作用。

（二）设计思维的一般流程

西蒙认为设计思维包括定义、研究、构想、原型、选择、应用和学习，且这些步骤可以同时发生并重复。IDEO 则将设计思维分为启发、构思和实施 3 个步骤。目前关于设计思维的过程划分虽然有多种不同说法，但都建立在西蒙的理论基础上。其中，斯坦福大学设计学院的五阶段设计思维模型获得了广泛的认可和运用。作为设计思维教学的领先高校，该学院提出的设计思维模型框架非常适用于激发创业者的创新思维，也被许多企业所运用。根据斯坦福大学设计学院的研究，设计思维可以分为同理心、定义、构想、原型设计和测试 5 个流程，如图 2-1 所示。

图2-1　设计思维的一般流程

1. 同理心

设计思维强调以人为本，需要了解用户，洞察用户的需求。有些大学生创业者为了获得用户的真实感受，除了进行实时实地调研之外，还会选择融入用户环境，在对方不知情的情况下观察对方。大学生创业者在调研和观察用户时，还要保持同理心、同情心，摈除偏见和自己的预期假设，真实理解用户的实际需求，这样才更容易与用户产生共鸣。

2. 定义

大学生创业者应用简短、精练的一句话去定义问题，准确描述问题，告诉他人本团队或者项目准备做什么，又有怎样的价值观。这一阶段将有助于大学生创业者明确需要解决的问题，收集好的想法，明确解决方案的特性和功能，并为最终的解决方案提供评估标准。

设计思维的本质是解决现实中的问题，但准确定义一个问题可能较难，这时候就可以通过重复"为什么"去了解问题的本质，发现问题出现的潜在原因。同样是由于没有快马而出现经营危机的情况，如果将问题定义为"如何获得速度更快的马"，那么大学生创业者会始终围绕快马来寻找解决方案。但如果是通过一系列的追问，或许大学生创业者能提炼出用户的真正需要。

例如，"你为什么不选择在这家店租赁马匹？"

"因为这家店的马匹的速度不够快。"

"为什么你需要更快速度的马匹？"

"因为我要去的地方很远，想尽快来回。"

"所以你其实是需要更快的速度，对吗？"

"是的，我追求的是更快的速度。"

"那你可以接受其他速度更快的交通工具吗？"

"我认为没有问题。"

由此可以看出，"如何使用户更快地到达想到的地方"这一定义相比原来的定义"如何获得速度更快的马"更符合用户的需求，问题描述也更为准确，由此定义获得的方案也更具多样性和创新性。

3．构想

大学生创业者集思广益，通过各种创意方法，就问题生成多种构想。生成构想的方法有许多，包括头脑风暴法、思维导图、角色扮演等。这些构想可能来源于一些用户对于产品缺陷提出的改进建议，可能是对他人想法的叠加。在该阶段，生成的构想越多越好。

之后，创业者就可以对这些构想进行分类，例如，按照能否实现、是否实用、重要性如何等对这些构想进行优先级排序，再按照优先级顺序执行这些构想。

4．原型设计

原型设计阶段指根据最优方案快速构建最终产品的阶段，通常要求大学生创业者用最短的时间和最少的金钱来做出解决方案，做出产品原型并展示，进而反思产品。在该阶段，大学生创业者可以选择利用各种纸、笔、软件、3D 打印机、木料等创建多个原型，也可以利用故事板塑造场景进行原型展示。这样做不仅可能减少资源的浪费，还可以帮助大学生创业者判断其构想实现的可能性，从而生产出更好的产品。

5．测试

测试阶段主要是测试产品原型，如大学生创业者对设计好的产品予以真人测试，并尽可能获得反馈，然后根据反馈来重新审视自己的产品，从而进一步优化产品，促进产品迭代。

虽然测试是设计思维流程的最后环节，但它可以贯穿设计思维的整个流程。例如，大学生创业者可以在构想之前先设计简单的原型来测试自己的想法，帮助发现更多的有关用户的信息。如果能合理、正确地进行该环节，大学生创业者将能更好地理解用户，创造出优秀的产品。

🔍 **拓展阅读**

设计思维对创业者的要求

2021 年 3 月 11 日，十三届全国人大四次会议表决通过了关于国民经济和社会发展第十四个五年规划和 2035 年远景目标纲要的决议。大学生作为创造能力和专业能力兼备的群体，是符合我国"十四五"规划的创业主要人群，然而由于各种各样的原因，许多大学生的创业计划夭折。设计思维作为一种系统性的、能帮助大学生创业者找出最佳创业方案的思维模式，对培养大学生创业者的创造能力、推进创业活动具有重要作用。

同时，设计思维也对大学生创业者的思维水平提出了很高的要求，尤其是当设计思维衍生到情感、科技、商业、人文等其他领域时。因此，为了更好地团结其他人才，产生多层次的创意，并更好地工作，将创新想法付诸实践，大学生创业者应当达到以下要求。

（1）跨领域的知识储备。大学生创业者需要具备较广的知识面和跨领域的知识储备，这样才能吸引人才，产生好的创意，并且在团队内形成开放的、自由的、协作的创意发散氛围，促进创意的激发。

（2）全面的综合素质。大学生创业者应培养自己在语言、身体运动、音乐、人际关系、逻辑、数学等各方面的能力，使自己具备综合素质高、智能结构好、活动迁移快、思维辐射广、社会适应力强等优点。这样在面对创新挑战时，大学生创业者也能做到迎难而上，以变应变，积极乐观地解决问题。

（3）以人为本。设计思维强调以用户为中心，这要求大学生创业者以人为本，能够站在用户的角度考虑问题，满足用户的需求。

（4）右脑思维。设计思维能够为创业者提供源源不断的灵感与设想，这要求创业者充分发挥右脑的作用，去设计新颖的甚至天马行空的解决方案，促进创新的落实。

（5）实践合作能力。设计思维并不是一个单纯动脑的过程，更多的是联合团队成员，结合实际，通力合作。

（三）用户画像描述

设计思维的一般流程中包含构想和原型设计的环节，而为了增强产品原型的有效性，大学生创业者可以在用户画像的基础上进行产品的创意与设计。用户画像又称用户角色，是真实用户的虚拟代表，是建立在互联网海量数据上，对用户社会属性、生活习惯和行为偏好等真实数据进行分析和标签化之后抽象出来的具有代表性的虚拟用户模型。作为一种用以分析、描述用户特点和诉求的有效工具，用户画像在各大领域得到了广泛运用。

1. 用户画像的作用

随着移动互联网的发展，以及用户使用智能手机时长和频率的增加，App 可以从智能终端搜集到海量的、准确的、实时的、动态的用户数据，由此，便形成了用户画像的使用基础和应用场景。利用好用户信息，更有针对性地挖掘用户价值对互联网时代的任何企业都非常重要。依托各种算法、大数据获取与分析技术，建立在一系列真实的用户数据之上的用户画像准确、可靠，有助于企业快速、精准地找到目标用户，了解目标用户的特征，挖掘目标用户的需求。用户画像的作用主要体现在以下方面，如图 2-2 所示。

（1）产品设计。产品设计需要符合用户的使用需求，而用户画像可以在该层面发挥作用。例如，某创业团队想要制作一款音乐 App，如果拥有网易云音乐和 QQ 音乐的用户画像，他们就可以根据用户的偏爱和习惯进行产品界面的设计和功能的开发，这对他们的产品设计将有很大的帮助。此外，有些产品想用"代替用户发声"的方式获得用户的支持和喜爱，但如果没有抓住用户的真实心理和需求，就难以有效地让产品与用户形成共鸣，而用户画像的使用可以在一定程度上避免这种现象的出现。例如，豆瓣的用户多为"文艺青年"，大家钟情于书籍、影视、音乐，而豆瓣的产品设计、口号、广告宣传等都非常贴近用户的特征和喜好，并为用户提供专业的服务，这也导致豆瓣的用户黏性很高。

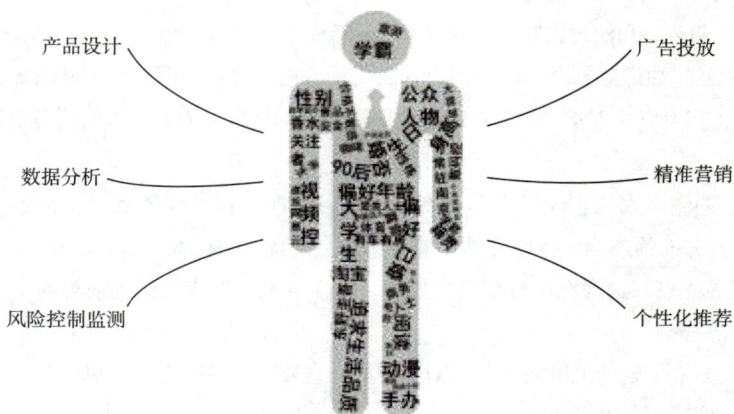

图2-2　用户画像的作用

（2）数据分析。利用分析模型和用户画像，企业可以进行多维度的用户数据分析，挖掘用户数据价值，辅助业务决策。例如，某创业团队在线上试运营之后，通过用户画像分析，发现其目标用户集中在新一线、二线城市，其中西南、中南地区的销售额更大，且呈递增趋势，核心用户多为都市白领，该团队就决定在该区域选择城市创立品牌门店。又如，某杂志品牌通过用户画像，发现其用户多数也是一些出版社的核心用户，年平均购书金额较大，且对手办、文创产品感兴趣，于是与一些优质出版社推出联名优惠套餐。这也是对用户画像的有效利用。

（3）风险控制监测。用户画像会记录用户的常用 IP、常用登录平台与设备、消费信用情况、投资习惯等信息，这将有利于企业判断用户的风险属性，如欺诈概率、正常还款概率，可以在用户登录账户或进行一些其他操作请求时进行拦阻，也可以对用户进行风险提醒。

（4）广告投放。一般广告的效果取决于广告投放的精准程度，以及产品对用户需要的满足程度。而根据用户画像，广告投放的效果可以得到强化。

（5）精准营销。用户画像能给用户添加多种标签，有利于细分用户，企业可以借此对具有各类标签的用户进行精准营销，如有目的地以短信、邮件、活动等为手段关怀、联系、挽回用户等。

（6）个性化推荐。现在智能设备上的许多应用会给用户智能推送其感兴趣的内容，这就是应用方在用户画像基础上开发的个性化推荐功能。

2. 用户画像的流程

用户画像几乎贯穿产品的整个生命周期，不管在产品设计前、设计中还是设计后，它都是不可或缺的考虑因素。用户画像通常包括以下流程。

（1）确定用户原型

用户角色不同，画像维度不同，最终得到的画像结果将会有很大区别。因此，在进行用户画像之前，企业应当先根据画像目标与业务要求，进行需求调研，选择适合的用户群体，并确立画像信息维度，以将典型用户立体地描述出来。

这个过程其实就是用户分析的过程，以帮助企业确定目标用户。用户分析主要是对用户属性的分析，如用户的年龄、行业、地域等。例如，某企业想要制作面向年轻用户的手工艺品，就可以分析年轻用户的基本信息、消费习惯、经济水平、购买行为、社交习惯等，作为建立用户画像的数据信息。

在产品设计过程中，企业有时因对目标用户把握不准确而导致产品设计出现偏差。例如，产品的主要使用者是男性，在设计上忽略了部分女性或男性送给女性当礼物的情况，导致女性使用产品时会遇到一定的阻碍。因此，企业还可以通过用户访谈来证明一些观点，更准确地选择原型用户。用户访谈的具体方法如下：事先设置好一个或多个情景；让真实目标用户或最接近目标用户的群体真实使用产品，再询问其一些设计好的问题，并观察对方的实际反应和回答；整理问题并提炼核心。这能帮助企业更准确地抓取目标用户，并了解其特征与需求。

（2）选定用户场景

产品功能的实现可以视作产品在特定的场景下为用户提供了解决问题的方案。确定用户场景可以帮助企业了解自己的产品能够满足用户的什么需求。例如，人们打算做饭却发现没有食材，但又不想出门时，就可能想到支持线上购物并能快速送达的平台。这就构成了产品设计的用户场景，有些企业甚至会尽量多地考虑不同的使用场景，使产品更加完善。

（3）为用户贴标签

用户画像的核心就是标签的建立。标签通常是人为规定的高度精练的某种特征标识，一种标签代表一种含义。标签可以涵盖包括用户性别、年龄、身高、体重、受教育程度、收入水平、活跃程度、购买忠诚度、品牌偏好、潜在购物需求、婚否、育否、孩子性别与年龄等信息。标签可以按不同属性分类，还可以根据企业需求进一步细化。图2-3所示为常见的用户标签属性分类。

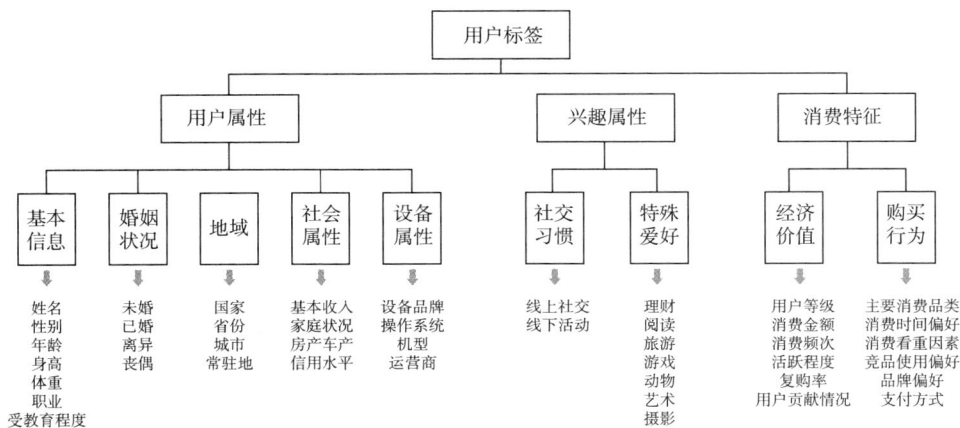

图2-3　常见的用户标签属性分类

为用户贴标签可以增进对用户的理解，并方便计算机程序化处理各种数据信息，甚至通过算法、模型"理解"用户，从而提高后期用户画像运用于各领域时的精准度。

（4）为用户画像命名

企业还需要根据用户画像的目的或者用户画像的描述内容，设计一个简洁明了的用户画像名称。例如，可以将对新浪微博的总体用户进行统计分析的用户画像命名为"新浪微博用户画像"，将某品牌青年用户群体的描述命名为"××品牌青年用户画像"等。

3. 用户画像描述案例分析

下面以某 App 为例，介绍其用户画像。某创业团队在设计产品时，计划做一次用户分析，因此打算制作用户画像。该创业团队在完成用户调研之后，以用户的目标、行为、观点和基本信息等为依据，将用户分为不同的类型，又从每个类型中提取出一些典型特征，形成了几个不同的角色，以代表所有的用户群体。图 2-4 所示为其中的普通男青年角色的用户画像描述。

××单车普通男青年的用户画像

1. 基本信息：
××单车用户，男性，25岁，大学本科毕业，工作两年，工作于新一线城市
2. 用户场景：
上下班途中
3. 属性标签：
工科男，"95后"，月收入6 000~10 000元；共享单车忠实用户，文学爱好者，手游爱好者，喜欢运动健身，偏爱社交App，对价格不敏感，很少网络打车，为未来"爱烧友"，经常加班……

图2-4　某App普通男青年角色的用户画像描述

该案例中，该创业团队调研的目的是对用户进行分析，因此单车用户都可以称为用户原型。因为划定了不同用户角色类型，所以普通男青年角色的某用户可以称为典型人物原型。该创业团队通过确定这类用户具体的使用场景，并根据调研或大数据所得的信息等为这类用户贴上符合其特征的标签，最后得到了这类角色用户详细的用户画像。

🔲 课堂活动

活动主题：用户画像描述与展示。

活动内容：假设某创业团队计划推出原创陶艺制品，请同学们搜索有关原创陶艺制品的信息，试着描述该产品的某类典型用户的特征，并形成用户画像。

_____

_____

_____

_____

案例分析："让用户深度参与"——小米

2018 年，山东东方天健数字传媒有限公司总经理王骞在其举办的讲座"小米生态链设计理念及营销法则"中提到，小米在刚开始创办时，目标便不是手机，而是为将来万物互联做准备，并且使用大数据了解用户使用体验，由此推出更方便、更有品质、更具颠覆性的产品。后来，雷军在各种分享会上的发言印证了这种说法。雷军在创业时的这种思考角度、思维境界，为小米现在的成功奠定了基础。

2019 年，在小米开发者大会上，雷军提出了他在创办小米前的几个学习对象：同仁堂——真材实料、对得起良心，启发小米要认真做用户需要的好东西，而不仅是便宜的东西；海底捞——口碑，其本质在于琢磨产品和服务能够打动用户；沃尔玛、Costco——低毛利率，启发小米通过低毛利率倒逼提高运作效率，其采取的方法包括"拧毛巾（压缩内部费用）"和模式优化，即用聪明的人简化商业流通的中间环节，兼具接近成本定价和高运作效率。最后，雷军提到了互联网思维，他认为群众路线非常重要，即"深入群众，相信群众，从群众中来，到群众中去"，让用户参与进来。

小米的联合创始人黎万强也在众多场合反复强调用户参与，让用户一致认为，小米不是卖手机，而是贩卖梦想、贩卖参与感。综观小米创办的初心及其发展历程，可以说小米的成功与其用户思维有很大的关联。小米的许多环节是以用户的参与体验为中心，而这也是"小米最大的卖点"、最核心的竞争力。

小米起家于 MIUI 手机操作系统、米聊软件及小米论坛。在推出小米手机之前，小米就通过雷军的微博、小米官方微博来吸引公众的注意，并通过预装"MIUI 操作系统"来吸引手机"发烧友"参与定制。2010 年 8 月小米发布首个手机操作系统测试版本之后，就有 60 多万名用户参与了小米测试版本的开发改进。此外，在线上，小米还通过论坛和话题关注的形式激发用户的参与热情并发展用户。

在线下，小米则通过举办各种活动来吸引用户的参与，例如，"2012 年小米手机爆米花全球行动活动"等，以及小米在全国各地举办的"米粉同城会"。与用户的互动、让用户的深度参与，使小米的成长成为企业和用户共同关注的事。

由于有前瞻性的思维，雷军看出了智能硬件和 IoT（Internet of Things，物联网）市场的发展前景，所以，2013 年开始，小米以手机为中心，开始陆续投资其他"有潜力并认同小米价值观"的企业，从中孵化智能硬件的相关产品，从移动电源、耳机，到小米手环、小米智能音箱、小米盒子、小米电视、小米净水器、平衡车、扫地机器人等，再到牙刷、行李箱等日用品。截至 2021 年 2 月，小米已经投资了 290 多家企业，这些"小米产品"以点成线，形成了一个小米生态链。

同时，小米坚持借助互联网工具倾听用户反馈，让用户能参与到产品研发、生产、售后各个环节中来。小米在社区上开发了不同的专区模块，让开发团队能直接与用户沟通，第一时间解决用户的问题，并不断进行产品开发与迭代，以尽量满足用户需求。2018 年，在中国消费者协会公布的 20 款扫地机器人测评中，米家扫地机器人对地板、边角、头发、宠物毛发的综合清洁能力几乎全部为 5 颗星，综合排名第一。对此，小米副总裁兼集团质量委员会主席颜克胜表示，这是因为小米坚持针对用户"吐槽点"对症下药。这样的模式和企业态度，使小米在创新和高品质的路上越走越远。

分析

　　思维方式决定行为方式，不同的思维会引发不同的行为。小米在取众家之长的学习过程中，一直十分重视用户，深度体现了小米以用户为中心、关注用户需求的理念。小米将用户参与融入从生产到售后的各个环节，并能通过用户测试改良产品，这实质上就是设计思维的体现。这种思维方式也让他们的产品、企业更加成功。总之，不管是小米的思维方式还是其以人为本的设计理念，都值得广大大学生创业者思考和学习。

课后思考

　　小王是音乐专业的大学生，从小就很喜欢去书店，所以他一直梦想着经营一家书店。毕业后，小王想在学校附近开一家以大学生为主要客户的特色书店，他原本非常喜欢西西弗这类休闲"网红"书店的运营方式，但这类书店常集中在高消费水平区域，对于大学生而言可能不够贴合。为此，他打算立足于高校，多专业合作，给大学生提供特色的、高品质的服务，最好能结合自己的专业特色，于是他提出了建立"音乐书吧"的设想。假设你是和小王志同道合的创业伙伴，综合本模块的内容，你会给出怎样的创意？

_____

_____

_____

_____

_____

模块三

寻找创业伙伴：创业团队组建

模块导读 ↓

　　国家鼓励民众创业，鼓励大学生创业，大学生要想创业，就要适应自己创业者的身份，成功挖掘创业想法。然而，创业活动很难由一人完成，即创业者很难通过单打独斗走向成功。事实上，在成功创业者的周围，往往还围绕着一个创业团队。创业团队的成员分工合作，共同建立并经营着创业企业，最终形成合力，取得创业的成功。

学习目标 ↓

1. 掌握 KAR 模型和资源—价值画布。
2. 了解创业者的特征与类型。
3. 掌握创业团队的组成要素和组建原则。
4. 能够组建创业团队。
5. 能够管理创业团队。

学习要点 ↓

1. 创业想法的挖掘。
2. 创业团队的组建与管理。

任务一　成为有创意想法的创业者

　　当代青年应树立远大理想，远大理想是精神之基，力量之源，能为青年未来的发展指引方向。而有些青年的理想，则与创新创业有关，如希望推动自己所研发的创意产品产业化、品牌化、民族化等。成功的创业建立在有趣的创意想法之上，对于大学生而言，要想成为一个成功的创业者，其不仅要能够挖掘创意想法，还需要了解一个合格的创业者应具备的特征，明确自己能成为一个怎样的创业者。通常，从一个人的过往成就中可以看出他的价值创造，也可以窥见其所拥有的资源，从而发掘创意，为创业提供指引。

> **课堂活动**
>
> 活动主题：个人成就清单。
>
> 活动内容：首先，每人准备一张 A4 纸，思考自己的人生经历，在 A4 纸上列出至少 3 项自己认为最重要的个人成就，并按照自己认为的重要性进行排序。个人成就的标准是为他人创造的价值，如令自己感到骄傲的事情、乐意去完成的事情、自认为做得很好的事情。接着，在 A4 纸上列出你认为促成这些个人成就事件的资源清单。你可以从自己拥有的知识（Knowledge）、能力（Abilities）和人脉（Relationship）方面去考虑资源。最后，请同学们进行分享讨论。

（一）挖掘有价值的想法

对于创业者而言，创意想法的挖掘非常重要，而在挖掘创意想法之前，创业者需要立足自身，在深刻认识自我的基础上，从自身拥有的资源出发，通过行动去创造价值。大学生创业者可以借助 KAR 模型和资源—价值画布来认识自我，促进新价值的产生。

1. KAR 模型

子谦国际创业教育学院根据萨拉斯的效果推理理论，设计出了一种自我认知工具——KAR 模型，其主要由"我是谁""我知道什么"和"我认识谁"3 个维度组成，如图 3-1 所示。

该模型通过对知识、技能、经验和人脉等自身所拥有资源的分析与反思，激发大学生创业者思考"我能做什么"，从而使其将关注点转移到为他人或为自己创造价值上。

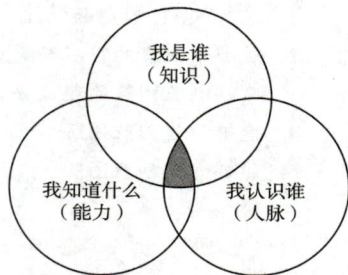

图 3-1　KAR 模型

2. 资源—价值画布

资源—价值画布即从创业者自身的资源出发，创造有价值的想法。其中，资源指创业者通过自我认知或 KAR 模型分析获知的可以为自己创业提供帮助的、立足于自身与外部的条件，这是价值创造的基础。价值则包括客户和问题两个要素，其中，客户指创业者运用资源而要去帮助的对象，问题则是指客户面临的问题，因此资源—价值画布的本质是通过为客户解决问题来创造价值。资源—价值画布如图 3-2 所示。

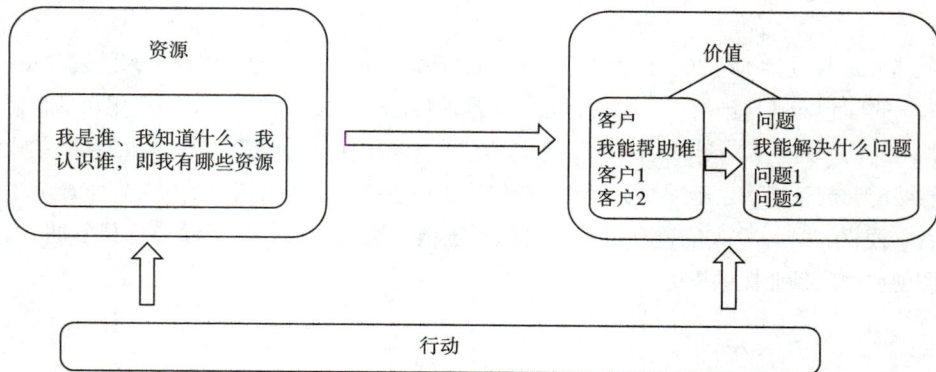

图 3-2　资源—价值画布

资源—价值画布的运用非常简单，大学生创业者按照以下问题依次进行梳理思考即可。下面以某学校助学基金中心的一名成员为例，介绍资源—价值画布的应用。

第一步：我是谁

例如，我是学校助学基金中心的一名成员，我乐于助人，亲和力较强，喜欢尝试各种新事物，喜欢与他人交流分享，喜欢参与和组织各项活动。我具备基础的计算机操作技术、较强的语言表达能力和沟通组织能力。

第二步：我知道什么

例如，我在班上担任生活委员，在学生会组织部当副部长，是手工社资深成员。我接受过助学中心的花草义卖和支教培训，并拥有一定的经验。

第三步：我认识谁

例如，我认识助学基金中心的许多老师和其他助学基金中心的成员，在社团和学生会也有熟识的伙伴，对本院系老师、辅导员也比较熟悉。

第四步：我能帮助谁

例如，我能帮助助学基金中心的老师和助学基金中心指定的帮助对象。

第五步：我能解决什么问题

例如，我能运用我的语言表达能力、沟通组织能力和计算机操作技术帮助老师解决一些工作上的问题，如协助组织招新工作，帮助老师收集、通知、转发材料等；能帮助宣传被选定的需资助的儿童，鼓励有条件的大学生资助山区的留守儿童，在力所能及的条件下提高被资助儿童的生活与教育水平。

通过上述方法，大学生创业者可以得出自己所能创造的价值。该大学生如果创业，可以以此为基础，尝试建立公益助学平台或机构等。

课堂活动

活动主题：资源—价值画布展示。

活动内容：每个个体都蕴藏着无限的价值，也能创造价值。很多大学生萌生了创业的想法后，就止步在对自身资源的利用与新想法的激发上了。大学生可以根据自身情况设计资源—价值画布，向同学展示并谈谈从中获得了什么。

_____

_____

_____

（二）成为创业者

欧美的经济学研究往往将创业者定义为一个组织、管理生意或企业并愿意承担风险的人。熊彼特认为，创业者应该是创新者，具有发现和引入能赚钱的更好的产品、服务和过程的能力。

1. 创业者的特征

创业者通常是一个有梦想的追求者，他追求的是未来的回报，而非现在的回报。如果未来的回报低于预期，或者低于现在的回报，一个人不可能有创业的动力。因此，创业者进行创业活动是为了获得更大的价值，这种价值的实现有物质上的诉求，但更多的是人生价值的实现。创业者的未来收益是一种投资性活动的收益，这些投资既可能是实际的资本投入，也可能是本人和团队的时间和精力的投入，而收益也不只是金钱上的收益，还包括自我价值的实现、理想的实现等。

创业者一般被界定为具有这些特征的人：创业者是一种主导劳动方式的领导人；创业者是具有使命、荣誉、责任、能力的人；创业者是组织、运用服务、技术、器物作业的人；创业者是具有思考、推理、判断能力的人；创业者是使人乐于追随并在追随的过程中获得利益的人；创业者是具有完全权利能力和行为能力的人。

在实际生活中，创业者较高的商业才能，不仅指创业者创办一个企业的才能，还指在企业的整个发展过程中，创业者具有做出正确的决策，及时解决面临的问题，修正企业的发展方向，使企业长期保持活力、不断发展壮大，成为具有影响力的企业的才能。从社会发展的角度出发，那些建立了新的商业模式并获得了发展的企业创立者，那些为其他企业的发展提供样板、为社会提供就业岗位、不断带来财富的企业创立者通常也被称为创业者。

2. 创业者的类型

随着社会的发展和时代的进步，投身于创业活动的创业者越来越多。学者们根据不同的标准，将创业者划分为各种不同的类型。

（1）根据创业过程中所扮演的角色和所发挥的作用分类

根据创业过程中所扮演的角色和所发挥的作用，创业者可划分为独立创业者和团队创业者两种类型。

- 独立创业者。独立创业者指自己出资、自己管理的创业者。这类创业者在创业过程中可以充分发挥自己的想象力、创造力、主观能动性和创新能力；主宰自己的工作和生活，按照个人意愿追求自身价值。受限于经验、资金、人脉等资源，独立创业者的创业难度较大，生存压力大。

- 团队创业者。团队创业是指在创业初期（包括企业成立前和成立早期），由一群才能互补、责任共担、愿为共同的创业目标而奋斗的人所组成的团队来进行的创业。其中团队的带领者称为主导创业者，其他成员则为跟随创业者或参与创业者。相比独立创业者，团队创业者可以资源共享、优势互补，所以成长空间更大，但也容易出现因成员意见分歧而导致创业难以为继的情况。

国外一项针对 104 家高科技企业的研究报告指出，在年销售额达到 500 万美元以上的企业中，有 83.3% 是以团队形式建立的；团队创业的优势在一项研究中表现得更为明显：在 100 家创立时间较短但销售额高于平均数几倍的绩优企业中，70% 的企业拥有多位创始人。

由此可见，团队创业者在创业过程中所占比例不小。对于大学生创业者而言，"单打独斗"难免让人感觉独木难支，因此，大学生创业者可以考虑合伙创业。团队的创业模式主要依据创业目标的类型来选择。创业是一个包含众人的组织形成过程，特别是对于业务更为复杂的技术型企业而言，要求投入更多的人力资源。因此，新创技术型企业宜采用团队模式进行创业。

（2）根据创业者的创业背景和动机分类

根据创业者的创业背景和动机，创业者可划分为生存型创业者、变现型创业者和主动型创业者3种类型，如图3-3所示。

生存型创业者

变现型创业者

主动型创业者

创业者最初并没有创业的概念或理想，只是出于生存的需要，凭借自己的勤奋、节俭不断积累财富与经验，最后在时代的推动下走上持久发展的道路，并获得成功

在机会适当的时候，创业者将过去积累的资源和市场关系变现，将无形资源变现为有形的货币

其分为盲目型创业者与冷静型创业者。前者行事较为冲动，容易创业失败，但若成功往往是成就大事业；后者谋定而后动，创业成功的概率较大

图3-3 创业者按创业背景和动机分类

课堂活动

活动主题：创业潜力测评。

活动内容：个体创业潜力对大学生的创业成功率有一定的影响，你想要创业吗？你的创业潜力如何？表3-1所示为创业潜力测评题，可帮助大学生创业者判断自己是否适合创业，以及具有多少创业潜力。该测评题由一系列判断句组成，请根据你的实际情况，从"是"和"否"中选择符合自己特征的答案。注意，在选择时，一定要根据第一印象回答，不要做过多的思考。全部选完后，扫描右侧二维码查看测评标准，并计算自己的得分。

扫一扫

测评标准

表3-1 创业潜力测评题

测评题	是	否
1. 你是否曾经为了某个理想而制订过两年以上的长期计划，并且按计划执行直到完成		
2. 在学校和家庭生活中，你是否能在没有老师和父母的督促下，自觉地完成分派的任务		
3. 你是否喜欢独自完成自己的工作，并且做得很好		
4. 当你与朋友在一起时，你的朋友是否会时常寻求你的指导和建议？你是否曾被推举为领导者		
5. 求学时期，你有没有赚钱的经验？你喜欢储蓄吗		
6. 你是否能够连续10小时以上专注于个人兴趣		
7. 你是否习惯保存重要资料，并且井井有条地整理它们，以备需要时可以随时提取查阅		
8. 在平时生活中，你是否热衷于社会服务工作？你关心别人的需求吗		
9. 你是否喜欢音乐、艺术、体育等活动课程		

续表

测评题	是	否
10. 在求学期间，你是否曾经带动同学，完成一项由你领导的大型活动，如运动会、歌唱比赛等		
11. 你喜欢在竞争中生存吗		
12. 当你为别人工作时，发现其管理方式不当，是否会想出适当的管理方式并建议对方改进		
13. 当你需要帮助时，能否充满自信地提出要求，并且说服别人来帮助你		
14. 你在募捐或义卖时，能否充满自信而不害羞		
15. 当你要完成一项重要工作时，你是否总是给自己足够的时间去仔细地完成，而不在匆忙中草率地完成		
16. 参加重要聚会时，你能否准时赴约		
17. 你是否有能力安排一个恰当的环境，使你能不受干扰、有效地专心工作		
18. 你是否有许多有成就、有智慧、有眼光、有远见、老成稳重型的朋友		
19. 你在工作或学习团体中，被认为是受欢迎的人吗		
20. 你自认是一个理财高手吗		
21. 你是否可以为了赚钱而放弃个人娱乐		
22. 你是否总是独自挑起责任的担子，彻底了解工作目标并认真完成工作		
23. 在工作时，你是否有足够的耐心与耐力		
24. 你是否能在很短的时间内，结交许多朋友		

（该测试仅供参考，资料来源于中国大学生创业网）

任务二　打造完美的创业团队

俗话说："一个篱笆三个桩，一个好汉三个帮。"通常意义上，良好的创业团队是成就事业的基本前提。创业活动的复杂性（涉及技术、市场营销、人力资源、财务、税收、法律等领域和专业）决定了所有的事务不可能由创业者独自包揽，而要通过分工明确的创业团队来完成。创业团队的优劣基本上决定了创业能否成功。团队的力量大于个人的力量，因此，在创业的激流中，大学生创业者要善于利用创业团队取得成功。

课堂活动

活动主题：唐僧团队大裁员。

活动内容：众所周知，《西游记》里的唐僧团队是由 4 人 1 马组成的西天取经团队，现在如果要从该团队中裁掉 1 个成员，你会选择裁掉谁，为什么？请同学们分为 4～6 人的小组共同讨论，团队轮流发表观点。最后每组选择一位代表谈谈在这次活动中获得的关于创业团队的看法。

（一）创业团队的内涵

创业团队的概念可以从狭义和广义两个层面来理解。狭义的创业团队指一群有着共同目的、共享创业收益、共担创业风险的共同创办新企业的人；广义的创业团队还包括创业过程中的部分利益相关者（如风险投资商、律师、会计师及参与企业创建的专家顾问等）。在这里，我们更强调狭义层面的概念。

一个好的创业团队对于初创企业的成功有着举足轻重的作用。当然，并不是说没有好的创业团队的初创企业就一定会失败，但可以说，要创办一个没有团队而仍然具有高成长潜力的企业极其困难。一个团队往往由多个成员组成，这些成员分别扮演什么角色，又能对任务完成起什么作用，如何才能做好成员间的资源整合、实现优势互补，这些问题是建立一个优秀、高效的创业团队时，大学生创业者需要注意的。通常来说，优秀的创业团队需要具备如下特征。

扫一扫

创业团队的类型

（1）创业愿景明确。优秀的创业团队应当有明确的创业愿景，设定非常清晰的目标。一个关于未来的蓝图或清晰的目标不仅有利于激发创业团队的潜能，而且有利于减少和解决团队冲突，增强团队的凝聚力和一体感。

（2）创业热情高涨。在一个创业团队中，如果有成员始终保持着高涨的创业热情，那么对创业成员的创业积极性无疑有着正面影响。反之，则可能在团队中营造消极气氛。尤其是在比较艰难的创业初期，如果成员信心不足，则将难以满足创业的需求。因此，创业团队要注意吸纳对创业项目有热情的人员，并尽量保证团队创业热情的高涨。

（3）目标与计划具有可行性。如果创业团队制定的目标不合理，对创业的规划不恰当，如一开始便打算盲目扩张，而不考虑实际的精力、实力等，创业失败的可能性就很大。因此，优秀的创业团队往往会制定可行的、具体的目标与计划。

（4）成员互补。创业团队成员间技能、资源、思维、知识互补，相互之间有良好的合作关系，可以保证任务的顺利完成，也有利于弥补当前能力与创业目标的差距，提高团队的战斗力，更好地发挥团队合作的作用。

（5）沟通良好。沟通良好是高效团队的一个特点。创业成员可能相互熟悉，也可能只是一般关系，但即便是相互熟悉的人，在企业发展壮大之后，也可能会由于各种问题、矛盾的出现，意见不能统一等情况而相互埋怨。如果不能充分沟通交流，团队也可能分裂。因此创业团队应该有融洽的沟通环境，大家相互交换信息，形成有效的沟通机制，并达成内部一致。

（6）相互信任。信任是团队凝聚力的体现。相互信任的团队成员会认可其他成员的能力、

品行、团队角色和分工，能对团队表现出高度的忠诚与信任。这有利于防止相互推脱与抱怨，建立合作精神，促进团队配合，提高团队整体效率。

（7）利益分配合理。创业团队的高效运行离不开所有成员的合作，因此创业团队内要建立合理的分配机制，对成员也要实行合理的分配制度，大家合理共享经营成果。

（二）创业团队的组成要素

创业团队通常由 5 个要素构成，即目标、定位、人、计划、权限，这也是创业团队中不可缺少的 5 个部分。因这几个要素的首字母都为字母 P，因此这些组成要素合称为 5P 要素。

1. 目标（Purpose）

创业团队应该有一个既定的共同目标，该目标为团队成员导航。目标在初创企业的管理中常以企业愿景、战略的形式体现。缺乏共同的目标会使团队没有凝聚力和持续发展的动力。

2. 定位（Place）

创业团队的定位包含两层意思：一是团队的定位，指创业团队在企业中处于什么位置，所扮演的角色是什么，以及团队内部的决策力和执行力怎么样；二是成员（创业者）的定位，创业团队中的成员在团队中扮演什么角色，是制订计划还是具体执行计划，即创业团队的角色分工问题。定位问题关系到每一个成员是否对自身的优劣势有清醒的认识。创业活动的成功推进不仅需要创业团队寻找到合适的创业机会，还需要整个创业团队能够高效运行，优势互补，并且形成一种良好的合力。

3. 人（People）

创业的共同目标是通过人来实现的，不同的人通过分工来共同完成创业团队的目标，人是构成创业团队的核心力量。两个或两个以上的人就可以构成团队。在初创企业中，人力资源是所有创业资源中最活跃、最重要的。所以，人员的选择是创业团队建设中非常重要的内容，大学生创业者应该充分考虑团队成员的能力、性格、经验等方面的因素。

4. 计划（Plan）

计划有两层含义：一方面，计划是指为保证目标的实现而制定的具体实施方案；另一方面，大的计划在实施中又会分解成许多小的计划，需要团队成员共同努力完成。

5. 权限（Power）

权限是指初创企业中职、责、权的划分与管理。一般来说，团队的权限与企业的大小及制度化程度有关。在初创企业的团队中，核心领导者的权力很大，但随着企业的发展，核心领导者的权限会降低，这是一个团队成熟的表现。

以上是构成团队的 5P 要素，但是创业之初，创业者往往会面临很多困难，团队的建设并不像想象中的那样简单，这需要大学生创业者有充分的心理准备。有时创业不断发展的过程就是创业团队不断成型成熟的过程。由于创业活动的特殊性，创业团队不必在建立初期就具备每一个因素，但随着企业的逐步发展，团队建设也应该逐步完善。大学生创业者应当时刻记住一句俗语——"三个臭皮匠，顶个诸葛亮"，它正说明了创业团队在创业过程中的重要性。

拓展阅读

早期创业团队的建立

早在 21 世纪初，国家就在加强高校毕业生的就业服务与指导工作，鼓励和支持高校毕业生自主创业。这么多年来，陆续有许多大学生走上了创业之路。其中团队创业的形式非常常见。对于大学生创业者而言，早期创业团队的建立需要坚持"三个一"原则，即一个核心，团队只能由一个人员拍板决定；一个共同愿景，所有人都有一致的且都认同的公司愿景；一个产品，创业初期不易生产太多产品，将一个产品做精即可。以下为一个"90 后"大学生成功创业的经历。

2009 年，雷浪声就读于某职业技术学院的游戏专业。大学期间，他对手机软件产生了很大的兴趣，常利用课余时间临摹手机桌面或上网浏览最新的技术动态。得益于方便快捷的互联网，他在网上认识了后来创业的团队成员。

大二时，雷浪声决定毕业后做 UI 设计。2011 年暑假，他与当初结识的志同道合的网友去深圳组建了一个 6 人团队，从事手机软件开发。创业初期，他们活动范围几乎不超过 500 米，还经常连续加班。在众人的努力下，暑假未完，该创业团队的第一款产品"刷机精灵"第一版正式上线测试。不久，他们就获得了超过百万元的天使投资基金。

2011 年 8 月中旬，雷浪声以团队名义注册了"深圳瓶子科技有限公司"，同年年底，他们接受了 1800 万元的股权投资。2012 年，百度等互联网巨头开始涉足刷机行业，但雷浪声团队凭借产品的快速更迭，依然在市场中占有一定优势，获得了国内互联网巨头的关注与青睐。该年 8 月，腾讯以 6000 万元的价格全资收购了雷浪声的公司，雷浪声创业团队的每个成员都获得了丰厚的回报。

刚毕业就成为"千万富翁"，雷浪声对创业感慨颇多，他表示，创业不能靠单打独斗，而需要团队的高效分工协作，每个人都要能够独当一面。雷浪声等人成功的创业经历，在很大程度上吻合了"三个一"原则。从一个青涩学子成为一个创业者，往往需要付出很大的努力。大学生创业者要在创业的路上永远秉持努力学习、不惧失败的精神，用心去积累、去沉淀，以获得更多的成长，实现自己的人生价值。

（三）创业团队的组建原则

相比个人创业，团队创业由于团队模式具有的资源整合作用，其创业活动更容易被推进和实现，但其前提在于该创业团队足够优秀。为了充分体现团队创业对创业成果可发挥的积极作用，创业团队的组建需要遵循以下原则。

1. 目标明确合理原则

目标必须明确，这样才能使团队成员清楚地认识到共同的奋斗方向是什么。与此同时，目标也必须是合理的、切实可行的，这样才能真正达到激励的目的。建立高效创业团队的首要任务就是确立目标，目标是团队存在的理由，也是团队运作的核心动力，是团队决策的前提。创业是一个动态的过程，创业者（合伙人）需要随时进行决策。没有目标的创业团队只会走一步看一步，处于投机和侥幸的不确定状态中，风险很高，就像汪洋中的一只船，不仅容易迷失方向，也会触礁。目标是创业团队合作的一面旗帜，团队目标的实现关系到全体成员的利益，自然也是鼓舞大家斗志、协调大家行动的关键因素。

🔍 **拓展阅读**

没有目标的爬虫

自然界中有一种昆虫，很喜欢吃三叶草。这种昆虫在吃三叶草的时候总是成群结队，后一只昆虫跟在前一只昆虫的后面，由一只昆虫首领带队去寻找食物，这些昆虫连接起来就像一辆火车。管理学家做了一个实验，把这些像火车车厢的昆虫头尾连接在一起，组成一个圆圈，然后在圆圈中央放上它们喜欢吃的三叶草，结果它们累得精疲力竭也没有吃到三叶草。因为所有的昆虫都在等待带队的昆虫首领为它们找到食源，但现在连昆虫首领也迷失了方向。我们由此可以得出启示：目标不明确，团队就会失去方向。

2. 互补原则

创业者之所以寻求团队合作，其目的就在于弥补自身能力与创业目标之间的差距。只有当团队成员之间在知识、技能、经验等方面实现互补时，才有可能通过相互协作发挥出"1+1>2"的协同效应。

选择创业合伙人，应当充分考虑每个成员的优缺点，实现优势互补。从互补的角度来看，创业团队各成员之间要尽量做到思维互补、技能互补、资源互补和性格互补，如图3-4所示。

思维互补 思维方式指看问题的角度，其与年龄、学习经历、经验、成长背景等有关。不同思维方式的交融有助于创新思法的出现

技能互补 创业活动需要各种有技能或在某领域有专长的人来推动实现，因此创业团队最好由具备不同技能的人组成

资源互补 创业团队随时面临资源的短缺，因此创业团队需要及时整合资源，为团队创造价值

性格互补 团队成员性格互补可有效缓解团队冲突或降低矛盾影响，促进团队和谐

图3-4　互补原则

另外，在选择团队成员时，大学生创业者还应注意以下事项。

（1）要选最适合的人，而不是选学历最高或工作经历最丰富的人。

（2）要选有团队精神的人，不要选喜欢单打独斗的人。

（3）要选诚信务实的人，不要选夸夸其谈的人。

（4）尽可能选择价值趋同、性格和能力互补的人。

弱小的蚂蚁

蚂蚁是自然界中的一种小昆虫，它们的团队合作精神非常值得赞颂，蚂蚁们的分工可称作自然界的经典。在蚂蚁王国中，有守卫安全、协助搬运重物的兵蚁，也有负责筑巢、采集食物等的工蚁。工蚁又分为照看卵、幼虫等的看护蚁，收集泥土筑巢的维护蚁，寻找食物的觅食蚁，处理垃圾堆的清洁蚁等。面对火情，它们会团结一致，传递信息、调兵遣将，通过合作、抱团，用较小的牺牲维护整个群体。搬运巨型食物时，它们会朝着蚁穴的方向，由后方的蚂蚁向上"抬"，前方的蚂蚁向前"拉"，中途不时有"新队员"加入队伍并校准方向，"老队员"无条件按"新队员"指定的方向前进，齐心协力将食物搬回蚁穴。研究人员发现，蚂蚁们在从众和保持个性间能维持很好的平衡，并通过团结协助放大个体的力量。这种团队协作精神值得创业团队思考与学习。

3. 共同原则

团队是企业凝聚力的基础。创业是一项事业，相比个人单打独斗，组建一个团结、高效的团队，吸纳志趣相投的合伙人加入更容易实现资源的整合配置，促进创业活动全面展开。而团队成员能够走到一起，务必需要满足某些共性。总的来说，创业团队应遵循如下原则。

（1）共同愿景。创业团队要长久保持就需要团队中的成员都有相同的初衷、共同的愿景，大家有想要努力的相同方向，或者受团队领导者的影响形成共同的方向。

（2）共同目标。创业成员的思维可以是多元化的、相互碰撞的，但组织层面的目标必须是一致的。在共同目标的引导下，创业活动更容易获得具体的结果与产出，并获得持续的发展。

（3）共担风险。创业是一个不确定的过程，有可能成功，也有可能失败，共担风险对于创业团队而言很重要。如果各个成员只想着享受成功的"果实"，而不愿意承受失败的损失，那么这个团队难以真正获得成功。

（4）共享回报。共担风险才有机会共享回报，这也是各个成员为创业付出后应获得的利益。创业回报涉及精神和物质两个层面，精神层面主要是个人成就感的产生、经验的积累和自我价值的实现；物质层面则包括薪酬、股份、期权及其他福利等。

4. 精简高效原则

为了减少创业期的运作成本，使团队成员最大限度地分享成果，创业团队成员应在保证团队高效运作的前提下尽量精简。团队的组织模式应使组织结构大大简化，组织内部协调简单，创业团队内部成员之间的关系变成伙伴式相互信任和合作的关系，使团队能腾出更多的时间和精力去制定正确的经营发展战略，寻找有价值的市场机会，使团队产出更多的劳动成果。

5. 动态开放原则

创业过程是一个充满不确定性的过程，团队可能因为能力、观念、利益分配等多种原因不断有人离开，同时也不断有人加入。因此，在组建创业团队时，大学生创业者应注意保持团队的动态性和开放性，使真正匹配的人能被吸纳到创业团队中来。

市场环境的新变化是企业组织普遍采用团队形式的主要原因。如今的市场环境已逐步走向全球化激烈竞争的买方市场，产品或服务的寿命周期不断缩短，消费者的需求也日益向个性化和多样化的方向发展，多样化和及时获得是消费者需求的重要特征。因此，组织的团队结构管理模式就成为企业竞争战略重点转移的必然要求。任何企业要想在激烈的竞争环境下生存、发展，都必须改变过去等级分明、决策缓慢、机构臃肿、人浮于事、对外界变化的应变能力差的管理模式。团队应为成员提供必要的团队工作技能训练，团队的共同价值取向和文化氛围能使组织更好地应对外部环境的变化和适应企业内部的改革、重组等变化。

（四）创业团队的形成

对于大学生创业者而言，除了积累创业资金之外，创业团队的组建也是非常重要的任务。一般志同道合的人在一起才能形成向心力，才能促进创业事业的蓬勃发展。

1. 创业团队形成的步骤

创业团队的形成通常需遵循图 3-5 所示的步骤。

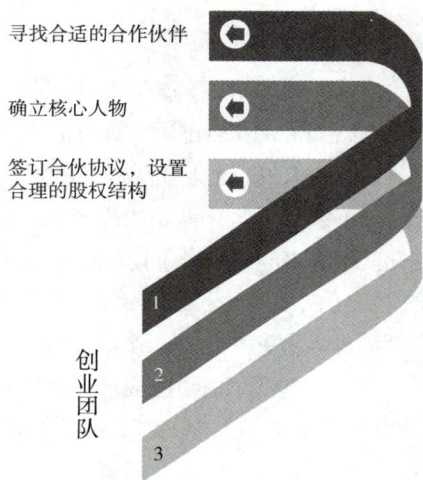

图3-5　创业团队形成的步骤

（1）寻找合适的合作伙伴

在准确进行自我评估的基础上，大学生创业者在组建团队时，就要考虑团队成员之间在各个方面的搭配问题。大学生创业者首先要根据创业项目制订一份人力资源计划，或者至少在心里有一个明确的想法，考虑清楚项目需要哪些方面的成员，希望他们从事什么样的工作，能够给予对方哪些有利条件等。另外，合作伙伴的品性也是必须考虑的因素。"合伙人，合的不是钱，而是人品与规则"，说明了人品和规则的重要性。

在寻找合作伙伴的过程中，大学生创业者要善于说服，基于手里的资源和可以承受的损失，让自己中意的合作伙伴或潜在的利益相关者能够了解、认可创业项目和自己，从而有加入团队的意愿。

（2）确立核心人物

"大海航行靠舵手"，大凡成功的创业团队，都会有一个核心人物，这个核心人物就是团队的领导者。在企业初创期，主导创业者就是这个领导者，而一个团队的绩效也取决于这个领导者的胸怀和魅力。杰弗里·蒂蒙斯说过："创业团队应由一位非常有能力的创业带头人建立和领导，他的业绩记录不仅向我们展示了成就，还展示了一个团队必须拥有的品质。"作为一位领跑者和企业文化的创造者，主导创业者是团队的核心，他既是队员，也是教练。作为团队的精神领袖，主导创业者凭借其在团队里的威信和主导作用，能及时协调团队成员之间的分歧，平衡团队成员的利益，鼓舞团队成员的斗志，调整团队成员的创业心态，让各个成员在一些重大问题上较容易达成共识。主导创业者的凝聚力更好地保证了紧密的组织结构和较强的向心力。

（3）签订合伙协议，设置合理的股权结构

团队创业要想成功、愉快，团队成员必须在合伙之前签好创业合伙协议。合伙协议是创业者在找到创业伙伴时必然要思考、讨论、制定和执行的第一份契约，其中包括团队成员的股权分配制度和退出机制。典型的合伙协议应该明确创业的具体目的，说明每个合伙人有形的资产、财产、设备等和无形的服务、核心技术、专利、关系网等的投入，把最基本的责、权、利写明白、写透彻，尤其是股权、利益分配，包括增资、扩股、融资、人事安排等。有一点最重要，那就是一定要在合伙协议中写明以什么样的方式结束合伙关系，即制定退出机制。这样在企业发展壮大后，创业团队才不会因利益、股权分配等分歧而产生矛盾，导致人心涣散。

拓展阅读

立原则方能保长远

韦某大学毕业后便进入当地市政工程集团工作。2007年年初，他的两位朋友找到他，商量共同创建一家电器维修公司，由韦某负责技术方面的工作。为确保能够在新建的公司专心工作，韦某向市政工程集团递交了辞呈。他白天外出跑业务，对员工进行培训，晚上还得去应酬，根本无法保证休息时间，而这仅仅是他工作繁忙的一个缩影。但他从不抱怨，他认为抱怨是无用的，抓紧时间干实事才是解决问题的关键。他是这么想的，也是这么做的，还做出了成果。不到一年时间，公司除了盈利可观外，在业内也打出了不小的名气。谁曾想，他却被合伙人误认为心怀叵测，要将公司占为己有。合伙人开始不信任他，甚至排挤他。韦某非常恼火和气愤，离职时没有带走任何股份。也怪韦某在创业之初只重视朋友情谊，不重视签订合约与备案，只进行了简单的口头约定，导致现在自己的合法权益得不到保护。尽管如此，合伙人还要求他一年内不准与公司客户接触，尤其是生意上的交流。

一年后，韦某重整旗鼓，单枪匹马地成立了一家智控电气科技有限公司。目前他的公司业务已从自动控制系统设计、开发、安装调试等，拓宽到项目设计，面向造纸厂、污水处理厂、发电厂、水泥厂及食品厂等众多服务对象。而从韦某的创业故事可以看出，创业团队各成员要提前约定好合作的基础性原则，要明确每人应承担的责任和拥有的权利、后期会获得的利益，以及退出机制，方能保证合伙人架构的稳定性。

2. 创业团队画布

创业团队画布由子谦国际创业教育学院于2017年提出，这是一个用于生成创业团队的基本工具，其主要由5个要素组成，如图3-6所示。通过创业团队画布，大学生创业者可以对整个创业项目和团队分工交流等有大致的了解，并由此挑选创业伙伴。例如，携程团队当初在选择创业伙伴的时候，季琦等人就是出于需要一个对酒店、旅游行业熟悉的人而找到范敏作为合作伙伴。另外，创业团队无论是在建立还是在发展的远程中，都能使用创业团队画布对创业的发展进行较为深入的思考，形成一个较为稳定的创业团队。

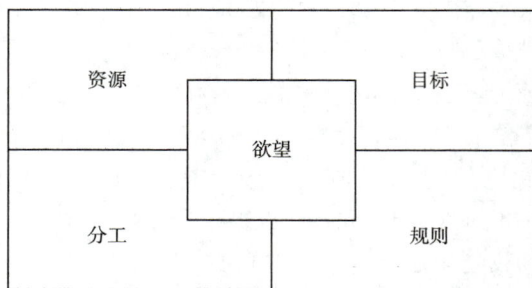

图3-6　创业团队画布

（1）欲望：为什么要做这件正在做的事情？该要素是创业团队画布中的核心要素。

（2）资源：整个创业团队拥有哪些资源，如人脉、能力等。

（3）目标：创业团队的共同目标、各成员想要实现的个人目标，以及新成员加入后的市场拓展目标、产品价值拓展目标等。

（4）分工：创业团队成员在创业团队中分别扮演着什么样的角色，承担着什么样的工作。

（5）规则：创业团队的共同规则，一般与团队开展的活动有关，如团队成员如何沟通、制定决策、执行与评估执行效果等。

（五）创业团队的管理策略

有人的地方就有纷争，团队成员难免有意见不合的时候，这时如何进行团队成员间的沟通和氛围导向就很重要。好的团队可以在统一意见，甚至沟通过程中齐头并进，诞生有价值的意见和决策。而凝聚力不够的团队则可能因为各种原因而分崩离析，进而导致创业失败。孙子曰："上下同欲者胜。"创业团队管理的重点是在维持团队稳定的情况下发挥团队的多样性优势，大学生创业者应掌握创业团队管理的技巧。

1. 基本策略

初创企业的管理实际上包含企业组织、生产服务、市场营销等几个方面。初创企业的管理重点一般会落在生产、服务、市场等环节上，而忽视团队的建设与管理，这种做法是不科学的。关于管理创业团队，大学生创业者要做到以下几点。

（1）保持沟通流畅，营造相互信任的团队氛围

沟通是有效管理团队的重要内容。杰克·韦尔奇说，"竞争、竞争、再竞争，沟通、沟通、再沟通"，顺畅的沟通是团队不断前进的命脉。没有沟通，团队就无法运转。其一，沟通使信息保持畅通，实现信息共享，避免因为信息缺失而出现错误的决策与行为。其二，沟通可以化解矛盾，增加团队成员之间的信任。在长期合作共事的过程中，成员之间难免会有矛盾，缺少沟通可能导致相互猜疑、相互抱怨，矛盾会随着时间的推移越来越大，最后可能导致团队的分裂。而情感上的相互信任，是一个团队坚实的合作基础。团队成功的根本原因在于成员与成员的"兼容性"，相互信任是兼容过程的"润滑剂"。其三，沟通可以有效地解决认知性冲突，提高团队决策的质量，促进决

策方案的执行。在企业经营管理过程中，团队成员对同一问题会形成不一致的意见、观点和看法，这种论事不论人的分歧被称为认知性冲突。优秀的团队并不回避不同的意见，而会进行充分的沟通和交流，鼓励创造性的思维。这也有助于推动团队成员对决策方案的理解和执行，提高团队决策的质量，提高组织绩效。

（2）让合适的人做合适的事

从人力资源管理"人岗匹配"的原则来说，让合适的人做合适的事，是科学的用人原则。让合适的人做合适的事，对团队成员来说，可以保证团队每一名成员都得到发展，充分激发团队成员的潜能，调动其工作热情，使其将个人的优势发挥得淋漓尽致；对团队整体来说，无疑是提高效率的最佳配置方式。

（3）制定明确、合理的规章制度

"没有规矩，不成方圆。"一个初创团队，如果没有明确、合理的规章制度（如绩效考核制度、财务管理制度、行政管理制度等）作为运转保障，就会成为一盘散沙。因此，大学生创业者在最初创业时就要把该说的话说到，把该立的规矩立好，把最基本的责、权、利说明白、说透彻。严格执行团队的规章制度，有助于规范团队内部各成员的行为，使每个人都能恪尽职守、各司其职，避免出现因责、权、利等的分歧而导致创业团队内耗的情况。

（4）建立良好的激励机制

激励是团队管理中极为重要的内容，直接关系到初创企业的生死存亡。授权、股权激励、薪酬激励等是激励团队成员的常见方法，其中薪酬是实现有效激励的主要手段。在设计薪酬制度时，大学生创业者应考虑到差异原则、绩效原则、灵活原则，通过合理的报酬让团队成员产生一种公平感，激发和促进团队成员的积极性，实现对团队成员的有效激励。初创企业股权激励的一般做法是将企业的股份预留出 10%～20%，作为吸引新的团队成员的股份。

（5）建立合理的决策机制

大学生创业者必须学会在没有完善的信息、团队成员意见不统一时做出决策，并承担决策的后果。正因为完善的信息和绝对的意见一致非常罕见，所以大学生创业者的决策能力成为影响团队成功的重要因素。如果团队内存在鼓励、建设性的意见和不留芥蒂的冲突，大学生创业者就能更好地做出决策。这是因为只有当团队成员彼此之间热烈地、不设防地争论，直率地说出自己的想法时，团队核心人物才可能有信心做出充分集中集体智慧的决策。

（6）马上执行，对结果负责

有了决策，还需要严格地执行，执行力也是一种显著的生产力。在创业团队里，大学生创业者需要高度强调"团队成员必须对结果负责""没有结果就是没做，没有任何的理由和借口"。一个团队并不需要每个团队成员都异常聪明，需要的是每个人都具有强烈的责任心和事业心，对团队制定的业务计划和目标能够在把握、理解、吃透的基础上，细化、量化自己的工作，并坚定不移地完成；对过程中的每一个运作细节和每一个项目流程都落到实处，对结果负责。其实，大学生创业者的角色也不是一成不变的，应首先以一个执行者来要求自己，只有当自己也能完成方案时，才能将类似的方案交给其他成员去执行。

（7）注重团队凝聚力

团队凝聚力是指团队成员之间为实现共同目标而实施团结协作的程度，凝聚力表现在团队成员的个体动机行为对团队目标任务所具有的信赖性、依从性甚至服从性上。在创业过程中，团队所有成员都认同整个团队是一股密切联系而又缺一不可的力量。团队的利益高于团队每一位成员的利益，如果团队成员能够为团队利益而舍弃自己的个人利益，团队的凝聚力就会更强。"没有完美的个人，只有完美的团队。"虽然在创业团队中，每一位成员都可以独当一面，但是合作仍然是团队成员首先要学会的东西。成功的创业团队中，团队的成功远远高于个人的成功。创业团队的成员只有相互配合、共同激励、同舟共济，才能成就梦想。

2. 冲突应对

在创业过程中潜藏着各种危机与困难，若创业团队不能齐心协力、共同应对，就很可能导致团队中的冲突与成员间的对立，影响创业活动的顺利开展。因此对于初创企业而言，团队管理中的冲突应对非常重要。

（1）冲突的过程

在创业团队中，冲突是一个动态的过程，指冲突的相关主体的潜在矛盾以意识冲突的形式表现出来，再酝酿成彼此的冲突行为意向，最后表现为显性的冲突行为。这是一个逐步演进和变化的互动过程。冲突通常会经历图3-7所示的5个阶段。

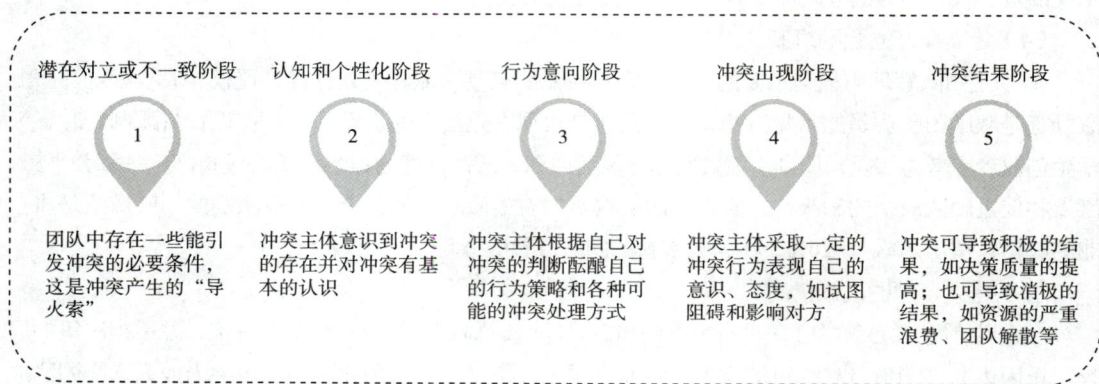

潜在对立或不一致阶段	认知和个性化阶段	行为意向阶段	冲突出现阶段	冲突结果阶段
1	**2**	**3**	**4**	**5**
团队中存在一些能引发冲突的必要条件，这是冲突产生的"导火索"	冲突主体意识到冲突的存在并对冲突有基本的认识	冲突主体根据自己对冲突的判断酝酿自己的行为策略和各种可能的冲突处理方式	冲突主体采取一定的冲突行为表现自己的意识、态度，如试图阻碍和影响对方	冲突可导致积极的结果，如决策质量的提高；也可导致消极的结果，如资源的严重浪费、团队解散等

图3-7　冲突经历的阶段

① 潜在对立或不一致阶段

潜在对立或不一致是在创业团队中存在的一些能够引发冲突的必要条件。这些条件虽然不一定直接导致冲突，但往往潜伏在冲突的背后。

例如，新入职的小李就遇到了这样的问题。他出色地完成创业团队的任务后，本以为主管会对自己进行表扬，可是主管却说："小李，你的工作方法是不是还有待改进？虽然你按时完成了任务，但你的工作进度还是比其他人慢。"小李听后怒火中烧，与主管发生了冲突。其实，主管本意是鼓励小李继续努力工作，没想到自己的表达不当导致了他们之间的冲突。而"表达不当"不仅仅是语言问题，更有其潜在原因。引起创业团队冲突的潜在因素可以分为以下3类。

- 成员间的差异因素。每个人都有自己的个性特点和行为习惯，创业团队成员的个性特点和行为习惯会导致各种各样的冲突。

- 创业团队的结构因素。创业团队的结构因素可以从创业团队成员构成和创业团队规模两个方面进行分析，如表3-2所示。

表 3-2　引起创业团队冲突的结构因素

结构因素	分析内容
创业团队成员构成	一方面，若创业团队由利益诉求或者价值观不同的成员组成，各成员对创业团队的不同认识就可能引发冲突；另一方面，随着创业团队的发展，团队成员的构成可能会有变化，如有新成员加入，创业团队原有的稳定性就会被破坏，就可能引起冲突
创业团队规模	当创业团队规模越来越大、业务分工越来越专业的时候，成员的工作就会越来越细致，成员都有自己明确的工作范围和界限。如果某个成员对其他成员的业务进行干预，发生冲突的可能性就会加大

- 沟通不畅的因素。沟通不畅是引起创业团队冲突的重要因素。顺畅的沟通有利于成员相互理解，减少冲突，反之则可能激发团队矛盾。通常，信息的差异、评价指标（如任务完成标准）的差异、倾听技巧的缺乏、语言理解的困难、沟通过程中的噪声（干扰），以及创业团队成员之间的误解等都可能导致冲突。

② 认知和个性化阶段

冲突的认知是指双方意识到冲突的出现。意识到冲突的出现并不代表着冲突已经个性化。对冲突的个性化处理将决定冲突的性质，因为此时个人的情感已经介入其中。双方面临冲突时会有不同的心理反应，他们对于冲突性质的界定在很大程度上影响着解决冲突的方法。

③ 行为意向阶段

这一阶段的特点体现在创业团队成员意识到冲突后，要根据冲突的定义和自己对冲突的认识与判别，开始酝酿和确定自己在冲突中的行为策略和各种可能的冲突处理方式。行为意向的可能性包括回避、合作、妥协、竞争等。

拓展阅读

团队成员的选择很重要

赵佳华在大学时学习的是企业管理专业，毕业后在一家外贸企业的市场部工作。工作两年后，赵佳华掌握了一部分客户资源，并积累了一些和客户打交道的经验。刘厉和冯嘉嘉是赵佳华的大学同学，毕业后从事的是销售工作，也都积累了一些客户资源。

一次同学聚会中，三人谈得投机，萌生了共同创业的想法。她们很快就办好了营业执照，选好了办公地址，购买了办公设备。创业之初，她们轮流开展市场工作，奔波于各个展览会场，向往来商户发放资料。经过不懈努力，她们很快就打开了销售市场。

但好景不长，由于客户订单金额较小，公司的利润不多，加上水电费等日常开支较多，公司的经济效益并不好。一次，刘厉和冯嘉嘉因销售理念不合产生分歧并在客户面前争吵了起来，使二人产生了隔阂。在以后的工作中，二人开始明争暗斗，互相拆台，经常发生口角。二人恶劣的关系也给公司的名誉和利益造成了严重的损失，使公司难以继续经营。

这个创业团队解散的主要原因是团队成员之间的销售理念不同，彼此之间不懂得沟通。因此，创业团队成员应当能清楚地认识到共同的奋斗方向，遇到问题时愿意及时沟通，并能够相互理解和彼此接纳，这样才能在生活和工作上开心地配合，愉快地合作。

④ 冲突出现阶段

冲突出现阶段是指冲突公开表现的阶段，也称行为阶段。进入此阶段后，冲突双方在自身冲突行为意向的引导或影响下，正式做出一定的冲突行为来贯彻自己的意志，试图阻止或影响冲突另一方的目标实现，努力实现自己的愿望。其形式往往是一方提出要求，另一方进行争辩，是一个相互的、动态的过程。这一阶段的行为出现，体现在冲突双方进行的说明、活动和态度上，即一方采取行动来试探另一方的反应。此时，冲突的行为往往带有刺激性和对立性，而且有时外显的行为会偏离行为人原本的意图。

⑤ 冲突结果阶段

冲突对创业团队可能造成两种截然相反的结果，即积极的结果和消极的结果。

● 积极的结果。这是指建设性的冲突，这种冲突有利于增强创业团队内部的凝聚力和团结性，提高团队的决策质量，调动成员的积极性，为团队提供公开解决问题的渠道等。有研究表明，有益的冲突还有助于创业团队做出更好、更有创造性的决定，从而提高创业团队的协作效率。有时，建设性冲突甚至能决定创业团队的存亡。

● 消极的结果。这是指破坏性的冲突，这种冲突容易导致创业团队凝聚力下降、成员的努力偏离目标方向、组织资源的流向与预期相反、创业团队的资源被浪费等。更严重的是，如果不妥善解决这种冲突，创业团队的功能将会受到严重影响，甚至会威胁到创业团队的生存。例如，某著名律师事务所的倒闭就在于其合伙人之间不能和谐共处，"这家公司没有经济上的问题，问题在于他们彼此是憎恨和仇视的。"有人这样评论。

（2）冲突的处理

创业团队发生冲突是创业团队发展过程中的普遍现象。一项针对中层和高层管理人员的调查表明，管理者平均要花费 20% 的时间来处理冲突，可见，有效解决创业团队中的冲突问题至关重要。当创业团队发生冲突时，大学生创业者首先要对冲突的性质进行全面、细致的分析。在创业过程中，创业团队常常会遇到各种各样的冲突：有的已形成现实，有的还处于潜在状态；有的水平过低，有的水平过高；有的是建设性的，有的是破坏性的。只有分清各种各样的冲突，才能采取有效的措施或技术，有针对性地解决冲突。这里所说的处理创业团队冲突包括消除破坏性的冲突和激发建设性的冲突两个方面。

① 消除破坏性的冲突

破坏性的冲突对创业团队成员间的信任和合作精神有较大的负面影响，不利于团队的建设和创业活动的开展。大学生创业者可以通过一些方法尽量消除破坏性的冲突及其带来的影响，如表 3-3 所示。

表3-3 消除破坏性冲突

方法	具体措施
正视	创业团队中发生冲突的双方进行会晤，直面冲突的原因和实质，通过坦诚的讨论来确定并解决冲突。正视法的具体做法如下。 ① 召开面对面的会议 冲突双方共同探讨导致冲突的事件及根由，讨论消除分歧和处理冲突的具体措施。切忌争胜负，要注意沟通策略，对事不对人。 ② 互换角色 通过换位思考，冲突双方相互理解，以化解冲突
转移目标	冲突双方通过共同的关注点和目标来减少冲突对双方的影响。其具体做法如下。 ① 向外转移目标 冲突双方可以寻找另一个共同的外部目标或一个能将冲突双方的注意力转向外部的目标，来化解创业团队内部的冲突。 ② 升级目标 冲突双方通过提出能使双方利益更大化的、高一级的目标，来减少现实的利益冲突。这一更高的目标往往由上一级团队成员提出。 在转移目标的过程中，冲突双方可能会有合作的机会，这有利于他们重新审视自己的问题，加强团队合作与共识。注意，该方法更适用于冲突双方相互信任的情况
开发资源	如果冲突是由资源引起的，冲突双方可通过开发新资源满足各自的需要，缓解矛盾
回避或抑制冲突	这是一种消极解决冲突的方法，指冲突双方试图将自己置身于冲突之外，或无视冲突。其具体措施如下。 ① 忽略冲突并希望冲突消失。 ② 控制言行来避免发生正面冲突。 ③ 以缓和的程序和节奏来抑制冲突。 ④ 将冲突束之高阁，不予解决。 ⑤ 以组织的规则和政策作为解决冲突的原则。 该方法适用于冲突事件是小事、己方无法获益或付出的代价大于补偿、对方有更有效的冲突解决办法、冲突已偏离主题、冲突双方的相互依赖性低等情况
缓和	冲突双方寻找共同的利益点，先解决次要的分歧点、搁置主要的分歧点，设法创造条件并拖延时间，降低冲突的重要性、尖锐性，从而使冲突变得容易解决。其具体措施如下。 ① 降低分歧的程度，强调共同利益，使大事化小、小事化了。 ② 相互让步。应当注意的是，冲突很可能还会再次被激化，因此冲突双方要尽快地实质性地解决冲突
折中	为了避免陷入僵局，冲突双方进行一种"交易"，各自放弃某些利益，共同分享创业成果。该方法适用于合作或竞争都未成功、时间有限、双方权益相当又不值得与对方闹翻等情况
求助技巧	有些冲突的产生是由于冲突双方缺乏人际交往技巧，因此冲突双方可通过相关技巧的学习来改变冲突双方的态度和行为

② 激发建设性的冲突

缺乏建设性的冲突必然使创业团队蒙受损失。有些创业团队只提拔"和事佬"，这些人对创业团队"忠诚"到了极点，以至于从不对任何人说一个"不"字。由这样的人组成的管理层很难取得创业成功。对创业团队而言，建设性的冲突是必要的。创业团队可以采用以下方式来激发建设性的冲突。

- 运用沟通技术。沟通是缓解创业团队成员之间的压力及矛盾的有利方式，也是激发创业团队建设性的冲突的技术。
- 鼓励创业团队成员之间进行适度竞争。创业团队通过开展生产竞赛、公告绩效记录、根据绩效支付报酬等方式能够提高创业团队成员的积极性，但是必须对竞争加以严格控制，严防过度竞争和不公平竞争对创业团队造成的损害。
- 引进新人。创业团队可以通过从外界招聘或内部调动的方式让背景、价值观、态度或管理风格与当前创业团队成员不相同的个体加入创业团队，来激发创业团队的新思维、新做法，造成与旧观念的碰撞、互动，从而形成创业团队成员之间的良性冲突。此方法也是一种鼓励竞争的形式，而且新"声音"会让大学生创业者"兼听则明"，有助于其做出正确的决策。

🔖 课堂活动

活动主题：寻找创业合伙人。

活动内容：同学们找出一件自己最想做的事情，并用一个关键词描述原因或初衷。有意愿成为创业者的同学用一分钟的时间公开阐述自己想做的事情及原因或初衷，并向同学们发出邀请，组成 6 ~ 8 人的创业团队。同学们在加入创业团队时需判断自己拥有的资源。同学们根据图 3-8 所示的创业团队 3H 模式，做好内部成员间的相互认知，指出成员能承担的角色，其中一类角色需指向自己；利用创业团队画布分析、填写团队创业的相关内容；进行创业团队画布展示。

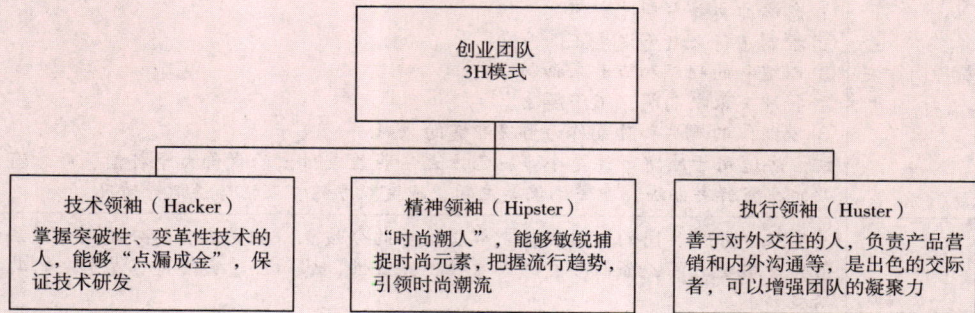

图 3-8　创业团队 3H 模式

案例分析：携程的创业团队

改革开放的春风为我国的经济发展带来了勃勃生机。尤其是 20 世纪 90 年代的创业潮和互联网技术在我国的发展，使商业领域产生了不少熠熠生辉的"明星"，其中便包括携程的创业团队。

携程创业团队的领导者季琦是一个充满激情的创业者。在大学期间，就读上海交通大学工程力学专业的季琦感到人生无趣。为了寻找人生的意义，他将大量时间花在图书馆里，读哲学、历史、文学等。这让他认识到：人生无所谓意义，只有过程和经历。1989 年，季琦考上上海交通大学机械工程系的机器人专业研究生，之后，他接触到了计算机行业，并认识到该新兴行业存在的发展机会，便开始学习计算机的使用、组装及组网技术，甚至在校期间还与同学合开了一家计算机公司。毕业后，为了能留在上海，季琦放弃了宝洁公司的邀请，进入一家国企工作，之后又去国外做技术工作。1995年，季琦回国发展，在中化英华智能系统有限公司工作一段时间后便自主创办了一家名为"协成"的公司，做系统集成业务。1999年，他因缘结交了甲骨文股份有限公司的咨询总监梁建章。

梁建章从小就十分聪明，接触计算机也早。15岁，梁建章进入复旦大学计算机本科少年班。在国外读硕、读博之后，他便进入甲骨文股份有限公司。一次偶然回国，国内火热的创业气氛和隐藏的巨大商机让他震惊，他认为自己的发展机会还是在国内。梁建章认识季琦之后，二人便决定一起做网站。

梁建章当时看国外的网上书店和网络招聘发展得很好，于是想做这两个方面，而季琦看到家庭装潢市场的爆发式增长，想进入网上家装市场。但网上书店和网上家装由于国内地域广阔、物流不便，成本较高而难以实现，而网络招聘在国内已经有一定发展，以此创业没有太大优势。正当二人一筹莫展的时候，一次出门游玩的契机，让二人诞生了建立一个旅游网站的想法。

对于一个创业团队而言，虽然有梁建章负责技术、季琦负责市场和管理，但还缺一个懂财务和融资的人才。这时，梁建章向季琦介绍了沈南鹏。沈南鹏爱好数学，年少时就得过全国数学竞赛的奖项。耶鲁大学MBA毕业后，沈南鹏先后进入花旗银行和雷曼兄弟公司。当梁建章和季琦找他创业时，他已是德意志银行的投资银行部——德意志摩根建富的董事，但他没犹豫就答应了。之后，三人便开始确定股份，梁建章和季琦各出资20万元，各占股30%，沈南鹏出60万元，占股40%。在后续讨论开办旅游网站的过程中，他们发现团队还缺少一个真正熟悉旅游行业的人，于是找来时任上海新亚酒店管理公司副经理的范敏。范敏在季琦的劝说之下，决意加入创业团队。被誉为中国企业史上"第一团队"的携程四君子正式组队成功。季琦等人依据自身经历大体定下了人事构架，沈南鹏任首席财务官、范敏任执行副总裁，梁建章与季琦相继出任执行总裁。1999年10月，携程旅游网上线。

2002年，梁建章等人又发现了经济型酒店的商机，于是携程与首旅共同投资创建连锁酒店如家，季琦离开携程、执掌如家。为达到上市要求，携程在2003年撇清了和"交易关联方"如家的投资关系。季琦成为如家的独立当家人。

季琦卸任如家CEO后，又做起了汉庭。2006年，如家在纳斯达克上市；2010年，汉庭在纳斯达克上市。携程的其他3位创始人也有各自的生活：沈南鹏离开携程，创建了红杉中国基金，在风险投资的路上一路高歌；梁建章留任携程董事局主席，致力于自己感兴趣的事情；范敏继续留在携程工作，但长期隐居幕后。

这4个人既有共同的梦想，又有不同的性格特点和专长，能够各掌一端，因此他们的创业才有非常好的发展。季琦有激情、锐意开拓；沈南鹏严谨稳妥，一股老练的投资家做派；梁建章细腻敏锐，眼光长；范敏则踏实专注，善于经营。这个创业团队凭借团队协作，优势互补，只花了4年多，就成功敲响了携程上市的钟声。

范敏使用了一个比喻来形容4个创始人的定位："我们要盖楼，季琦有激情、能疏通关系，他就是去拿批文的人；沈南鹏精于融资，他是去找钱的人；梁建章懂IT、能发掘业务模式，他就去打桩，定出整体框架。而我来自旅游业，善于搅拌水泥和黄沙，制成混凝土去填充这个框架。楼就是这样造出来的。"

分析

携程的创业团队由 4 个各有特色与专长的人组成，他们优势互补，目光长远，用了不到 5 年的时间就让携程成功上市。其实大多数优秀的创业企业都有一支优秀的创业团队，他们在创业活动中各自承担着适合自己的角色和职责，为创业团队做出贡献并推动创业团队走向成功。之后，有些创业者会在创业领域继续精进，如范敏，有些创业者则会转身投入下一个创业项目，如沈南鹏等。大学生作为拥有较强创新创业精神与能力的主力军，应正确理解并认识创业者和创业团队，选择适合自己的创业方式，提升自己的创业能力，为我国建立创新型国家、成就自己的事业贡献力量。

课后思考

仰望天上的大雁时，人们总能发现大雁一会儿呈"人"字形，一会儿呈"一"字形。这是由于大雁有一种合作的本能，在飞行中，大雁会定期变换领导者，为首的大雁在前面开路，能帮助它两边的大雁形成局部的真空。它感到疲倦后，会退到侧翼，由另一只大雁充当领导者。团队分工与合作一直为人们倡导，请结合你对本模块的学习和理解，谈谈你对创业团队和团队合作的理解。

_____

_____

_____

_____

模块四

评估创业项目：创业机会识别与创业风险防范

模块导读 ↓

机会是创业的核心要素，创业的过程是围绕创业机会进行识别、开发的过程。如何从复杂的市场环境中识别出具有商业价值的机会，并对其进行评价，形成自己的创业项目，最终创办企业，满足用户需求并创造价值是每个创业者都想要了解的事情。同时，由于内外部环境存在着各种不确定性和创业机会的复杂性，创业活动可能随时发生偏移，因此，创业者在创业过程中需注意创业机会发掘和创业风险防范。

学习目标 ↓

1. 能够界定好问题。
2. 学会洞察问题。
3. 掌握识别创业机会的方法。
4. 了解常见的创业风险。
5. 掌握创业风险防范的方法。

学习要点 ↓

1. 好问题的特征。
2. 问题类型与创业活动。
3. 问题画布。
4. 创业机会识别。
5. 大学生创业项目选择建议。
6. 常见的创业风险与创业风险防范。

任务一　问题探索

为了处理复杂的数学计算，帕斯卡利用齿轮原理发明了第一台可以执行加减运算的计算器，在此基础上，电动计算器、计算机得以发展；19世纪，莱特兄弟有感于鸟和玩具可以在天空飞，激发了对人类飞上蓝天的探索，由此促进了飞机的发明……问题探索是商业机会的重要来源，许多创新创业成果来自对问题的发现与探索，可见，问题中蕴藏着丰富的创业机会。因此大学生创业者要重视问题探索，从问题中识别、发掘创业机会。

⊟ 课堂活动

活动主题："吐槽"大会。

活动内容：问题源于世界，又改变了世界。由于问题被发现，无数发明创造在解决问题的过程中诞生。由此可见，相比问题的解决，问题的发现更为重要。请同学们通过下面的步骤，去体会发现问题的过程。

（1）两两一组，选择生活中的任一产品或设计进行"吐槽"，以发现问题。

（2）该活动由任意一人开始，3分钟内完成。

（一）什么是好问题

当今社会是知识经济的社会，也是信息爆炸的社会，社会发展变化很快，信息搜索与问题解答在现代科技的支持下变得非常容易，答案在贬值，而问题在升值。并不是所有的问题都能带来价值创造，只有好问题，才值得大学生创业者探索。因此，如果不能找到好问题，不能通过知识去解决有价值的问题，那么大学生创业者将难以更好地进行价值创造。

正如著名物理学家沃纳·海森堡所说：提出正确的问题，往往等于解决了问题的大半。那么什么是好问题？好问题通常需要满足以下特征。

（1）开放的。开放的问题能够激发人的想象力与创造性。例如，"为什么看起来细小脆弱的蚊虫能够刺进人体皮肤？"

（2）充满想象力的。充满想象力的问题更容易获得多样的、有新意的答案。例如，"人类如何才能实现时空穿梭？"

（3）有趣的。有趣的问题本身就是比较天马行空的，因此其答案也常具有较大的创新性。例如，"如何使小行星偏离轨道？"

（4）积极的。问题可以分为积极的问题与消极的问题两种。相比消极的问题，积极的问题更多的是一种探寻，能够帮助人们发现更多的机会。例如，同样是想解决过度使用手机的焦虑，消极的问题是"我怎么能控制自己少玩手机？"而积极的问题是"我如何将玩手机与日常生活工作结合起来，对其进行合理安排？"

（5）有价值的。好问题应当是有价值的，值得探讨或实践的问题。例如，"是什么控制着器官再生？"

（6）充满挑战的。好问题应当有一定的难度和挑战性，得出的解决方案要有价值。例如，计算机工程师拿到某一航空公司的基本情况后，开始设计有关系统根据可能延误的航班情况自动推荐优化调整方案的算法。

（7）可实现的。好问题是人们可以借助知识、技术或社会现有的资源而解决的问题，而不是不切实际、难以实现的问题。例如，"人们如何实现飞檐走壁？"就比"人们如何通过'练轻功'实现飞檐走壁"好实现，也能算是个好问题。

（二）问题类型与创业活动

创业机会源于问题，而问题种类繁多，所以在开展创业活动时，大学生创业者需要找出其中需要重点关注的问题，为问题排出等级。根据重要性和紧急性，问题可以分成 4 种不同的类型，即重要又紧急的问题、重要而不紧急的问题、紧急而不重要的问题、既不重要也不紧急的问题，如图 4-1 所示。针对不同类型的问题，大学生创业者需要采取不同的应对方式。

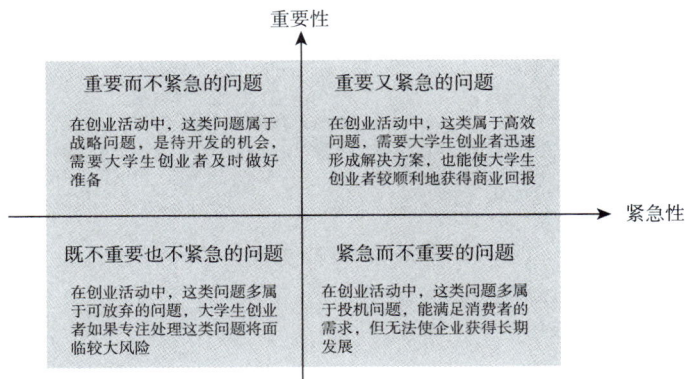

图 4-1　问题类型与创业活动

选择不同类型问题的大学生创业者有着各自的风格，也将面临不同的创业局面。

（1）选择重要又紧急的问题的创业者属于现实型创业者。这类创业者在市场中占比比较高，可以通过马上解决重要问题而很快获得商业回报，但其面临的多是"红海"市场，竞争较为激烈。

（2）选择重要而不紧急的问题的创业者属于战略型创业者。通过长期关注这类问题，在创业机会来临，即问题变得既重要也紧急的时候，他们往往会由于前期的准备而获得竞争优势，或提前找到"蓝海"市场，成为某个领域的领先者。当然，这也意味着大学生创业者前期需要有所投入并能够坚持。

（3）选择紧急而不重要的问题的创业者属于投机型创业者。这类创业者的思维是消费者需要什么就提供什么，虽然短时间内能获得商业回报，但无法形成持久的商业模式。

（4）选择既不重要也不紧急的问题的创业者属于守候型创业者。这类创业者一直在等待和观望，投入很多的时间和精力去培育和激发消费者，却往往很难得到商业机会。

（三）如何洞察问题

洞察问题的过程，就是识别问题的过程，也是进一步分析与探寻问题的过程，这能帮助大学生创业者寻找问题的本质，并有效发掘创业机会。

1. 识别问题

识别问题是发现创业机会的第一步。虽然大学生创业者可以通过市场调查、访谈、问卷等方式获得一些关于问题的数据，但通过这些数据不一定能真正洞悉用户的真实需求。由此，朱燕空博士提出了共情模型，来帮助创业者感受用户的真实需求，以便提出有效的解决方案。

共情模型包括发现、沉浸、链接、分离 4 个阶段。该模型要求创业者通过研究用户的第一手资料、与用户接触或亲身体验用户的生活等，站在用户的角度体会用户的真实需求，与用户建立真实的情感链接，再跳出用户的生活去重新思考与定义问题，以探索有效的解决方案，如图 4-2 所示。

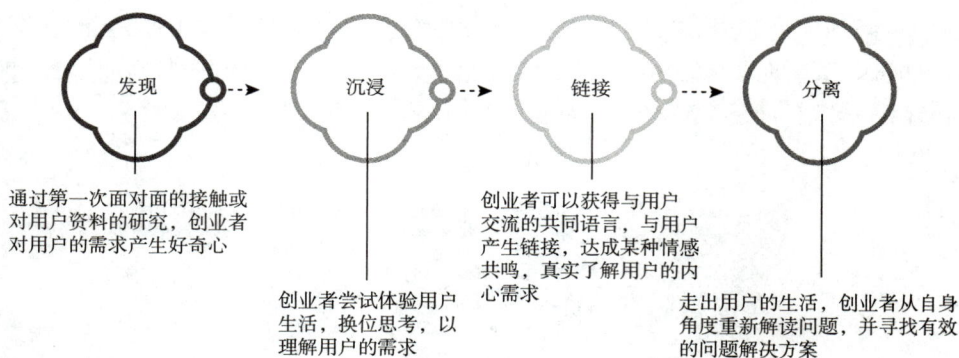

发现 ┈▶ 沉浸 ┈▶ 链接 ┈▶ 分离

通过第一次面对面的接触或对用户资料的研究，创业者对用户的需求产生好奇心

创业者尝试体验用户生活，换位思考，以理解用户的需求

创业者可以获得与用户交流的共同语言，与用户产生链接，达成某种情感共鸣，真实了解用户的内心需求

走出用户的生活，创业者从自身角度重新解读问题，并寻找有效的问题解决方案

图4-2　共情模型

拓展阅读

共情图——用户心智的分析工具

共情图适用于产品设计初期，可以将用户需求可视化，提供有价值的信息。通常，共情图的内容应基于真实的用户数据信息。共情图的通用部分是对用户内心体验4个不同方面的概述，即想法、语言、感受、行为，大学生创业者最好在共情图的底部加上"问题""需求"方面的内容，如图4-3所示。

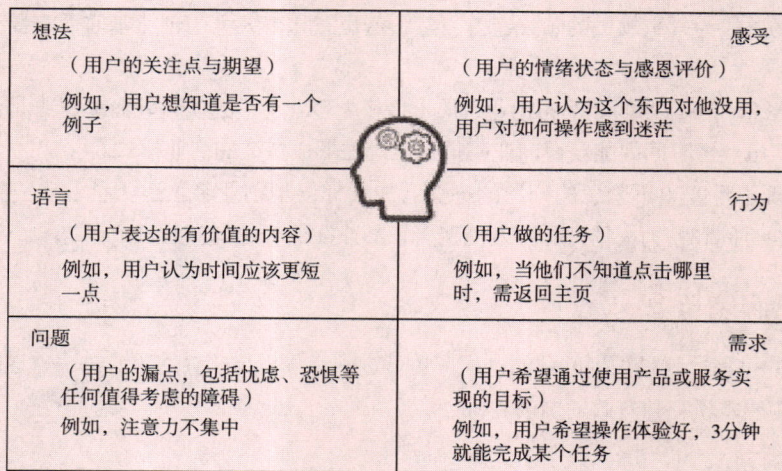

想法 （用户的关注点与期望） 例如，用户想知道是否有一个例子	感受 （用户的情绪状态与感恩评价） 例如，用户认为这个东西对他没用，用户对如何操作感到迷茫
语言 （用户表达的有价值的内容） 例如，用户认为时间应该更短一点	行为 （用户做的任务） 例如，当他们不知道点击哪里时，需返回主页
问题 （用户的漏点，包括忧虑、恐惧等任何值得考虑的障碍） 例如，注意力不集中	需求 （用户希望通过使用产品或服务实现的目标） 例如，用户希望操作体验好，3分钟就能完成某个任务

图4-3　共情图

使用共情图也是用户思维的一种体现。通过绘制共情图，大学生创业者可以找到真正的问题，从而获得更可行的结论和解决方案。

2. 分析问题

分析问题是对问题的重新解读，也是对问题本质的分析。常用的方法是5WHY分析法，即沿着问题的因果路径连续以 5 个"为什么"来进行逐一追问，先追问第一个"为什么"，再针对第一个问题的答案追问第二个"为什么"，依次类推，直至挖掘出问题的根本原因。需要注意，5WHY 不代表只能追问 5 次，在实际的追问过程中，有时候在第 3 次追问时就能获得答案，有时则需要追问 5 次以上才能获得答案。

在追问时，大学生创业者要朝解决问题的方向前进，找出可控的因素，不要只从自身外在方面找原因。例如，追问"为什么没有修理设备？"时，大学生创业者不能认为是合伙人太小气了。此外，大学生创业者要注意问题与答案、问题层次之间的相关性，不要跳步。

3. 重构问题

重构问题是在找到问题的根本原因之后，尝试重新描述这个问题。爱因斯坦说过："如果给我一个小时解答一个决定我生死的问题，我会花 55 分钟来弄清楚这个问题到底是在问什么。一旦清楚了它在问什么，剩下的 5 分钟足够我解答这个问题。"其中，清楚它在问什么的过程，就是重构问题的过程，通常是使用"我们怎样才能……"的句式。例如，"我们怎样才能促进学生对知识的有效吸收？"

4. 呈现问题

问题画布是一种常见的呈现问题的工具。有时候，精准地描述问题比解决问题更加重要，而语言描述有时候会出现偏差，难以整体描述问题发生的框架。因此，大学生创业者可以充分利用问题画布，对问题进行充分描述，以方便整体审视该问题并就问题整体进行交流。

问题画布（见图 4-4）包括 3 个部分 7 个要素，左半部分表示问题从哪里来，是对问题情况的描述，由谁的问题、什么时候发生、什么地方发生 3 个要素构成；右半部分表示问题怎么样，是对问题的分析，由问题紧急性、问题重要性和问题本质原因 3 个要素构成。中间部分是问题界定。

	什么时候发生 问题发生的时间。例如，每天中午	**问题界定** 一般以"我们如何才能……"的句式重新描述问题。例如，我们怎样让用户在中午快速吃到丰富、美味的菜品	**问题紧急性** 可用非常紧急、一般紧急、不太紧急描述。例如，此问题非常紧急，急需解决	**问题本质原因** 通过不断追问洞察问题的本质。例如，连续问 5 个"为什么"后，发现最深层次的原因是，上班族希望在中午快速吃到丰富、美味的菜品
谁的问题 问题发生的对象，包括年龄、职业、爱好等。例如，需要用餐的广大上班族	**什么地方发生** 问题发生的场景。例如，写字楼周围商圈		**问题重要性** 可用非常重要、一般重要、不太重要等描述。例如，客流量非常重要，将直接影响经营状况	
问题情况		问题分析		

图4-4 问题画布

课堂活动

活动主题：问题探索练习。

活动内容：本课堂活动主要考查同学们对问题的洞察和对问题画布的运用。

（1）观察你的学习、生活或工作，发现其中让你有不佳体验的某件事情，连续追问"为什么"，直到找出根本原因，并根据你的体验完成图4-5所示的问题画布的填写（可首先利用共情图识别问题，然后使用5WHY分析法分析原因，接着重构问题，最后呈现问题）。

谁的问题	什么时候发生	问题界定	问题紧急性	问题本质原因
	什么地方发生		问题重要性	
问题情况			问题分析	

图4-5 问题画布

（2）向同学们展示并描述你的问题画布。

任务二 创业机会发掘

《苏东坡全集》有言：贤者之处世，皆以得时为至难。由此可见，机遇难得。对大学生创业者而言，同样如此。如果大学生创业者不能发现和识别创业机会，任由创业机会白白流失，无疑是一种巨大的损失。

课堂活动

活动主题：纸椅子能坐40个人吗？

活动内容：同学们就纸椅子能坐多少个人的话题展开讨论，并尝试寻找实例；谈谈什么是创意，创意能否发掘为创业机会。

（一）什么是创业机会

创业机会来自有商业价值的创意。有商业价值的创意绝对不是空想，而要有现实意义，具有实用价值。

1. 创业机会的定义

关于创业机会，有以下几种常见的定义。

（1）创业机会可以为购买者或使用者创造或增加有价值的产品或服务，具有吸引力、持久性和实时性。

（2）创业机会可以引入新产品或新服务，并能使相关产品或服务以高于成本的价格出售。

（3）创业机会是一种新的"目的—手段"关系，能为经济活动引入新产品、新服务、新材料、新市场和新组织方式。

（4）创业机会主要是指具有较强吸引力的、较为持久的有利于创业的商业机会，可以使创业者为客户提供有价值的产品或服务，并同时使创业者自身获益。

综上所述，我们可以得出较为全面的创业机会概念：创业机会是指在市场经济条件下，在社会经济活动过程中形成和产生的一种有利于创业成功的因素，是一种带有偶然性并能被创业者认识和利用的契机。但是大学生创业者不能简单地将商业机会等同于创业机会，很多商业机会是不可持续的，只是昙花一现。对于特定的商业机会，大学生创业者如果不能开发出与之匹配的创意产品，也不能将其视为创业机会。

2. 创业机会的特征

识别创业机会是创业过程的核心环节，需要创业者确认自己能否把创意转变为产品或服务。有的创业者认为自己有很好的创业想法和点子，便对创业充满信心。其实有想法、有点子固然重要，但不是每个大胆的想法和新异的点子都能转化为创业机会。许多创业者仅凭自己的想法和点子就去创业，结果铩羽而归。因此，了解创业机会的特征有助于创业者正确识别创业机会。

（1）普遍性。凡是有市场、有经营的地方，客观上就存在着创业机会。创业机会普遍存在于各种经营活动之中。

（2）偶然性。对一个企业来说，创业机会的发现和捕捉带有很大的不确定性。

（3）价值性。创业机会必须具有价值性，能够满足消费者的某种（潜在）需求。

（4）消逝性。创业机会存在于一定的时空范围之内，创业者必须在其存续时间内发现并将其转化为创业项目。产生创业机会的客观条件发生变化时，创业机会也会相应地发生变化。

3. 创业机会的来源

创业机会既可能是自然生成的，也可能是创业者自己创造、发掘的。现实中的创业机会多属后面一种情况。大学生创业者要想发掘出创业机会，就要清楚并关注创业机会的来源。创业机会主要来自以下 5 个方面。

（1）问题。要想创业取得成功，大学生创业者就要使自己的产品或服务满足消费者的需求，即解决消费者面临的问题。寻找创业机会的一个重要途径是善于发现自己和他人在需求方面的问题或在生活、工作中遇到的难处。

（2）变化。创业机会大都产生于不断变化的市场环境，市场环境若发生变化，市场需求、市场结构就必然发生变化。德鲁克将创业者定义为那些能"寻找变化并积极反应，并将它视为机会充分利用起来的人"。这种变化主要来自产业结构的变动、消费结构的升级、城市化的加速、人们思想观念的变化、政府政策的变化、人口结构的变化、居民收入水平的提高、全球化趋势等方面。例如，我国已经进入老龄化社会，老人保健、老人陪护等领域就产生了大量的创业机会。

（3）创造发明。创造发明可为消费者提供新产品或新服务，能更好地满足消费者的需求，同时也带来了创业机会。例如，随着计算机的诞生和网络的发展，计算机维修、软件开发、计算机操作的培训、图文制作、信息服务、网上开店等创业机会随之而来，大学生创业者即使不发明新的东西，也能成为销售和推广新产品的人。

（4）竞争对手的不足和失误。很多创业机会缘于竞争对手的不足和失误。大学生创业者如果能弥补竞争对手的不足和失误，也能取得创业成功。大学生创业者若能比竞争对手更快、更可靠、更便宜、更优质地提供产品或服务，也就抓住了创业机会。

（5）新知识、新技术的产生。在知识经济时代，用知识、技术创业是新模式，也是必然趋势。

（二）如何识别创业机会

创业机会是创业的开端，创业者要善于发现他人看不见的机会并采取行动。正所谓"时来易失，赴机在速"（选自房玄龄《晋书·慕容垂载记》），要想把握时机，迅速行动是关键。而要想快速掌握创业机会，创业者一方面要有立即行动的意识；另一方面，也是最重要的方面，就是提前做好准备，即需要熟练掌握识别创业机会的方法。通常来讲，识别创业机会的方法有以下几种。

1. 新眼光调查法

新眼光调查法是一种通过总结、验证众多想法与信息来识别创业机会的方法。其运用方式如下。

（1）开展初级调查。创业者通过与消费者、供应商、销售商进行交流的方式与这个世界互动，了解这个世界正在发生什么，以及预测这个世界将要发生什么。

（2）注重二级调查。阅读某人发表的作品、利用互联网搜索数据、浏览包含自身所需信息的文章等都是二级调查的形式。

（3）记录想法。国外某图书公司的创始人说，他有一本用来记录想法的笔记本，当记录到第200个想法时，他坐下来回顾了所有的想法，然后开办了自己的公司。

扫一扫

案例——罗红和他的艺术蛋糕

2. 问题发现法

问题就是商业机会。某企业家说过，有抱怨的地方，有投诉、不合理的地方就有创业机会。优秀的创业者要善于从自己、他人的问题和抱怨中发现商机。

创业者要试着从自己的周围发现商业机会：①遇到的生活问题；②工作中碰到的问题；③听到、看到的他人的问题；④所在社区存在的问题。

很多财富都躲在问题的后边，创业者帮助他人解决问题的时候，财富就会随之而来。

3. 通过消费者建议发现机会法

创业机会也可能由消费者识别出来，因为他们知道自己究竟需要什么。消费者的建议多种多样，他们可能会提出一些类似"如果那样的话，不是会很棒吗"这样的非正式建议。留意这些非正式建议，也有助于创业者发现创业机会。

4. 通过创造识别机会法

这种方法在新技术行业中较为常见，它可能始于拟满足的市场需求，从而使创业者积极探索相应的新技术和新知识；也可能始于一项新技术发明，进而使创业者积极探索新技术的商业价值。通过创造识别机会比其他任何方法的难度都大、风险都高，但成功后的回报也很大。这种情况下产生的创新在人类所有具有重大影响的创新中，居于压倒性的主导地位。

（三）大学生创业项目选择建议

创业需要一定的社会资源、一定的资金支持和一定的社会关系。大学生是一个比较特殊的群体，他们缺少社会实践经验，对社会现实了解不深。因此，大学生创业者在选择创业项目时要遵循一定的原则，以弥补自身存在的不足，并充分发挥自身的优势。以下几条建议可以供大学生创业者在选择创业项目时参考。

1. 选择自己最喜欢的创业项目

古语有云："知之者不如好之者，好之者不如乐之者。"只有在做自己最喜欢的事情时，人们才会废寝忘食、不知疲倦。这种乐在其中的感觉，会让人乐此不疲，而创业十分需要大学生创业者坚持不懈的热情和执着。做自己最喜欢的事情，大学生创业者才最有可能坚持到底，才不至于在遇到坎坷和困难时就选择放弃。爱迪生一天平均有 18 个小时待在实验室里，当他的家人劝他休息时，他说他一生从未做过一天的工作，每天都其乐无穷。

2. 选择自己最熟悉的创业项目

各行各业都有自己的规律专业性。只有具有相当的经验，大学生创业者才能在机遇来临时率先将其发现，在行业发展不利时提前意识到风险。在自己最熟悉的领域里，大学生创业者会游刃有余，更有机会取得成功，这就是"不熟不做"的道理。

3. 选择自己最有人脉资源的创业项目

卡耐基说过，成功依靠的是 15% 的专业知识和 85% 的人际关系。任何人的成功都离不开他人的帮助。例如，在自己最喜欢、最擅长、最熟悉的行业里，朋友也会更多，共同的爱好和志趣会使大学生创业者在创业初期很快找到志同道合的新朋友，从而建立起对创业有利的人脉关系。好的人脉关系有利于大学生创业者整合现有资源，组建一个优势互补的团队。一个优秀的团队，不仅能够为大学生创业者的能力发挥创造良好的条件，而且会让大学生创业者发挥出前所未有的新力量。

4. 选择最有市场潜力的创业项目

如果创业项目确实是大学生创业者很熟悉也很擅长的项目，但属于市场需求越来越少或者即将衰退的行业（俗称"夕阳行业"），那么大学生创业者不要去做。与时俱进、顺势而为，才是明智的创业选择。要想知道哪些项目是有潜在市场的，就需要大学生创业者多关注时事，认真做好市场调查。

扫一扫

适合大学生创业的领域

5. 选择最能满足消费者需求的创业项目

大学生创业者确定创业项目时一定要清楚：可以创业成功的项目一定不是"你想做什么"，而是"你能做什么"；不是"你喜欢什么"，而是"消费者喜欢和需要什么"。产品或服务只有满足消费者的需求，才能吸引消费者购买。最能满足消费者需求的项目一般也是有特色的项目，市场上没有的、先于别人发现的、与别人不同的、比别人强的项目都可以归为有特色的项目。项目有特色就能够避免与竞争对手直接竞争，还可以提升产品或服务的辨识度和认知度，使其拥有更高的定价空间。立志于自主创业的大学生，应该对市场动态变化保持敏锐的感知，时刻了解市场需求的变化，从而发现市场空白，设计出独具特色的、最能满足消费者需求的产品。

6. 选择享有优惠政策的创业项目

对于打算创业的大学生来说，他们可以根据自身的实际情况，选择在融资、注册、税收、创业培训与指导等方面可享受优惠政策的项目。大学生创业者要充分利用国家的优惠政策，尽量走"绿色通道"，这样不仅能减少手续、提高办事效率，还能解决创业初期资金不足、管理不当等问题。国家在鼓励某些行业发展的同时，在税收、用地、资金等方面都会出台各项相关优惠政策，这也从另一个方面说明该行业具有良好的市场发展前景和政策发展环境。因此，大学生创业者可以因势利导，找准自己的"落脚点"。

7. 选择初始资金投入较少、资金周转期短的创业项目

大学生创业者的融资渠道较窄，大部分的大学生创业者都是利用父母、亲友的资助或者自己的一些积蓄作为创业的启动资金。对于一般的大学生创业者而言，其能够获取的创业资金十分有限。因此，大学生创业者应该尽量选择初始资金投入少、资金周转期短的项目，以保证后期的项目运转有足够的资金。同时，大学生创业者也要尽量避免选择那些需要大量库存的项目。库存多，流动资金就少，而且大量的库存还会增加库存管理的成本和存货风险。当市场出现不稳定状况时，企业极容易因为资金周转不灵而陷入倒闭的困境。

8. 选择雇用人力较少的创业项目

大学生创业者普遍缺少管理经验，如果一开始就管理很多员工，往往会导致企业内部管理混乱。同时，创业初期应该以开拓市场为主，大学生创业者如果经常被人事工作拖累，就不可能有大量的时间和精力去完成其他重要的工作。因此，没有管理经验的大学生创业者可以先选择创办只有几个人的小企业，积累管理经验，随着企业的不断壮大，大学生创业者自然有能力管理更多的员工。另外，雇佣的人员太多也会加重企业的薪资负担。对于一个刚刚创办的企业来说，如何精减人员、发挥人力资源的最大效用是需要大学生创业者慎重考虑的问题。因此，大学生创业者要尽量选择雇用人力较少的创业项目。

9. 避免技术性要求过高的创业项目

大学生创业者如果没有十足的把握，应尽量避免一开始创业就进入高科技行业。因为高科技行业需要投入大量的研发成本，这对于缺少资金的大学生创业者来说是一个很重的负担。所以，大学生创业者可以选择进入相对比较容易的行业，积累一定的资金及经验后再考虑转入高科技行业。

拓展阅读

"互联网+"带来的创业机会

"互联网+"是当今的一种新经济形态，指的是"互联网+传统行业"。在十二届全国人大三次会议上，《政府工作报告》指出"制定'互联网+'行动计划，要求推动移动互联网、云计算、大数据、物联网等与现代制造业结合，促进电子商务、工业互联网和互联网金融健康发展，引导互联网企业拓展国际市场。"

"互联网+"指利用信息通信技术和互联网平台，让互联网与传统行业进行深度融合，创造新的发展生态，充分发挥互联网在社会资源配置中的优化与集成作用，促进传统行业的新发展，建立广泛的以移动互联网为实现工具的经济发展新形态。在全民创业的常态下，这种经济模式无疑会为大学生创业者带来更多的发展机会。

（1）互联网＋现代农业。这类创业涉及农、林、牧、渔等。例如，在传统的农业养殖中积极开展电子商务，实行新的生产运营管理与销售模式，通过线上下单线下体验等，为广大消费者提供服务。

（2）互联网＋商务服务。这类创业涉及电子商务、消费生活、金融、旅游户外、房产家居、高效物流等。

（3）互联网＋制造业。这类创业涉及智能硬件、先进制造、工业自动化、生物医药、节能环保、新材料等。

（4）互联网＋信息技术服务。这类创业涉及工具软件、社交网络、媒体门户、数字娱乐、企业服务等。

（5）互联网＋文化创意服务。这类创业主要是指互联网与广播影视、设计服务、文化艺术、旅游休闲、艺术品交易、广告会展、动漫娱乐、体育竞技等领域的结合。

（6）互联网＋公共服务。这类创业主要是指互联网与教育文化、医疗健康、交通、人力资源服务等领域的结合。

（7）互联网＋公益创业。这类创业主要是指互联网与以社会价值为导向的非营利性领域的结合。

任务三　创业风险防范

尽管创业者们总是尽力朝目标前进，但是难以避免创业活动偏离预期目标的可能性及其带来的后果，这就是创业活动中存在的风险。创业没有零风险，在创业前和创业中，大学生创业者都必须对风险做出分析和判断，并根据其特点做出相应的防范措施，以系统性地防范风险。

（一）什么是创业风险

由于创业环境的不确定性，创业机会与创业活动的复杂性，创业者、创业团队与投资人的能力和实力的有限性而导致的创业活动结果的不确定性，就是创业风险。创业风险存在于所有的创业机会中，其种类繁多，甚至可能贯穿整个创业过程。创业风险具有一些共同的特征，大学生创业者要对其有清楚的认识。

（1）客观性。创业可被视为一个识别风险和应对风险的过程，风险的出现是不以人的意志为转移的，所以创业风险的存在是客观的。

（2）不确定性。创业的影响因素具有不确定性，而且这些影响因素是不断变化、不断发展的，甚至是难以预料的。

（3）双重性。创业有成功和失败两种可能性，创业风险有盈利和亏损的双重性。

（4）可变性。随着创业影响因素的变化，创业风险的大小、性质和程度也会发生变化。

（5）可识别性。根据创业风险的特征和性质，创业风险是可以被识别和划分的。

（6）相关性。创业风险与创业者的行为紧密相连。对于同一风险，采取不同的对策会导致不同的结果。

（二）大学生创业常见风险

大学生创业过程中面临的风险主要受自身因素及社会环境因素的影响，具体来说，主要包括以下因素。

1. 创业心态

眼高手低、纸上谈兵是大学生创业者常见的创业风险。大学生长期待在校园里，对社会缺乏了解，更缺少创业经验，常常因一时兴起而选择创业，易把创业问题简单化、理想化，对创业过于乐观，对困难估计不足，认为自己学历高、成绩好、获过各种奖励，就一定能创业成功。还有些大学生由于没有经受过挫折的考验，心理承受能力和自我调节能力较差，创业受挫后易产生强烈的挫折感，忧心忡忡、胆怯心虚，不能正确认识自己的创业优势，甚至把自身的长处看成短处，在创业竞争中信心不足、自我设限，以致错失了许多机会。

2. 项目风险

项目风险是指大学生创业者因选择的创业项目不当，导致企业无法盈利而难以生存的风险。

大学生创业激情高，但容易盲目选择创业项目。多数大学生没有进行充分的市场调查和绩效分析，缺乏针对自己特长及资源的调查分析，看到别人干什么自己也跟着模仿。例如，加盟连锁经营型创业模式虽可以直接享受知名品牌的知名度，复制他人的成功经验，获得资源支持，降低经营成本，但也面临着连锁经营企业虚假宣传、交纳高额加盟费等风险，大学生创业者一旦被天花乱坠的宣传语所迷惑，不考虑自己的实际情况，没有收集资料，也不进行实地考察和市场分析，就盲目选择加盟连锁创业模式，那么他面临的项目风险就会增加。

🔍 **拓展阅读**

创业案例——加盟连锁的创业风险

在郑州，即将毕业的大学生小朱在创业过程中被高回报迷惑了。

2008 年冬天，小朱按网上地址找到北京一家销售木纤维毛巾的加盟连锁公司。听完招商部经理对这种成本低、利润高且风险小的产品的推荐后，她心动了，把从亲戚那里借来的钱全部换成了毛巾，并取得了该公司在河南省的独家代理权。

头一个月，她兴冲冲地跑到学校卖毛巾，却没卖出一条毛巾。第二个月她又去居民小区推销，效果还是不好。于是，她开始通过网络进行推销。哪知几个月过去后，她仍没卖出一条毛巾。

调查发现，有小朱这样遭遇的大学生不在少数。不少大学生选择了加盟连锁的创业方式。他们从电视和网络等渠道了解加盟连锁项目提供的丰厚条件（如公司总部提供免费指导，不收取任何加盟费用，进货达到一定额度就能获得额外奖金，低风险甚至无风险等）后，就开始创业了。他们认为，他们一无资金，二无经验，加盟连锁会让自己开店的风险降低很多，结果却事与愿违。

一些加盟连锁公司深谙大学生的创业心理，鼓吹加盟连锁能快速致富，但暗地里已为大学生准备好了"连环套"：关于品牌在国外已有十几年甚至几十年成功运营史的信息，无法验证；关于生产基地在某发达省市的信息，不便验证；关于加盟利润很高的信息，只有在大学生加入后才能验证；关于经营好了还会返奖金和装修费的标准，很难达到；带大学生去参观的其他加盟店，实际上是该公司的"表演店"；关于投资成本仅两三万元及优厚的换货条件，也都是陷阱。大学生在加盟连锁时要慎重再慎重，小心受骗。

3. 资金风险

资金风险是指因资金不能及时供应而导致创业失败的可能性。对于初创企业，资金缺乏是非常普遍的问题，如果大学生创业者不能及时解决这个问题，非常容易造成创业夭折。例如，巨人高科技集团因为修建巨人大厦时的 1 000 万元的资金缺口而轰然崩塌；新疆德隆集团因在短短几年内进入十几个产业而酝酿了巨大的资金风险，2004 年年初，新疆德隆集团资金链断裂。

可见，资金风险对于企业来说往往是致命的。因此，快速、高效地筹措到资金是创业成功的重要因素。

大学生长期生活在校园里，没有经济来源，更无资金积累，再加上大学生的交往对象多为处境相似的学生，所以他们很少能够从同学处筹集到创业资金，并且刚出校门的大学生想轻松地从银行贷到资金也十分困难。目前，大学生创业的资金更多是靠父母、亲戚的帮助，融资渠道单一，资金来源不稳定，资金数额较小，这也为后期的企业发展埋下了隐患。企业创办起来后，缺少发展资金会造成企业的现金流中断，不能支持企业的正常运作，使企业发展停滞不前甚至倒闭，从而造成创业失败。

4. 法律风险

大学生由于缺乏社会经验，法律观念不强，维权意识淡薄，在创业开始时乃至整个创业过程中都有可能陷入法律陷阱，这将会对企业造成致命的打击。例如，普通合伙制企业的合伙人要承担无限连带责任，如果企业侵犯了他人的自身安全或财产安全，不但企业要以自身财产赔偿对方的损失，在企业财产不足以赔偿对方的损失时，合伙人还要以个人财产赔偿对方的损失。所以，大学生创业者选择合伙制企业模式时一定要慎重考虑。大学生创业者在与客户签订合同时，不太注意审查对方的主体资格，也不调查、了解对方的信用、履约能力及还债能力等情况，这往往会造成合同无效、钱款或货物被骗等情况。另外，在权利受到侵害时，大学生创业者维权意识淡薄，有时不是通过法律途径解决，而是私下解决，使法律风险骤然增加。因此大学生要树立法律意识，不仅在于避免自己在创业过程中出现违法犯罪行为，还要合规合法经营企业，保护自己的合法权益不受侵犯。

5. 市场风险

市场风险是指市场主体从事经济活动所面临的盈利或亏损的可能性和不确定性。

（1）市场需求量。如果产品或服务的市场需求量较小或者产品或服务在短期内不能被市场接受，那么产品或服务的市场价值就无法实现，投资就无法收回，创业就会夭折。

（2）市场接受需要时间。一个全新的产品或服务，打开市场需要一定的时间。如果初创企业缺乏雄厚的财力进行营销策划，那么产品或服务为市场所接受的过程就会更长，这不可避免地就会出现产品或服务销售不畅，前期投入难以收回，从而给初创企业的资金周转造成极大困难。

（3）市场价格。产品或服务价格如果超出市场的承受力，就很难为市场接受，就无法实现产品或服务的商业化、产业化，投资也就无法收回。当某种产品或服务逐渐被市场接受和吸纳时，其高额的利润会引来众多的竞争者，可能会造成供大于求的局面，导致产品或服务价格下跌，从而影响企业的投资回报。

（4）市场战略。优质的产品或服务如果没有好的市场战略规划，在价格定位、用户选择、上市时机、市场区域划分等方面出现失误，就会在市场开拓上面临困难，甚至最终失败。

6. 管理风险

管理风险是指大学生创业者在管理运作过程中因管理不善、判断失误等影响管理水平而导致的创业风险，其主要涉及以下方面。

（1）管理者风险。一个优秀的创业者可以不具备精深的技术知识，但必须具备这样一些素质：具有强烈的创新精神与创业意识，不墨守成规，不人云亦云；具有追求成功的强烈欲望，富有冒险精神、献身精神、超强的忍耐力；具有敏锐的机会意识和高超的决策水平，善于发现机会、把握机会和利用机会；具有强烈的责任感和自信心，敢于在困境中奋斗、在低谷中崛起。

一些大学生创业者虽然在技术上出类拔萃，但在理财、营销、沟通、管理方面的能力普遍不足。这种由技术所有者包揽一切、集众权于一身的家长式管理，往往由于管理者的管理水平、管理方式等方面的问题，导致创业夭折。众多初创企业的成功经验之一，就是技术专家、管理专家、财务专家、营销专家有机组合，形成团队的整体优势，从而为初创企业奠定坚实的组织基础。

（2）决策风险。大学生创业者绝不可以根据自己的喜怒哀乐或不切合实际的个人偏好而做出决策。不进行科学分析，仅凭个人经验或运气的决策方式都可能导致创业失败。

管理者决策水平的高低对初创企业的成败影响巨大。一项统计显示，世界上破产倒闭的大企业中，有 85% 是因管理者的决策失误造成的。

（3）组织和人力资源风险。组织和人力资源风险是指初创企业由于团队分歧、组织结构不合理、用人不当所带来的风险。初创企业的迅速发展如果不伴随组织结构、用人机制的相应调整，往往会成为初创企业潜在危机的根源。

现代企业越来越重视团队的力量。一旦创业团队的核心成员在某些问题上产生分歧且不能达成一致，就极有可能会对创业团队造成强烈的冲击。事实上，做好团队协作并非易事，特别是在处理与股权、利益相关的事情时，很多初创对关系很好的伙伴都会闹得不欢而散。

7. 技术风险

技术风险是指初创企业在技术创新的过程中因技术因素导致创业失败的可能性。

（1）技术成功的不确定性。在产品或服务从研究开发到实现产品化、产业化的过程中，任何一个环节的技术故障都会使产品创新或服务创新前功尽弃，归于失败。很多初创企业在技术产业化的过程中屡试屡败，当辛苦赚来的资金或以家产抵押得来的创业资金将要耗尽，却还没有生产出合格的产品时，企业将面临极大的风险。

（2）技术前景、技术寿命的不确定性。如果赖以创业的技术创新不能够实现产业化，或不能在高新技术寿命周期内迅速实现产业化，初创企业不能收回初始投资并取得利润，就会面临破产。

（3）技术效果的不确定性。一项高技术产品即使能成功地开发和生产，但若达不到创业前预期的效果，也会造成巨大损失甚至导致创业失败。20 世纪 70 年代，美国杜邦公司曾对一种称为"Corfam"的皮革替代品进行产品开发并上市销售。预测和试穿的成功，使杜邦公司决策层非常乐观，他们希望 Corfam 不仅能一帆风顺地上市，而且能像公司曾经发明的尼龙一样，成为世界性的畅销商品，引发鞋面用料的革命，再现杜邦公司的辉煌。然而，最终的结果却大大出乎他们的意料。Corfam 项目亏损了近 1 亿美元，成为杜邦公司历史上罕见的一次失败项目。

（三）大学生创业风险防范

大学生创业虽存在诸多风险，但机遇和挑战并存。唯有冷静地分析风险，勇敢地面对挑战，大学生创业者才能防范风险，克服困难，取得创业成功。针对大学生创业过程中常遇到的风险，大学生创业者可以从以下方面加以管控。

1. 调整心态，做好创业准备

大学生创业时要对自己的个性特征、兴趣爱好等有充分的了解，选择适合自己个性特征、符合个人兴趣爱好的项目进行创业；同时，大学生创业者要掌握广博的知识，具有一专多能的知识结构，才能发挥创造性思维，才可能做出正确的创业决策。大学生在创业前还要积累一些有关市场开拓、企业运营方面的经验，通过在企业实习、参加创业培训、接受专业指导来积累创业知识，提高创业成功率。

大学生创业者还应当锻炼受挫能力，遇到挫折后应放下心理包袱，仔细分析失利的原因：因主观原因失败的，要适当调整自己的动机、追求和行为，避免下次犯同样的错误；因客观原因失败的，也不要过于自责、懊恼，应坦然面对，灵活处理，争取新的机会。即使错失重要机会或遭受重大打击，大学生创业者也要振作起来，让自己始终保持昂扬的斗志和必胜的信心，直至创业成功。

2. 审时度势，量力而行

创业路途充满艰辛，绝不是一蹴而就的。因此，大学生应树立大局观念，着眼全局，量力而行。最好找到合适的切入点，选择合适的时机、合适的项目和合适的规模来创业。大学生创业者大多手中资金较少，创业经验不足，可以选择起点低、启动资金少的创业项目。

另外，大学生创业要选择一种适合自己的企业法律组织形式。大学生创业者如果选择个体工商户、合伙制企业的法律组织形式，则要对企业承担无限连带责任，即企业如果经营不善欠下债务，大学生创业者要对企业的债务承担继续偿还的责任。大学生创业者可以选择有限责任公司的法律组织形式，由于企业具备法人资格，能够独立承担法律责任，所以企业如果资不抵债宣告破产，对于企业不能清偿的债务，大学生创业者仅以其出资额承担法律责任，对于超出的部分不承担法律责任。

同时，有些人为的因素，如经营理念、利益分割，甚至性格原因等，也可能会导致合伙人之间、股东之间发生冲突。因此，大学生创业者在组建团队时，也应注意选择志同道合、善于沟通、以企业利益为重的合作者。

3. 充分利用优惠政策，迈出创业坚实的第一步

支持大学生创业，已经成为各级政府的重要议事内容。近年来，相关部门陆续出台了许多优惠政策，鼓励和支持大学生创业。有些优惠政策虽然在实施过程中出现了配套措施不到位、具体操作烦琐等情况，但总体而言，依然能为降低大学生创业风险提供帮助，因此大学生创业者一定要充分了解这些优惠政策，并把它们充分运用到自己的创业实践中。具体来说，高校要向大学生详细讲解政府出台的创业优惠政策，使大学生创业者对自己能享受到的优惠政策熟记在心；相关部门对这些优惠政策要出台具体实施办法及操作指引等，以方便大学生创业者操作实施，帮助大学生创业者迈出创业坚实的第一步。

4. 多渠道融资，降低创业资金风险

虽然大学生创业者的融资渠道较少，但社会相关各方仍能为大学生创业提供资金。例如，某些省市人民政府会为大学生创业提供贴息贷款，个人最高可以申请额度为 10 万元、期限为 3 年的政府贴息贷款。同时，大学生创业者还可以得到各类创业基金的资金支持。目前，由中国社会福利教育基金会发起的中国大学生创业基金、由共青团中央发起的中国青年创业就业基金、由社会知名人

士郑泽等人发起的中国大学生西部创业基金等，都可以帮助大学生解决部分创业资金短缺问题。大学生参加创业大赛，既可以锻炼创业能力，又可能获得高额的创业资金，是一种很好的融资途径。

另外，大学生创业者还可以引入风险投资。风险投资人往往比较关注创业管理团队的构成、管理者的素质、创业者持续奋斗的精神等。大学生创业者若能组建优秀的创业团队、拥有独一无二的技术支撑和市场前景良好的创业项目，就有可能得到风险投资人的青睐，从而获得创业资金。

5. 树立团队意识，与他人合作共赢

一个人的能力是有限的，大学生创业者一定要抛弃单打独斗、孤军奋战的个人英雄主义思想，牢固树立团队合作共赢的理念。大学生创业者应建立一个由各方面专才组成的合作团队，团队成员既有共同的理想，又能有效地使技术创新与企业管理互补，保证团队形成最大合力，在市场竞争中取胜，推动企业发展，取得创业成功。

6. 重法治淡人情，在法律规则中稳步发展

市场经济是法治经济，企业的诞生和发展必须在法律框架下进行，符合法律规定。要想使企业稳步发展，把企业做大做强，大学生创业者从一开始就应该依法办事、淡化人情，让法律成为创业成功的基石。具体说来，大学生创业者在创业之初就要慎重选择企业形态，多人合伙企业一定要制定合伙章程，明确合伙人之间的权利、义务及盈亏的分配方式，最好找法律专业人士审查把关；尽量选择有限责任公司这一企业法律组织形式，分清公司责任和个人责任，降低个人风险；应严格遵守法律规定经营企业，切不可为小利而做违法乱纪之事；依法为企业员工缴纳社会保险，降低企业风险；出现纠纷最好通过法律途径解决，依法维护企业的合法权益。

随着社会各方对大学生创业的理解和支持，以及大学生身心发展的日趋成熟、知识结构的更加完善，大学生创业者遇到的风险会有所减少，大学生创业者的风险管控能力也会有所增强。

案例分析：张松江和他的"小管家"新家政模式

1999 年，张松江毕业于北京联合大学。择业时，他发现凭着一纸大专文凭根本找不到对口的工作，于是与朋友商量一起创业。他们在报纸上看到了国外某保洁公司招加盟商的消息，听完对方的专业讲解后，他们相信保洁市场利润空间巨大，于是在接受了为期两天的培训后，便决定成为该公司的加盟商，并招聘了几名员工，开始进军保洁行业。

但事情并没有那么顺利，他们出去谈生意屡屡碰壁，好不容易接到洗地毯的活，最后收款的时候还被对方压价，只拿到约定数额的 20%。多次碰壁让张松江明白，保洁行业利润微薄，而且没有人脉，连生意都得不到。感觉上当受骗的几个人本想找加盟公司讨说法，但对方早已人去楼空。虽然这次创业失败，但张松江发现了一些商业机会。在资金用尽及朋友退出后，凭借父亲的资金支持，张松江将目标瞄准了北京的高档小区。

张松江发现，北京很多的高档小区，如 SOHO 现代城，需要更高标准的室内保洁服务，而当时的室内保洁虽然有人做，但服务没有特色。于是他打算对卧室、卫生间、厨房等不同性质的房间进行分类，然后确定不同的服务标准。他花了十多天的时间完善了自己的计划书，鼓起勇气找到 SOHO 现代城物业公司经理。对方被他打动，决定将小区的保洁工作交给他。

然而在实施时，他发现自己那一套关于保洁的标准化服务竟然得不到员工的认可，于是他以

身作则，按照自己制定的标准刷完马桶后，才让员工心服口服。张松江要求员工必须在半小时内完成卧室整理；必须在 45 分钟内完成卫生间清洁，其中马桶清洁要在 12 分钟内完成、手盆清洁要在 10 分钟内完成、浴盆清洁要在 10 分钟内完成等，服务效果以每平方厘米为标准进行检查。张松江要求员工进入客户家时，自带全套清洁剂、便携式吸尘器、消毒后塑封的木浆毛巾，这些设备的费用全部包含在每小时 15 元的收费里。这些标准最终使张松江的家政公司的服务和其他家政公司的服务区别开来。张松江的家政公司很快在 SOHO 现代城树立了口碑，一个月就赚了 3 万元，但张松江并不满足，他想探索更广泛的家政服务内容。

一次，一位在酒店做高级主管的客户提醒他，在国外有一种"管家服务"非常流行，可以为小区住户提供多种需求服务，这让他茅塞顿开，因为经常有小区住户向他寻求看护、购物等服务。当时的传统家政市场中，保姆的工作效率很低，不仅学习使用家用电器的时间长，还经常损坏物品，与小区住户产生矛盾，而张松江的做法是抽调擅长这些工作的员工，对其进行专业培训后，再让其上门进行服务。不仅如此，张松江的家政公司还添加了干洗衣服、插花等服务项目，远超传统家政服务的范畴，不但令客户满意，还获得了新的利润点。在为自己的家政公司注册了"小管家"的商标后，他很快就以加盟连锁的方式在不同省市开了几百家门店。

🔔 分析

从张松江的案例中可以看出，其创业经历了市场风险、项目风险、资金风险、管理风险，如前期提供的传统保洁服务未能成功打开市场、经历加盟骗局、资金亏损、朋友退出、工作标准受到员工质疑等，但最终他都成功克服了。此外，他还通过自己的工作经历和一位客户的提醒，成功抓住了新的项目机会，从而形成其独具特色的家政服务模式；这尤其突出了发掘创业机会的重要性。大学生创业者可以从中总结经验，创新商业模式，努力抓住创业机会。

🚩 课后思考

生活中有许多创业机会，为什么有的人可以发现，有的人却视若无睹？请你结合本模块所学的内容，回答下面的问题。

（1）你认为影响识别创业机会的因素有哪些，谈谈你思考的过程与内容。

（2）结合周围实际的环境条件，你尝试提出一个自己认为可行的创业机会，并对其存在的创业风险进行简单评估。

模块五

打开创意的方法：创意设计

模块导读 ↓

创新是一个国家兴旺发达的不竭动力，而创意是创新的开始，是创新的源泉。进入 21 世纪以来，人类社会正逐步迈向创意经济时代，创意也逐渐成为推动经济发展的主导力量。创意无处不在，多功能水杯、桌面风扇、智能手机……都是创意的商业化、市场化成果。各种创业机会在不同的创意中孕育而生，产品或服务也在创意设计中被创造呈现，那么创意又从何而来？大学生创业者又该如何进行发散创意？这就需要大学生创业者掌握创意设计的相关知识。

学习目标 ↓

1. 了解创意的内涵。
2. 了解创意的一般方法。
3. 掌握创意的发散方法。
4. 熟悉创意聚敛的各个层面。

学习要点 ↓

1. LZ 分类法。
2. 奥斯本检核表法。
3. IDEO 可行性分析工具的 3 个方面。

任务一　什么是创意

创意是创造意识或创新意识的简称，是人们基于对现存事物的理解与认知而衍生出来的一种新的抽象思维和行为潜能。创意是一种特殊的思维活动，其特殊性表现在新颖性和独创性两个方面。例如，2006 年国家最高科学技术奖获得者李振声院士回忆说："当时我就想能不能通过小麦与天然牧草的杂交来培育一种抗病性强的小麦品种。"这就是创意。这个点子是新颖的，是突破前人的，同时也是独创的。有了这个独创的点子，才有后来集持久抗病性、高产、稳产、优质等品质于一身的"小偃 6 号"小麦。

简而言之，创意就是具有新颖性和创造性的想法，也可以理解为人们拥有的与众不同的能够使人眼前一亮的好点子。它是对传统的扬弃，是一种智能的拓展，是深度情感与理性的思考与实践，是一项创造性的系统工程。

课堂活动

活动主题：创意产品展示。

活动内容：生活中总会有一些让你觉得非常有创意的事、物，通过分享，让大家一起认识它们吧。

（1）4～6人组成一组，每个同学搜集5个自己认为非常好的创意产品或想法，如防护隔离帽、飞行摩托。

（2）组内分享，每个同学说出其创意所在，并评出其中5个最为精彩的创意产品或想法。

（3）各组代表就选出的创意产品或想法向全班同学进行分享与交流，再由所有同学选出其中最有创意的产品或想法。

（4）针对该产品或想法，全班同学进行创意的发散，例如，对其进行改良、升级，以及由此得出创造一个全新产品的想法。

任务二　创意的一般方法

创意来自人的想法，不同人的不同想法决定了创意具有多样性。联想、元素组合、现实映射等方法都能激发创意。我国学者刘仲林在其著作《美与创造》中将创意（造）分为4类，即联想类、组合类、类比类和臻美类，因这4种分类的拼音首字母分别为"L""Z""L""Z"，因此该分类被称为"LZ分类法"。

（一）联想类方法

联想类方法是以联想为主导的创意方法，提倡抛弃陈规旧律，打开想象之门，由此及彼，不断地进行思维发散。例如，夏天火热的太阳，会让人联想到树荫，再联想到森林和山顶，最后联想到滑翔翼，于是太阳和滑翔翼两个似乎毫不相关的物体就被建立了联系，这就是联想类想法的体现。

常见的联想类方法包括纵向联想、横向联想与关联联想3种。

1. 纵向联想

纵向联想是一种从前及后，按逻辑顺序思考的传统思维方式，人们遵循由低到高、由浅到深、由因到果、由始至终的层递式思维原则，能得出当前各种情况下最为合理的结果。

2. 横向联想

横向联想指人们摆脱原有纵向的思维方式，从其他角度、领域寻求突破，从而激发更多新观点、新想法的方法。其特点在于打破原有的思维定式，创造多点切入，以捕捉到新的见解，产生新的构思与创意。进行横向联想时，大学生创业者可以参考以下创意思考方式。

（1）对现有的一些假定提出挑战，即通过对当前事物的质疑去产生联想创新。例如，黎曼质疑欧几里得关于三角形内角之和等于180°的定律，并指出在球形凸面上欧几里得的该条几何原理并不适用，由此实现了几何学上的突破；牛顿对苹果垂直下落的质疑促进了万有引力的发现。

（2）对现有情况进行逆向思维，即反其道而行之，让思维往事物的对立面发展。例如，人不动地动的传送带。

（3）故意在两个风马牛不相及的事物之间建立联系，激发创意。例如，红叶野花能在雪地里开放，有人猜测是红色叶子帮助其快速吸收热量，并由此联想到，将煤油染上红色达到加速煤油吸热汽化的效果。实验证明确有效果，煤油由此成功替代汽油。煤油与红叶野花的这种创新就属于横向联系。

（4）凭借直觉、内在感知、潜意识去提出设想，也能帮助人们激发好点子。例如，爱因斯坦利用直接思维观察自然，从牛顿的"绝对时间"和"绝对空间"的观念中解脱出来，顿悟时间是可变的，从而创立狭义相对论。

3. 关联联想

关联联想主要是指人们围绕事物的关联性展开联想，例如，将君子与竹联想到一起，将风与火联想到一起等，由此激发创意。这种联想比较适用于多主题的设计。

课堂活动

活动主题：寻找联系。

活动内容：许多有意思的创意都来自人们的联想，两个看似不相关的事物可能存在诸多联系，本活动重在训练同学们的联想思维方式。

（1）同学们可分组活动，也可自由活动。

（2）图 5-1 所示为围绕圆形展开的关联联想，请围绕图 5-2 所示的长方形展开类似联想，并寻找它们的相同点或可以产生联系的意象，最终形成一个具体的创意。例如，从图 5-2 所示图形可联想到"台阶"，结合图 5-1 所示图形中的"圆木"，可以联想到圆木台阶类水上活动等，因此主题可定为某自然主题的运动场所等。

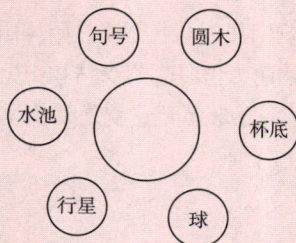

图5-1 围绕圆形展开的关联联想

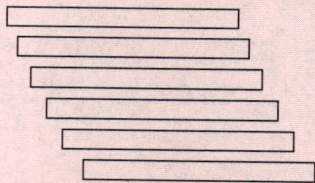

图5-2 围绕长方形展开的关联联想

（3）同学们尽可能地发散自己的思维，分享自己联想的最终内容，并评选出最有意思的联想结果。

（二）组合类方法

组合类方法是将两种或两种以上的事物的部分或全部进行有机地组合、变革、重组，从而诞生新产品、产生新思路或形成独一无二的新技术。

据统计，现代技术创新成果中组合型成果已经占到 60%~70%。这也验证了晶体管发明者之一威廉·肖克莱所说的一句话："所谓创造，就是把以前独立的发明组合起来。"

组合创新是常见的创新活动，许许多多的发明和革新都是组合的结晶。且不说由领域与领域之间的组合产生的高精尖的科技成果，单看大学生的生活，组合创新的产品就随处可见。下面是一些组合产品的例子。

- 牙膏＋中药＝中药牙膏。
- 电话＋视频采集＋视频接收＝可视电话。
- 毛毯＋电热丝＝电热毯。
- 台秤＋微型计算器＝电子秤。
- 照相机＋模／数转换器＋存储器＝数码相机。
- 自行车＋蓄电池＋发电机＝电动自行车。
- 机械技术＋电子技术＝数控机床。

（三）类比类方法

类比类方法是以两个不同事物的类比为主导的创意思考方式。该方法建立在大量联想的基础上，以不同事物的相似点或相同点为基础寻找创意的突破口。相比联想类方法，类比类方法更为具体。常见的类比创意思考方法包括以下几种。

（1）拟人类比。这是一种人们在解决问题时将自己设想为问题中的某些事物，或者将创新发明的对象拟人化，从而深刻体会问题本质的创意思考方法。例如，挖掘机的挖掘臂就是模仿人体手臂动作设计的，其分为上下臂，可左右上下弯曲，而挖斗的作用相当于人手。

（2）直接类比。这是一种人们从自然界的现象中或人类社会已有的发明成果中寻找与创造对象类似的事物，并通过比较启发出创造性设想的方法。例如，从鸟的飞行姿态中获得设计飞机的灵感；从升降电风扇中得到发明升降篮球架的灵感等。

（3）象征类比。这是一种人们用具体事物来表示某种抽象概念或思想感情的思考方法。例如，利用代表和平的橄榄枝进行产品设计。

（4）仿生类比。这是一种人们通过仿生学对自然系统中的生物进行分析和类比，从而得到启发的思考方法。例如，根据青蛙眼睛的特点发明的电子蛙眼、受壁虎脚趾的启发发明的黏性录音带等。

（5）幻想类比。这是一种人们根据创造对象的要求，以狂热的幻想提出自己的愿望，然后想象出一些在现实中并不存在的能够满足愿望的可能性，以此启发解决问题的思路的创意思考方法。例如，从嫦娥奔月到人类探月登月；对外星生物及其生存环境的幻想推动了人类对外太空的探索等。

（6）因果类比。这是一种人们根据已掌握事物的因果关系与正在研究改进的事物的因果关系的相似之处寻找创新思路的方法。例如，为解决牛黄供应不足的问题，医药公司从人工育珠（人工将异物放入河蚌体内培育珍珠）的因果关系中想到将异物放入牛的胆囊中，成功培育出了人工牛黄。

（四）臻美类方法

臻美类方法指以达到理想化的完美性为目标的创意方法，是对创意作品的全面审视和开发，属于创意方法的最高层次。这类创意方法主要是找出作品或产品的缺点，并对其进行改进，使其更完美、更有吸引力。希望点列举法、缺点列举法等，都属于臻美类的创意方法。

1. 希望点列举法

希望点列举法是一种人们不断以"希望……"的句式提出理想与愿望，进而探求问题解决或策略改善的创意思考方法。该方法可以聚合对事物各种属性的要求，以寻求新的发明目标。希望点列举法有 3 个主要步骤，一是确定课题，利用观察联想、会议列举、抽样调查等，激发与收集消费者的希望；二是仔细研究这些希望，以形成"希望点"；三是以"希望点"为依据创造新产品。

希望点的列举可以分为两类，一类是目标固定，即人们将目标集中在已确定的创造对象上，列举其希望点，形成相关创新改进方案；另一类是目标离散，即人们没有固定的创造目标和对象时，通过全方位、各层次的人在不同条件下对希望点的列举，找到创新点，形成有价值的创造课题，由此进行创造性的设计。前者侧重"找希望"，后者侧重"找需求"。例如，某制笔公司想要升级钢笔，通过列举对钢笔的希望，如书写流利、省去笔套、不用加墨水等，选择了省去笔套，设计了一款可伸缩的钢笔，并获得了市场认可，这就属于"找希望"类；某医疗公司通过对自己客户的分析，选择了满足肢体残疾患者的需求，研发出多功能假臂，就属于"找需求"类，因为其创造对象不固定。需要注意，使用希望点列举法时，人们往往会有更多创造性的想法，因此大学生创业者要尽量用创造学的观念对其进行评价，对其中产品设计的创新成分加以保留。同时，创造发明应与人们的需求相符，这样才能更加适应市场。

2. 缺点列举法

所谓缺点列举法，就是人们通过对已有的、熟悉的事物进行深入的分析，在对其缺点一一进行列举的基础上，找出相应的解决方案，从而找到创新的方法。缺点列举法可以帮助大学生创业者突破问题感知障碍，及时发现问题，找出事物的缺点和不足，从而有针对性地进行创新和发明。大学生创业者如果能站在消费者的立场上，切实改进产品的缺点和不足，就能进一步满足消费者的需求，赢得市场，从而获得可观的经济效益。

拓展阅读

二相插座的发明

1894 年，松下幸之助出生在日本的一个贫寒家庭。又瘦又小的他从 9 岁起就开始打工养家。后来，他凭着一项发明开创了自己的事业。

在那个时代，电源的插座是单相的，只有一个插口，也就是说插口接了一盏电灯后，就不能再接其他电器。人们使用起来虽然很不方便，但都对此习以为常，没有人着手进行改进。

勤奋好学的松下幸之助很快就注意到电源插座的这个缺点，于是开始动脑筋、想办法。经过反复思考和实验，他终于发明了二相插座，有效地克服了以前电源插座的缺点，赢得了巨大的市场。

"为什么呢？你怎么会那么想呢？"松下幸之助经常这样问别人。正是他这种处处留意身边事物的不足和缺点并积极想办法改进的精神，才使他做出了电器方面许许多多的创新，而这些创新也成就了他的事业。

任务三　创意的发散

创意强调思维的广阔性、变通性、层次性与独特性，思维的质与量将决定创新活动所能取得的效果，同时也决定了创业者创造性的高度。通常意义上，创意越多，创意的创新性、可实现性和实用性越强，创业成功的概率也就越高，而这一切都建立在创意的发散上，其是创造性思维的核心，是创意的源泉。要想促进创意的发散，大学生创业者可以参考以下方法。

（一）头脑风暴法

头脑风暴法又称智力激励法，是亚历克斯·奥斯本于 1953 年正式发表的一种激发性思维方法。它指一群人（或小组）围绕一个特定的兴趣或领域，无限制地自由联想和讨论，进而产生新观念或激发创新设想的方法。头脑风暴法是一种集体创新方法，能够集思广益、充分发挥集体智慧，探求出问题各个方面、各个角度的全部原因或构成要素，提出解决问题的方法。

1. 头脑风暴法的实施要求

在使用头脑风暴法时，每一个人都被鼓励发表就某一具体问题及其解决办法的看法，从而产生尽可能多的观点。但在使用头脑风暴法的过程中，人们要遵守以下 4 个要求。

（1）不要在讨论的过程中评价想法，一定要在完成头脑风暴后再进行评价。

（2）尽可能地说出想到的任何意见，不要害怕自己的意见不被采纳。

（3）得到的看法越多越好，先重数量再重质量。

（4）综合分析他人的方法，集思广益。

2. 头脑风暴法的实施步骤

头脑风暴法通过头脑风暴会议得以实施，头脑风暴会议通常包括准备阶段、畅谈阶段和评价选择阶段。

（1）准备阶段。会议组织者明确会议需要解决的问题和与会人员的数量，提前向与会人员通报会议议题；确定会议的主持人和记录者，并将会议的相关信息通知所有与会人员。

（2）畅谈阶段。由主持人引导与会人员围绕会议议题进行自由发言，提出各种设想，并彼此相互启发、相互补充，尽可能做到知无不言、言无不尽；记录者需将所有设想都记录下来，直到与会人员都无法再提出设想。

（3）评价选择阶段。讨论结束后，会议组织者对所有的设想进行分类和组合，形成不同的解决方案。这一阶段需要会议组织者对每一个设想进行全面评价，评价的重点是研究该设想实现的限制性因素以及突破这些限制因素的方法。在评价过程中，评价者可能会产生一些可行的新设想。

课堂活动

活动主题：9 点连线。

活动内容：该活动要求同学们跳出常规的思维模式，进行创意的发散。

（1）请同学们准备好纸笔，在笔不离开纸的情况下，用 4 条直线将图 5-3 中的 9 个点连接起来。

（2）画好的同学在黑板上进行展示。

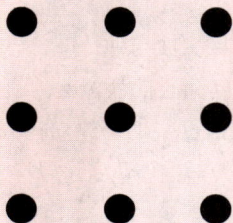

图 5-3　九点连线

（二）试错法

试错法是人们根据已有产品或以往的设计经验提出新产品的工作原理，并通过不断的试验和尝试去验证答案，从而达到预期目标的方法。这是一个需要持续修改和完善，调整各项参数，并使结果渐趋目标信息的过程。在这个过程中，如果测试结果不能满足要求，人们就需要回到方案设计阶段重新开始，不断试错，直到获得最满意的效果。这是一种经验式的创新手段，常用于产品设计。在使用该方法时，大学生创业者一般需要经历猜测和反驳两个过程。猜测指大学生创业者基于客观事实、知识储备、观察等，提出对事物的设想与怀疑；反驳则是指大学生创业者在初步结论中发现错误、检验错误，这也是排除不具备可行性的设想的过程。在不断尝试的过程中，大学生创业者的思维能够不断发散。试错法的思维模式示意图如图 5-4 所示。

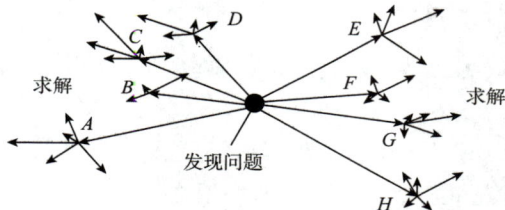

图 5-4　试错法的思维模式示意图

从图 5-4 中可以看出，在使用试错法时，大学生创业者需要根据经验或已有的产品沿方向 A 寻解，如果不行，就调整方向，沿着方向 B 寻解，如果还找不到，再变到方向 C，如此一直调整方向，直到碰到一个满意的"解"为止。而在使用试错法的过程中，大学生创业者将被激发出多种不同的创意想法，而且最终得出的结论往往比原本的创意方法更具科学性。

（三）奥斯本检核表法

所谓检核表法，就是人们围绕需要解决的问题或创新的对象，把所有的问题罗列出来，然后一个个讨论，以打破旧的思维框架，引出创新设想。检核表法几乎适用于任何类型与场合的创新活动，因此享有"创新方法之母"的美称。不同的领域使用着不同的检核表，但知名度最高的是奥斯本检核表。奥斯本检核表法可用于发散思维，检验创意的全面性，也属于发散创意的一种方法。

奥斯本检核表法主要用于新产品的研制开发，大学生创业者可从 9 个方面激发思考，以便启迪思路、开拓思维想象的空间，促进产生新设想、新方案。奥斯本检核表法的检核项目如表 5-1 所示。

表 5-1　奥斯本检核表法的检核项目

编号	检核类别	检核内容
1	能否他用	现有事物有无新的用途？保持现有事物原状不变的情况下能否扩大其用途？稍加改变现有事物的原状，现有事物有别的用途？能否改变现有事物的现有使用方式？ 例如，夜光粉早先被运用在钟表上，后来人们扩大其用途，设计出夜光项链、夜光棒，再后来人们设计出夜光纸，裁剪出形状，贴在夜间或停电后需要指示其位置的地方，如电器开关处、火柴盒上、公路转弯处、楼梯扶手、应急通道及出口处等
2	能否借用	能否从别处得到启发？能否借用别处的经验和发明？过去有无类似的东西可供模仿？谁的东西可模仿？现有的发明能否引入其他的创造设想？ 例如，安装水暖设备时，经常要在水泥楼板上打洞，既慢又费力。一位建筑工人就想到用能烧穿钢板的电弧机来烧水泥楼板，最终发明了在水泥楼板上打洞又快又好的水泥电弧切割器。这便是借用了其他领域进行的创新
3	能否改变	能否改变现有事物的形状、颜色、味道等？是否还有其他改变的可能性？ 例如，1898 年，亨利·丁根把滚柱轴承中的滚柱改成圆球，发明了滚珠轴承，大大提高了轴承的使用寿命
4	能否扩大	能否添加部件、拉长时间、增加长度、提高强度、延长使用寿命或加快转速？例如，在玻璃中间加入某些材料，就制成了防弹、防震、防碎的新型玻璃
5	能否简化	能否将现有事物微型化？可否将现有事物缩短、变窄、分割、减轻？能否将现有事物进一步细分？能否将现有事物变成流线型？ 例如，20 世纪 50 年代，马都洛夫妇为纪念他们死去的爱子，投资以与实物 1∶25 的比例将尼德兰的典型城镇缩小，建成世界上第一个小人国——"马都洛丹"，从而开创了世界主题公园的先河。后来，我国采用这种形式建成深圳的"世界之窗"和"锦绣中华"，并为中国园林的发展提供了一个新方向
6	能否代用	能否用别的东西代替现有事物？可否使用别的材料、零件、工艺、能源？ 例如，瓶盖里过去用的是橡胶垫片，后改用低发泡塑料垫片。据统计，更换材料后，仅海南省一年就可以节约 520 吨橡胶
7	能否调整	有无可互换的成分？可否变换模式？可否更换顺序？可否变换工作规范？ 例如，房间布局、家具的重新布置，有可能带来非常好的效果
8	能否颠倒	上下是否可以倒过来？左右、前后是否可以对调位置？里外可否对换？正反可否倒换？可否用否定代替肯定？这类似于反向思维 例如，一般小学的语文老师是让学生先识字后读书，后来黑龙江一所学校的语文老师让学生先读书，在其过程中对不认识的字进行拼音标注，最后这类学生的识字、阅读、写作水平均超过了先识字后读书学生的识字、阅读、写作水平
9	能否组合	能否将各种想法进行综合？能否进行材料组合、部件组合、功能组合？ 例如，南京某中学生利用组合的办法，发明了带水杯的调色盘，并将杯子设计成可伸缩的且能够固定在调色盘中央的杯子。消费者使用时可以拉开杯子装水，不用时可以倒掉水并将杯子收缩回去

🔍 拓展阅读

现实映射法

很多时候，人们在思考问题时常常会受限，如难以跳出原有知识与常规的框架，从而导致思维难以发散，阻碍人创新思维的发展。这时候，就需要人们有"格子外思维"，即通过跳出原有知识与常规的框架来获得高质量的创意。例如，使用头脑风暴法，就能实现格子外思维。另外，现实映射法也能帮助人们实现思维的发散。

现实映射法，指人们跳出原有的环境和思路，从现实世界中寻找灵感。例如，工程师布鲁内尔为解决水下施工问题而大伤脑筋。后来，他因观察到木虫进入木材的过程而受到启发，创造了著名的"构盾施工法"：将空心钢柱打入河底，以此为"构盾"，边掘进边延伸，在构盾的保护下施工。

任务四　创意的聚敛

对于大学生创业者而言，创意要转化为有价值的商业产品，才有意义。这就需要大学生创业者对创意进行聚敛，找到其中最为可行的创意。世界著名设计公司 IDEO 提供了一个非常好用的创意聚敛分析工具—— IDEO 可行性分析工具，它从需求性、技术可行性和商业永续性 3 个层面对创意进行评估，再结合 3 个评估结果形成方案，如图 5-5 所示。

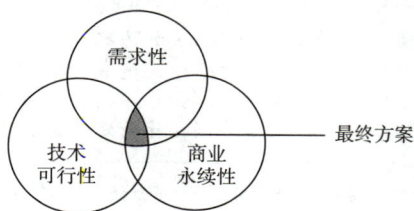

图 5-5　IDEO 可行性分析工具

（一）需求性

需求性意味着某创意能够满足消费者需求的程度。大学生创业者在考虑某个创意时要真正站在消费者的角度，充分理解消费者使用解决方案的场景并努力解决消费者的问题。创意聚敛首先要满足消费者的需求性，否则其将丧失创造的价值。

（二）技术可行性

通常情况下，创意或者创意解决方案都需要一定的技术要求，例如，某创意要求在一个月内转化为成品，如果技术无法助其实现，那么该创意就不是一个可行的方案。创意的技术可行性要求可行的解决方案应当建立在当前运营能力的优势之上。

（三）商业永续性

商业永续性指某创意既能为消费者创造价值，又能给大学生创业者带来经济保障。这要求该创意解决方案能够建立盈利的、可持续的商业模式。商业永续性主要考虑 3 个层面。

（1）商业目标能否实现，即消费者是否愿意为该创意解决方案付费。

（2）考虑消费者的预算，创意解决方案的售价应在消费者的预算之内。

（3）投入与产出要呈正比，否则，大学生创业者应考虑其他的解决方案。

一般，回报既可以是现金，也可以是其他可以量化的收获，如股权增资等。

如果创意解决方案缺失了其中的任意层面，则该创意的实施成本和风险会更高；相反，如果创意解决方案能满足这 3 个条件，其将有非常大的成功机会。

案例分析：燃油车到电动车的发展

随着全世界环保意识的增强，我国对"全面规划，合理布局，综合利用，化害为利，依靠群众，大家动手，保护环境，造福人民"环保方针的落实，以及我国对新能源的大力推行，电动车作为一种环保效果更好的出行方式，能否取代燃油车获得更大范围的发展，一直受到民众的关注。

电动车比燃油车诞生得更早。1834 年，托马斯制造出第一辆用直流电动机驱动的电动车。1881 年，古斯塔夫·特鲁夫制造出世界上第一辆可充电的电动车，这比 1887 年卡尔·本茨研究的燃油车早了 6 年。当时，与燃油车相比，电动车没有尾气排放、噪声低、启动方便而且结构简单，其性能各方面都高于燃油车。此后，随着内燃机品质和性能越来越稳定，石油供给体制越来越完善，以及燃油车技术的迅速发展，燃油车逐渐超越电动车，在汽车市场占据较大比重，而电动车在能源技术和行驶里程的研制上长期未取得突破，不得不进入沉寂期。

20 世纪 70 年代后，中东石油危机爆发及全球变暖等事件带来了一系列危机，许多国家开始寻求可以替代石油的能源，以免因缺乏石油而使汽车"寸步难行"，电动车由此再度成为技术发展的热点。世界上多个国家开始投入大量人力、物力致力于电动车的开发研究，推动了相关科学技术的发展，逐渐解决了许多电动车的技术难题，各大汽车制造商也纷纷推出各自的电动车产品。一些电力公司和汽车制造商也积极推动合作，以促进电动车的商业化并力图取得相关利益。

21 世纪，可以说是"呼唤绿色环保"的世纪，不但政府要求人们注重能源节约，而且人们自己也更加注重居住环境和绿色环保。而在环境污染中，尾气的排放污染又是大中城市的主要污染源之一。因此，电动车的发展无疑是未来的必然趋势，也符合我国绿色环保的观念。2012 年 10 月，国务院新闻办公室发布的《中国的能源政策（2012）》白皮书，指出我国能源必须走科技含量高、资源消耗低、环境污染少、经济效益好、安全有保障的发展道路，实现节约发展、清洁发展和安全发展。我国需全面推进能源节约，大力发展新能源和可再生能源，构建安全、稳定、经济、清洁的现代能源产业体系，而在某种程度上，推广电动车是推广新能源的重要一环。

新能源属于非常规能源，指传统能源之外的各种能源，如太阳能、风能、海洋能等。近些年，许多汽车制造商都推出了电动车，如奥迪、宝马、通用、保时捷、大众等，这些电动车的应用有效减少了我国对石油资源的依赖和碳排放量。

德国汽车巨头大众汽车早在 2016 年就发布了"携手同心——2025 战略"电动化战略，并在随后宣布至 2030 年，旗下全部产品均将推出电动车版本，这也就意味着届时大众旗下各品牌、覆盖各市场的 300 余款车型均将推出至少一款电动版车型。电动车作为一种适合中短途出行的都市日常交通工具，将促进能源利用的多元化、高效化，达成能源的可靠均衡和无污染利用，大大减少空气污染。此外，相比燃油车，电动车更容易实现精确控制，有利于未来智能化交通系统的发展。

在应对全球变暖的问题上，我国一直在践行"碳中和"的理念。我国在联合国大会上承诺：二氧化碳排放力争于 2030 年前达到峰值，努力争取 2060 年前实现碳中和。我国要坚持电动化方向不动摇，积极发展充换电结合、电池配置灵活、续驶里程长短兼顾的新能源汽车产品，努力增强新能源汽车对传统燃油汽车的替代优势，不断扩大市场份额。当前，我国发展新能源汽车制度优势明显、市场空间广阔、技术优势不断夯实。由此可以看出电动车发展的必然性和历史潮流性。相信随着新能源的普及，电动车将会不断更新迭代，发展得更好。

🔔 分析

电动车的发展，其实是历史在一定阶段诞生的创意结果。电动车来源于直流电机的驱动，是建立在直流电机上的创意；电动车蓄电池从不能充电到可以充电，在一定程度上体现了功能的创新；电动车被再次选择，是对能源替代的追问，该创意想法也促进了电动车产业的又一次发展，尤其体现在其将新能源转化为电力的利用上。事实上，电动车也满足了需求性、技术可行性和商业永续性，它的发展是我国着力推进电动化的成果，其研究开发符合新能源发展的需要，有助于减少碳排放，促进碳中和。其不仅能在商业领域创造价值，还符合我国节能减排的环保政策。未来，电动车行业也将出现许多的产品创新。大学生创业者可以从中总结经验，在不同领域、不同行业寻找创意，发现行业的未来。

🚩 课后思考

法国作家安托万·德·圣埃克苏佩里曾说："如果你想造一艘船，先不要雇人去收集木头，也不要给他们分配任何任务，而是激发他们对海洋的渴望。"你对创意有着怎样的看法？哪些创意在你看来是精妙绝伦的？请你搜集三个不同领域的好创意，并说说它们好在哪里？如果让你针对其中一个创意进行再创意的加工，你又能给出怎样的创新完善？

模块六

验证创意：创意产出测试

模块导读 ↓

在创业过程中，大学生创业者可以根据最终创意方案设计创业产品，并着手将其推向市场。但由于不确定产品的市场接受度与用户满意度，大学生创业者此时还需进行一个创意产品的用户测试环节，以更好地开发产品，发现其存在的问题，验证其功能和客户需求满足程度等，并根据测试结果对其进行重新设计、改进等后续处理。

学习目标 ↓

1. 了解用户测试的内涵与原理。
2. 熟悉最小可行性产品的表现形式。
3. 掌握用户测试与反馈。

学习要点 ↓

1. 精益创业。
2. 精益画布。
3. 天使用户。
4. 用户测试方法。
5. 迭代开发模型。

任务一　用户测试内涵与原理

日常生活中，人们常被邀请体验某些未正式上线的产品，并根据体验感受填写相关问卷。这个流程就可称为用户测试。事实上，任何产品或服务在正式投入市场之前，都应该进行用户测试，以确保其推出之后能达到期望的效果。

🖳 课堂活动

活动主题：纸飞机大赛。

活动内容：通过开启纸飞机比赛，同学们会深刻理解用户测试环节的必要性。

（1）同学们自主组建团队。

（2）每个小组准备两张 A4 纸、1 个 1 元硬币。

（3）将 A4 纸折叠成纸飞机，每个纸飞机上搭载 1 个 1 元硬币。

（4）各个小组进行，比赛看哪个小组的纸飞机飞得最远，限时 8 分钟。

（一）用户测试的内涵

顾名思义，用户测试就是企业在将产品交付用户之前，从用户角度对产品进行的一系列体验使用，通常表现为用户使用产品或服务，由测试人员对其使用过程进行观察、记录与测量；测试人员作为用户去体验产品或服务，从而了解用户的使用心理，借此得出产品或服务的设计改进意见，最终得出更优的产品或服务。

用户测试本质上是用户中心思维的一种体验，其目的是判定产品的设计是否符合用户使用习惯，能否让其快速接受并使用。例如，某些电子产品企业会通过用户测试去评估产品的界面是否吸引眼球、操作是否流畅、功能能否达到用户的使用要求等，再对其中不合理的部分进行改善、对需要强化的部分进行强化等。

用户测试通常包括测试前的准备、进行测试和测试后总结 3 个阶段，如图 6-1 所示。针对某一产品，企业可能会进行多轮用户测试，因为完成一轮用户测试和设计优化后，可能还会产生新的问题，这就需要企业进行下一轮的用户测试和设计优化，直到产品臻于完善。

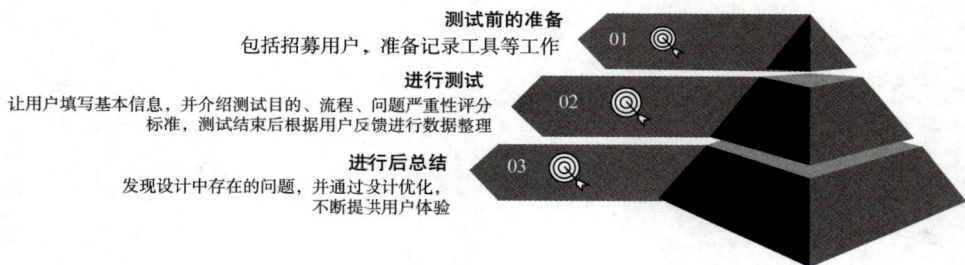

测试前的准备 01
包括招募用户，准备记录工具等工作

进行测试 02
让用户填写基本信息，并介绍测试目的、流程、问题严重性评分标准，测试结束后根据用户反馈进行数据整理

进行后总结 03
发现设计中存在的问题，并通过设计优化，不断提升用户体验

图 6-1　用户测试的3个阶段

用户测试通常是由（核心）创业者来完成，因为早期产品承载的多是（核心）创业者本人的愿景，其他人员无法取代。用户测试是一个反复迭代的过程，可用于产品测试阶段，帮助（核心）创业者在发布产品前发现可优化的问题；还可以用于产品发布之后，为产品下一版本的优化提供依据。它能够避免（核心）创业者在还不完全了解用户需求的情况下便大规模制造产品，从而降低产品开发的试错成本。通过用户测试所获得的第一手数据资料还能为（核心）创业者提供决策依据，并让最终产品更符合创业项目与用户所需，提高产品的成功率。

（二）用户测试的原理

对于创业者而言，并不是知道用户的需求就能生产出用户喜欢的产品，因为想象中的解决方案与实际有效的解决方案可能有较大差别，而且缺少创业经验的大学生创业者也很难直接找到准确的需求和解决方案。事实上，即便是百度、阿里巴巴等互联网企业，也是在不停试错与探索中满足用户的需求，找到适合自己的商业模式。试错可以帮助创业者走向正确道路，而快速试错无疑会加快这种进程，毕竟花费半个月试错和花费半年试错，对创业者有完全不一样的影响。因此，对于创业者而言，低成本快速试错，即精益创业，非常关键，这也是用户测试的原理和核心。

精益创业是当前互联网创业非常流行的方法之一，由硅谷创业家埃里克·莱斯在其著作《精益创业》一书中首度提出，指从一个想法开始，先开发出一个具备最低限度功能的产品原型，然后通过用户测试获得关于用户对该产品的反馈数据以快速完善想法，接着不断地试验和学习，以最小的成本和有效的方式验证产品符合用户需求的程度，灵活调整方向，通过多次循环迭代，创造出符合用户需要的产品。

精益创业实际上就是创业者通过最小成本的快速试错完成产品的设计与完善，促进创业的成功。

精益创业提倡创业者进行验证性学习，先向市场推出极简产品，在此基础上，通过迭代完成产品的优化。而精益创业的三大工具，即原型、用户测试与反馈、快速迭代，如图6-2所示。

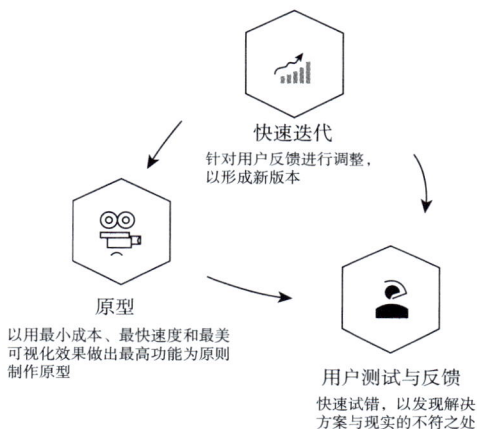

快速迭代
针对用户反馈进行调整，以形成新版本

原型
以用最小成本、最快速度和最美可视化效果做出最高功能为原则制作原型

用户测试与反馈
快速试错，以发现解决方案与现实的不符之处

图6-2　精益创业3大工具

任务二　最小可行性产品

精益创业中的原型制作其实就是最小可行性产品（Minimum Viable Product，MVP）的制作，即创业者将新产品的创意用最快、最简洁的方式实现，只将必要的功能留在其中。与常规产品不同，MVP更侧重对未知市场的勘测，以最小代价来验证其商业可行性，可以帮助产品实现从0到1的突破。MVP可能是产品界面，也可以是能够交互操作的胚胎原型。它的好处是能够直观地被用户感知，有助于激发用户的反馈。

（一）最小可行性产品的特点

在产品开发中，MVP是一种具有刚好满足早期目标用户需求的功能，并为未来产品开发提供反馈的产品。其核心是聚焦，要求大学生创业者抓住核心的产品功能或流程，去掉多余或高级功能。例如，用户的需求是要能坐，那么其MVP就是凳子，而高科技的多功能椅。MVP通常具有以下特点。

（1）能体现项目创意。MVP建立在产品思路之上，自然应体现项目创意。

（2）功能核心。MVP是能帮助大学生创业者表达产品核心概念部分的产品，例如，要检测汽车这一产品是否可行，将一个或两个轮子作为 MVP 就行不通，因为虽然用户指出了"汽车"，但他的真实需求是出行，仅靠轮子无法实现，但滑板、自行车等却可以作为 MVP，因为用户对他们的使用可以证明该需求确实存在，产品思维可行。

（3）功能极简。MVP 保证产品基本满足用户需求即可，其他冗余可能会导致用户出现判断失误，进而导致产品决策失误。

（4）能够演示和测试。MVP 主要用于收集用户反馈，且其往往会经历不断迭代，因此必须满足能演示和测试的功能。

（5）开发成本尽可能低，甚至成本为零。MVP 主要用于实现低成本快速试错，从而以较低成本尽快推出完善的产品。

（二）最小可行性产品的表现形式

不同阶段的产品，其 MVP 表现形式各不一样，既有精细的，也有粗制的。另外，不同类型的产品，其设计的 MVP 也有不同选择，例如，普通产品可以选择故事板，服务类产品可以使用角色扮演等。常见的 MVP 的表现形式主要有以下几种，如表 6-1 所示。

表 6-1　MVP 的表现形式

形式	解释
草图描述	任何物体结构、流程、行为、环境、情景等都可以用画草图的方式呈现出来。创业者在绘制时可以只表明核心内容，例如，流程、行为、情景等，让用户对草图传达的信息一目了然即可
故事板	故事板与草图相似，都借助图纸表达，不过故事板源于影视行业，以照片或手绘图纸表述故事为主，旨在将场景、角色与事件串联起来，给人们留下深刻完整的体验感
实物模型	实物模型包括利用纸、塑料等材料制作的立体模型；采用 CAD 制作的数字模型作为制作 3D 模型的蓝本，通过计算机控制堆叠塑料、纸、木头等，利用 3D 打印机将蓝本变为细节比较精确的实物的立体模型等。例如，某大学"理想钱包"项目就要求设计者用纸制作钱包原型
软件、网络平台	创业者利用软件、网络平台等作为产品原型或用于测试 MVP。例如早期的 Groupon 就借用其他平台和服务做出了一个基础产品，来验证他们的市场潜力
人为手动	该概念的核心是假装自己有了全部的功能，直到自己最终真的实现了所有的功能。例如，Zappos 的创始人最初先将当地鞋店中商品的照片上传到网上，用户下单之后他再去当地鞋店购买相应商品。这种人为提供功能，让用户以为他们体验的是实际产品的方法能以更低成本获取第一手的用户信息，发现用户的需求
定制	创业者明确告知对方产品是人为干预的，并且这样的产品或服务会作为一个高度定制化的 MVP 交给特定的用户。例如，有些初创企业在开办线上业务前，会提供线下的亲身体验服务以验证其想法
拼接	创业者将市场上现有工具和服务组合起来建立一个可运行的产品原型
角色扮演	创业者进行用户使用情景的角色扮演，并通过角色和步骤的描述复盘来验证想法
产品演示视频	创业者先不开发产品，只是利用视频向用户介绍产品概念以及能为用户解决的问题，看看用户的反应。例如，Dropbox 概念设想的视频只描述了内容和产品注册方式，但其注册用户一夜间从几千人增加到七万余人
预订网页	创业者通过设计预订网页向用户说明自己的产品，并吸引其在产品未开发之前就为产品买单。众筹也是类似的原理，其主要是通过用户的贡献度来判断产品的价值，并给创业者机会，创业者让其接触到一些对产品感兴趣又积极参与的早期用户

MVP 的表现形式有很多，其重点在于帮助大学生创业者验证自己的假设，并弄清楚其投入是否值得等。适合大学生创业者的 MVP 是多种多样的，大学生创业者需要弄清楚自己想测试的假设，

并选择合适的方式加以验证。

（三）精益创业——精益画布解析

对于初创企业、大学生创业者而言，精益创业非常关键。创业初期拥有的资源较少、掌握的创业经验和企业实战经验较少的大学生创业者，就要在尽量节约成本的基础上高效行动，而精益画布此时就能发挥作用。精益画布是创业者早期的高效行动指南，可以帮助大学生创业者在进行企业和产品分析时，更有逻辑和头绪，快速聚焦关键点。其功能和作用已经被众多创业公司认可。精益画布如图 6-3 所示。

问题 需要解决的 3 个重要问题	解决方案 产品最重要的 3 个功能	独特卖点 简明扼要，一句话概括产品的独特之处，即为什么值得购买	竞争壁垒 无法被产品复制的优势	用户群体分类 目标用户
	关键指标 考核方面		渠道 如何获取用户、如何推广	
成本分析 为争取用户而花费的费用、推广销售的费用、网站架设费用、人力成本等		收入分析 盈利模式、毛利等		

图 6-3　精益画布

精益画布的设计者认为，创业者必须关注和研究的要素包括问题、解决方案、关键指标、独特卖点、竞争壁垒、渠道、用户群体分类、成本分析和收入分析 9 个要素。由此，大学生创业者可以使用精益画布进行产品分析，推动 MVP 的建立。

任务三　用户测试与反馈

用户测试与反馈指创业者通过直接或间接的形式，从用户处获得关于产品的反馈，如用户对产品的使用感受，喜欢或不喜欢的功能点，需要改进、添加或强化的功能等。用户测试与反馈是产品改良的重要依据，许多创业者都是从用户的反馈中获得有效信息，从而合理地改进和迭代自己的产品。因此，大学生创业者需要了解如何获取有效的用户反馈。

课堂活动

活动主题：棉花糖游戏。

活动内容：棉花糖游戏要求同学们分组并现场搭建一个尽可能高的棉花糖塔。

（1）根据现场人数和场地空间分组，可 6 人为一组。

（2）每组准备一块棉花糖、一捆棉线、一条胶带、20 根大利面条、一把剪刀。

（3）每组组员使用提供的道具搭建一个独立结构，并将棉花糖置于该独立结构的顶端。

（4）完成后，活动组织者测量棉花糖到桌面的距离，距离最大的一组获胜。

（5）游戏时间限时 15 分钟。

注意：棉花糖不能被破坏；独立结构的塔座不能被粘到桌子上；棉花糖不用被粘到天花板上。

（一）天使用户

天使用户特指产品的早期用户，这些用户能够接受不太完美，甚至有些缺陷的早期产品，并且愿意和创业者一起试用、验证，甚至参与产品研发，共同完善产品。正是因为有了天使用户，产品才有可能完成从零到被"引爆"的过程。

天使用户的共性是热爱产品，并愿意提供产品改进建议，陪产品从小众走向大众。例如，雷军在刚做手机产品的时候就找到了 100 个手机"发烧友"来陪他一起测试还没开发的小米手机，这些"发烧友"就是小米手机的天使用户。

🔍 拓展阅读

天使用户的来源

根据社会学家罗杰斯的观点，天使用户可能源于"创新者"。其在《创新的扩散》一书中提出，新产品的问世将依次遇到 5 类用户群体：①创新者。他们是勇敢的先行者，自觉推动创新。创新者在创新交流过程中发挥着非常重要的作用。②早期使用者。他们是受人尊敬的社会人士，是公众意见领袖，乐意引领时尚、尝试新鲜事物，但行为谨慎。③早期大众。他们是有思想的一群人，也比较谨慎，但他们较之普通人群更愿意也更早地接受变革。④后期大众。他们是持怀疑态度的一群人，只有在社会大众普遍接受新鲜事物之后，才会接受已不再新鲜的新鲜事物。⑤落伍者。他们是保守传统的一群人，因循守旧，对新鲜事物表现出极为排斥的态度。

天使用户也可能源于领先用户。埃里克·冯·希贝尔结合诸多学者的看法，在 20 世纪 80 年代提出了"领先用户"的概念，领先用户指与市场上大多数用户需要一致，但敢于在市场不确定以及产品技术有待完善的情况下，早于其他用户使用创新产品的用户。领先用户在工作和生活中往往使用最先进的技术和方法，但是对这些技术和方法并不满意，因而常常自己动手改进这些技术和方法。这些改进也往往具有很大创造性，如果这些改进能被创业者获悉并合理运用，就有助于推出创新产品或新的解决方案。

因此，可以看出，天使用户既是现有技术的积极使用者，也是未来技术的开拓者，对推动产品的创新和改进具有重要价值。

（二）用户测试方法

用户测试可以帮助大学生创业者在产品开发生命周期的早期阶段就抓住产品存在的潜在问题，使其更自信地指导产品和设计方向。大学生创业者可以通过以下方法来获得关于用户测试的反馈。

1. 用户访谈

用户访谈是一种非常直接的用户测试方法，指大学生创业者通过与用户的交谈来测试自己的想法是否可行。用户访谈通常需要大学生创业者围绕其想要解决的问题，来展开，如目前产品存在的问题、用户潜在的需求点等。用户访谈应该是具有探索性的，而不是为了兜售大学生创业者自己的创意。因此，为了更好地发挥用户访谈的作用，大学生创业者需要事先准备好问题，如按重要性罗列产品功能是否奏效的相关问题，从而确定产品是否能真正解决问题。

用户访谈的目的不同，选择的访谈对象也应有所差异。从产品使用的深度来看，用户可以分为核心用户、边缘用户、潜在用户和极端用户 4 类。

（1）核心用户。核心用户即焦点用户，是产品的目标用户。

（2）边缘用户。边缘用户是指即将流失或已经流失的用户。

（3）潜在用户。潜在用户指虽然目前不是产品的用户，但属于竞品用户或符合产品当前定位的用户。

（4）极端用户。极端用户指过度使用产品或很少使用产品的用户。极端用户可以放大普通用户的需求，帮助大学生创业者挖掘普通用户的潜在需求。

如果是为了发现产品目前存在的问题，大学生创业者则需要寻找核心用户和极端用户中过度使用产品的用户。他们是重视产品的用户，往往会对产品的使用有深刻的感受。如果是为了发现新的需求点，大学生创业者则可以寻找边缘用户、潜在用户和极端用户中很少使用产品的用户。通过他们的反馈，大学生创业者往往能产生对产品新的创意设计想法。

2. 产品预订

产品预订指大学生创业者通过搭建预订网页向用户展示自己的产品，并吸引其在产品未开发之前就为产品买单。产品预订可以获知用户对产品的需求量，从而帮助大学生创业者判断该项目是继续还是停止。

3. 众筹

众筹指大学生创业者通过群众募资来推动项目。通过该测试方法，大学生创业者可以根据客户的贡献度判断出产品的价值，并能接触到一些对产品感兴趣又积极参与的早期用户。众筹采取的是"团购 + 预订"的形式，故而与产品预订有相似之处，但相比产品预订，众筹的募资模式将直接决定该项目能否继续。众筹项目需规定好目标金额，项目筹资成功，产品才能进入生产与市场销售的流程。项目投资失败，大学生创业者就要退还支持者的资金。

众筹平台可以说是众多 MVP 的集中地。在该平台，用户可以看到许多有意思的创业创意和产品原型图片。同时，对大学生创业者来说，这也是其建立口碑和得到反馈的好机会。

4. 试用反馈

试用反馈指大学生创业者通过用户对产品使用的感受来进行产品的改进。对于一般产品，用户测试需要制作原型，但通常是草图、实物模型等形式；而对功能性产品，用户必须真实地试用，例如，用户只有真实地试用电动牙刷，才能体验震感，给出有效的反馈。

（三）迭代开发模型

开发新产品时，如果产品并不复杂，企业通过会采取瀑布模型。以软件产品为例，企业定义需求之后，便构建框架编写代码，进行测试，最后发布新产品。如果大学生创业者一开始没有对用户需求做出准确判断，就会导致最后生产的产品不符合用户的需求。这时，大学生创业者已经投入了大量的时间与开发成本，若产品不被用户接受，企业则可能会面临破产风险。

为弥补瀑布模型的缺点，避免企业付出太多成本去生产一个用户不需要的产品，迭代开发模型要求企业快速形成一个 MVP，然后对其进行不断完善。迭代开发模型如图 6-4 所示。

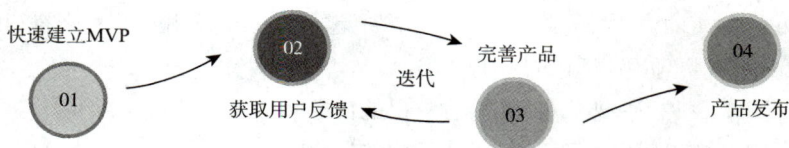

图 6-4 迭代开发模型

企业要想在半年内推出一个产品，根据迭代开发模型的要求，则需要在第一个月内拿出第一个产品原型，当然，这个产品原型往往是极简的、不完善的，所以，在之后的几个月里，企业需要进行用户测试，根据用户反馈获得修改意见，重新设计一个更完善的产品，不断反复这一过程，不断完善产品功能，最后推出在质量和功能上更加接近用户需求的产品。

案例分析：微信的产品设计

2018 年 8 月，微信的日登录量超过 10 亿，成为其历史上一个里程碑。2013 年，微信有 3 亿多用户；2020 年 12 月 31 日，微信及 WeChat 的合并月活跃账户数达到 12.25 亿。微信的用户数无疑经历了爆发式的增长。从 2011 年 1 月至 2021 年 1 月，微信完成了从版本 1.0 到版本 8.0 的迭代，越来越符合用户所需，并成为现在人们社交必备的一项工具。

张小龙创业团队最初建立微信的创意，源于张小龙想要为像他这样不使用 QQ 的人建立一款聊天工具的想法，其最初目标是建立一款类似其之前创业产品 Foxmail 的收发邮件的产品，然而具体要做成什么样，张小龙及其创业团队也是一头雾水。但张小龙没有停止思考，他不仅想要做一款通信软件，还想做一款能超越 QQ 的软件。他并未将微信片面地定位于通信工具，而是如微信的宣传语所说：微信是一个生活方式。

2011 年 1 月，微信正式上线，初版的微信仅支持发布文字信息，并提供分享照片、设置个人头像的服务，用户增长较慢，媒体关注度还不如先于微信 1 个月推出的米聊。到了 4 月，Talkbox 的火爆，让张小龙及其创业团队看到了语音功能的市场，同年 5 月，微信开始支持语音对讲。为了使用户在更多场景下都能较好地使用语音功能，张小龙及其创业团队对产品做了许多改进。距离感应器无感时，语音对讲会默认为扬声器模式；耳机接入手机时，则立马改为听筒模式等，这些改进提高了用户的语音功能使用体验，使微信成为一款有一定影响力的产品。

之后，张小龙及其创业团队基于对用户的分析，不断开发微信功能。2012 年 4 月，微信增加朋友圈功能；2012 年 7 月，公众账号上线；2013 年 8 月，微信支付上线；2017 年 1 月，小程序上线；2017 年 5 月，微信推出"搜一搜""看一看"；2017 年 12 月，小游戏上线；2020 年 1 月，视频号上线。这些功能的推出都建立在用户测试的基础上，微信会有选择性地邀请用户参与内测，体验新功能，因此，新上线的功能往往能使用户有良好的使用体验。此外，微信还针对界面、表情、状态栏等进行更新调整，并有针对性地根据用户的反馈新增功能。例如，微信原本规定一位用户拥有自己唯一的微信号，且一旦锁定便不可修改，但随着微信的广泛普及和用户使用微信的程度加深，许多用户对自己的微信号并不满意。基于此，2020 年 6 月，微信解锁了这一新功能，允许用户在同时满足 3 个条件的情况下，一年内可修改一次微信号，受到了用户的广泛好评。

截至 2021 年，微信成立已 10 年，广泛渗透的微信逐渐承担起生活、工作等多个场景中社交工具的角色，语音、视频等功能使微信的社交链趋于庞大且稳定；朋友圈、视频号等功能成为人们自我表达的重要窗口；公众号、小程序、微信支付等功能给用户提供了快捷多样的第三方服务。经过不断的迭代更新，现在微信的功能多样、操作简单，不管老人和孩子，都可以较快上手，极大丰富了用户的生活方式，且用户规模数量庞大。如今，微信不仅已成为腾讯的重要支柱，也成为国民级应用，获得了民众的广泛认可。

分析

　　微信能发展到今天，并在用户的生活中始终占据重要位置，主要在于其通过用户测试和功能更新不断进行产品迭代，满足用户使用需求的同时也抓牢了用户的思想。在最初上线时，微信主要提供发布文字信息、分享照片等基本功能，这些基本功能实质上就是 MVP 的体现。在微信正式上线以后，张小龙及其创业团队基于对用户的分析，持续为微信添加了语音交流、朋友圈等特色功能，这是对微信的迭代与完善。而不断迭代与完善的微信，其质量和功能也能更加满足用户的需求。大学生创业者在创业的过程中，也要通过用户测试推动产品迭代，使自己的产品更加完善，获得更多用户。

课后思考

　　让你印象深刻的产品迭代案例有哪些？请你选择一例进行分析，分析时需着重说明其用户测试方法及产品迭代的过程。

_____

_____

_____

_____

_____

_____

模块七

绘制商业蓝图：商业模式设计

模块导读 ↓

当今社会，企业之间的竞争不仅是产品的竞争，更是商业模式的竞争。商业模式是关系到企业生死存亡、兴衰成败的大事。企业要想获得成功，就必须从制定成功的商业模式开始，成熟的企业是这样，新的企业是这样，发展期的企业更是如此。商业模式是企业竞争制胜的关键，是商业的本质。因此，大学生创业者在开发出产品后，还要关注商业模式的设计，寻找可持续的盈利模式。

学习目标 ↓

1. 了解商业模式的内涵及构成要素。
2. 掌握商业模式的利用。
3. 掌握商业模式的设计及验证。
4. 掌握价值主张设计的方法。

学习要点 ↓

1. 商业模式画布。
2. 商业模式设计。
3. 商业模式验证。
4. 价值主张设计。

任务一　商业模式内涵及构成要素

商业模式是创业者和风险投资人非常关注的内容。一般说来，只要是存在经济交易的地方，就有商业模式存在。每个正常运行的企业背后也都有其商业模式作为支撑，即"企业以什么样的方式赚钱"。

（一）商业模式的内涵

商业模式是一个比较新的概念，虽然它第一次出现是在 20 世纪 50 年代，但在 20 世纪 90 年代才开始被广泛使用和传播。尽管商业模式在国内外得到了学术界和企业界的高度重视，但目前各方对商业模式的含义和本质尚未达成广泛的共识。莫里斯等人通过对 30 多个商业模式定义的关键词进行内容分析，指出商业模式的定义可分为 3 类，即经济类、运营类、战略类。

本书综合各类关于商业模式的定义，认为商业模式是企业在一定的动态环境中，为实现企业价值最大化，把能使企业运行的内外要素整合起来，形成一个完整的、高效率的、具有独特核心竞争力的运行系统，并通过最优实现形式满足消费者需求、实现消费者价值，同时使系统达成持续赢利目标的整体解决方案，它包含特定企业的一系列管理理念、方式和方法。商业模式是企业赖以生存的灵魂，通过识别、分析、评价企业的商业模式，大学生创业者可以较为系统、严格、全面地对一个企业的运营健康状况和盈利能力进行整体性的考查。

商业模式是一个企业创造价值的核心逻辑，描述了企业如何创造价值、传递价值、获取价值的基本原理。这里的价值不只是创造利润，还包括为消费者、员工、合作伙伴提供的价值，以及在此基础上形成的企业竞争力与持续发展力。

创造价值就是企业提供的产品或者服务为目标消费群体带来的核心价值。例如，星巴克针对的消费人群是咖啡爱好者和白领，那么，星巴克的烘焙咖啡豆的醇香就是带给咖啡爱好者的价值，免费 Wi-Fi 和轻松的氛围是给白领提供的价值。

传递价值就是企业通过各种渠道让目标消费群体了解产品或服务的价值。例如，安踏赞助中国国家游泳队、联通赞助中国科学院可可西里科考行、华为 5G 助力 2020 年珠穆朗玛峰高程测量登山队登顶……通过赞助，这些品牌都成功、有效地吸引了目标消费群体的注意。

获得价值是指企业尽可能地从为客户创造的价值中获取最大的回报。例如，吉列剃须刀不贵，但剃须刀刀片价格较高，拥有剃须刀的人必须持续购买特定的刀片，吉列因此获取丰厚利益。

总之，商业模式是连接消费者价值与企业价值的桥梁。商业模式为企业的各种利益相关者，如供应商、消费者、其他合作伙伴、企业内的部门和员工等，提供了一个将各方交易活动相互链接的纽带。一个好的商业模式最终能够成为得到资本和产品市场认同的独特企业价值。企业必须选择一个适合自己的、有效的商业模式，把各种有形和无形的资源都整合其中，并且随着客观情况的变化不断对其加以创新，这样才能获得持续的竞争优势。

（二）商业模式的构成要素

由于实用性强且操作便捷，亚历山大·奥斯特瓦德与伊夫·皮尼厄共同提出的商业模式理论特别受创业者的推崇。他们认为，商业模式包含 9 大要素：客户细分、价值主张、渠道通路、客户关系、收入来源、核心资源、关键业务、重要伙伴、成本结构。这 9 个要素相互作用，相互关联，它们的关系如图 7-1 所示。值得注意的是商业模式并不仅仅是这 9 个要素的简单组合，因为要素之间存在必然的内在联系。一个好的商业模式可以把这些要素有机地联系在一起，从而阐明某个企业或某项活动的内在商业逻辑。

1. 客户细分

客户细分要素描绘了一个企业想要获得的和期望服务的不同目标人群或机构。客户目标群体即企业所瞄准的购买产品或使用服务的消费者群体。这些群体具有某些共性，从而使企业能够针对这些共性创造价值。定义消费者群体的过程也被称为市场细分。商业模式设计从"为谁做"开始，所以要先明确："我们正在为谁创造价值？""谁是我们最重要的客户？"

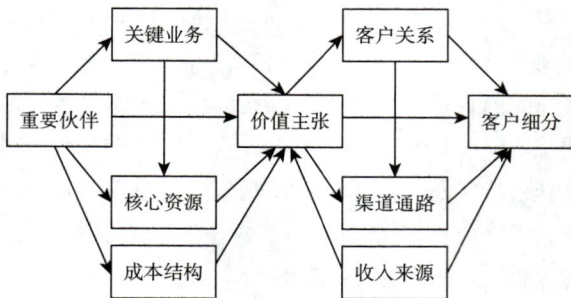

图7-1 商业模式9大要素间的关系图

2. 价值主张

价值主张要素描述的是企业通过其产品或服务为某一客户群体提供的独特价值。价值主张是客户选择一家企业产品或服务而放弃另一家企业产品或服务的原因，它能够解决客户的问题或满足客户的需求。每一个价值主张就是一个产品和（或）服务的组合，这一组合迎合了某一客户群体的需求。从这个意义上说，价值主张就是一家企业为客户提供的利益的集合或组合。

客户定位清晰后，企业需要回答关于价值主张的一系列问题，如需要向客户传递什么样的价值？需要帮助客户解决哪一类难题？需要满足客户的哪些需求？面向不同的客户群体，应该提供什么样的产品和（或）服务的组合？

🔍 拓展阅读

纸尿布的"价值主张"

第二次世界大战之后，日本的尼西奇公司把纸尿布推广到美国市场。尼西奇公司原本以为美国的年轻妈妈不习惯做家务活，讲究生活品质，希望拥有更多的闲暇时间，便决定以此打动她们。所以一开始的广告用语强调使用纸尿布更方便，可以省掉洗尿布的麻烦，但该公司的纸尿布却无人问津。该公司采访了一些年轻妈妈，得到的回复是，如果她们用了方便的纸尿布，邻居和家人就会小看她们，认为她们是一个懒人，因为想偷懒，才让孩子用纸尿布。研究后，尼西奇公司终于弄清楚了：母爱是天性，关爱孩子是乐趣，客户认为纸尿布有价值的地方并不是方便，而是它可以保护孩子的皮肤。于是，尼西奇重新调整了价值主张，强调"关爱"。最终尼西奇公司的纸尿布赢得了市场青睐，一度占据美国纸尿布市场70%的份额。

客户在购买产品或服务的时候依赖其思维判断。客户生活在社会中，其思维判断不但取决于其本身愿望，还受到所处环境与社会关系的影响。有时客户会明确表达其需求，有时客户会比较隐晦地表达其需求，因此在构建价值主张的时候，大学生创业者可以从客户"五色思维"的角度来分析其需求特性，特别是其内心深处的需求特性，进而推出满足客户需求的产品或服务，如表 7-1 所示。

表 7-1　根据客户的"五色思维"推出满足其需求的产品或价值

思维类型	需求特性	产品或服务的价值
生命思维	健康	有利于人的身心健康发展
	尝试	满足客户从未感受和体验过的全新需求
	可持续	利于能源、资源节约与环境友好
	低风险	帮助客户抑制风险或创造价值
批评思维	真实	依据事实进行判断与决策
	改变	不断改善产品或服务性能
	颠覆	从根本上改变旧有模式
设计思维	新颖	形式活泼而有活力
	简单	外观与形式简单明快
	设计	产品因优秀的设计脱颖而出
经济思维	便利性	使用起来更方便，也可以创造可观的价值
	实用性	利于解决客户的实际问题
	回报	能够帮助客户获得更高回报
	价格	以更低的价格满足客户需求
	成本低	帮助客户削减成本是创造价值的重要方法
	可达性	让客户容易掌握、理解并可以助其完成目标
美学思维	感人	能够让客户产生感动与共鸣
	定制化	能够满足客户个体或细分群体的特定需求
	品牌	能够彰显客户的身份
	自然	产品或服务自然并能够让客户感觉舒适亲切

3. 渠道通路

　　企业要将一种价值主张推向市场，找到正确的渠道组合并以客户喜欢的方式与客户建立起联系至关重要。渠道通路要素描述的是一家企业如何同它的客户群体达成沟通并建立联系，以向其客户群体传递自身的价值主张。

　　与客户的交流、分销和销售渠道构成了一个企业的客户交互体系。每一个渠道都可划分为 5 个相互独立的阶段。每一个渠道都覆盖了其中几个或全部 5 个阶段。渠道可以划分为直接渠道和间接渠道，或者自有渠道和合作方渠道，如表 7-2 所示。

表 7-2　渠道通路

渠道类型			渠道阶段				
			知名度	评价	购买	传递	售后
自有渠道	直接渠道	销售人员	我们如何扩大公司产品或服务的知名度	我们如何帮助客户评价我们的价值主张	客户如何能够购买到我们的某项产品或服务	我们如何向客户传递我们的价值主张	我们如何向客户提供售后支持
		网络销售					
		自有商铺					
合作渠道	间接渠道	合作方商铺					
		批发商					

20 世纪 90 年代以前，创业者获得客户的唯一渠道是实体渠道，需要客户到实体店铺接触销售人员。但 20 世纪 90 年代中期开始，由于虚拟渠道的出现，如网络、移动电话、云端等，创业者需要考虑更多的是如何去销售和运输产品。在考虑渠道通路时，大学生创业者不妨思考以下问题，并通过这些问题整理自己的思路。

（1）客户希望以何种渠道与我们建立联系？

（2）我们现在如何去建立这种联系？

（3）我们的渠道是如何构成的？

（4）哪个渠道最管用？哪个渠道更节约成本？

（5）我们如何将这些渠道与客户整合在一起？

4. 客户关系

客户关系要素描述的是一家企业针对某一个客户群体所建立的客户关系的类型。良好的客户关系是企业立足的根本。企业在其商业模式中必须明确如何建立诚信的客户关系这一问题。对企业而言，客户关系的确定不妨建立在对这些问题的考虑之上，即每一个客户群体期待与企业建立并保持何种类型的关系？企业和用户已经建立了哪些类型的关系？这些类型的关系的成本如何？这些类型的客户关系与企业商业模式中的其他要素是如何整合的？

5. 收入来源

收入来源要素是指企业通过各种收入方式获取收益的途径。如果说客户是一个商业模式的心脏，那么收入来源便是该商业模式的动脉。一家企业需要自问，每个客户群体愿意付费的真正原因是什么？弄清这个问题可以使企业在每一个客户群体中获得一两个收入来源。通常，企业有以下几种收入来源。

（1）资产销售。资产销售即企业出售实物产品的所有权。例如，淘宝网、京东平台通过网站销售电器、服装、床上用品等商品，汽车 4S 店销售汽车给消费者。

（2）使用费。这一收入来源因客户对某种具体服务的使用而产生的。对该服务使用得越多，消费者支付的费用就越多。例如，电信运营商会根据通话时长向客户收费；宾馆根据房间的使用天数向客户收费；快递公司根据包裹的重量和运送距离向客户征收费用。

（3）会员费。这种收入来源是企业通过向客户销售某项服务持续的使用权限来实现的。例如，办理健身房会员后，客户就可以免费使用该健身房的健身器材和健身场地。

（4）租赁。这种收入来源是指企业将某一特定资产在某段时期专门供给某个客户使用并收取一定费用。对于出租者而言，这种做法提供的是经常性收入。对于租赁者而言，其只需要承担一个限定内的费用而无须承担整个所有权所耗费的成本。例如，某租车公司为客户提供以小时计算的租车服务，这种服务使许多人决定租车而不再买车。

（5）许可使用费。这种收入来源产生于企业向客户出售某种受保护知识产权的使用权，并向其收取许可使用费。许可使用费使资源持有者无须生产产品或进行任何商业化操作，仅凭对资源的所有权就可以获得收益。例如，在科技产业中，专利持有者将专利使用权提供给其他企业使用就可以收取专利使用费。

（6）经纪人佣金。这种收入来源产生于企业向双方或多方提供的中介服务。例如，银行发放信用卡后，会向商家和持卡人的每一笔交易按交易额度的一定百分比收取费用；房产中介或房产经纪人会因每次成功地促成了交易而获得佣金。

（7）广告费。这种收入来源产生于企业为某种产品、服务或品牌做广告而收取的费用。传统的传媒业和活动策划的收入很大程度上依赖于广告上的收入。近些年其他产业，包括软件业和服务业，也开始更多地依赖广告收入。

6. 核心资源

核心资源也称关键资源，该要素描述的是一个商业模式顺利运行所需要的最重要的资产。核心资源决定了企业能够做什么，可以做什么，不可以做什么。

每一个商业模式都需要一些核心资源。这些资源使企业得以创造并提供价值主张，获得市场，保持与某个客户群体的客户关系并获得收益。不同类型的商业模式需要不同的核心资源。例如，一个微芯片制造商需要的是资本密集型的生产设备，而微芯片设计商更需要关注人力资源。

核心资源包括实物资源、金融资源、知识资源和人力资源。核心资源可以是自有的，也可以通过租赁获得，还可以从重要合作伙伴处获得。在确定核心资源时，企业需要考虑这些问题：企业的价值主张需要哪些核心资源？企业的分销渠道需要哪些核心资源？客户关系的维系需要哪些核心资源？收入来源需要哪些核心资源？

7. 关键业务

关键业务要素描述的是企业为保障其商业模式正常运行所需要做的最重要的事情。每一个商业模式都有一系列的关键业务。这些业务是一个企业成功运营所必须采取的最重要的行动。同核心资源一样，它们是企业为创造和提供价值主张、获得市场、维系客户关系及获得收益所必需的。并且，同核心资源一样，关键业务也因不同的商业模式类型而不同。例如，对于软件供应商微软公司而言，其关键业务就是软件开发；对于个人计算机生产商戴尔公司而言，其关键业务还包含供应链管理。企业对于关键业务的确定可以从这些方面考虑：企业的价值主张需要哪些关键业务？企业的分销渠道需要哪些关键业务？客户关系的维系需要哪些关键业务？收入来源需要哪些关键业务？

8. 重要伙伴

重要伙伴要素描述的是一个商业模式顺利运行所需要的供应商和合作伙伴网络，它在许多商业模式中逐渐承担起基石的作用。企业需要和不同的伙伴合作，但不是所有的伙伴都属于重要伙伴，所以企业需要思考：谁是企业的关键合作伙伴？谁是企业的关键供应商？企业从合作伙伴那里获得了哪些核心资源？企业的合作伙伴参与了哪些关键业务？根据这些问题，企业可以确定重要伙伴。重要伙伴意味着企业可以通过建立联盟来优化自身的商业模式，以降低风险、获得资源。

重要伙伴可以分为以下4种不同的类型：①非竞争者之间的战略联盟；②竞争者之间的战略联盟；③为新业务建立合资企业；④为保证可靠的供应而建立的供应商和采购商的关系。

9. 成本结构

成本结构描述的是一个商业模式在运营中所发生的最重要的成本总和。创造和传递价值、维护客户关系及创造收益都会产生成本。在已确定核心资源、关键业务及重要伙伴的情况下，成本核算就会变得相对容易。

每个企业的成本结构模式是有所差别的，有的企业以低成本为导向，有的企业则倾向于价值创造，但大学生创业者需要通过将预估成本与同类企业发布的报告进行对比，以确定较优的商业结构。在商业模式的设计中，创业者通常希望以较低的成本实现创业，并保持持续的盈利，这样才能获取更多收益。所以有些商业模式相对于其他商业模式而言更加成本导向化。

成本结构设计需考虑的问题包括商业模式中最重要的固有成本、最贵的核心资源、最贵的关键业务等。大学生创业者可以通过对这类问题的思考基本确定一个商业模式在维持良好运行的情况下所需要的所有成本。

🔍 拓展阅读

成本结构的分类

商业模式的成本结构可以宽泛地分为两种类型——成本导向型以及价值导向型。

（1）成本导向型

成本导向型商业模式聚焦于如何将成本最小化。这种商业模式的目标在于创造并维持极精简的成本结构，采取的是低价的价值主张、自动化生产最大化及广泛的业务外包。例如，廉价航空、经济型酒店都是成本导向型商业模式的典型代表。

（2）价值导向型

有些企业在商业模式设计中，不关注成本，而更多地关注价值创造。推崇高端的价值主张和提供高度的个性化服务是价值导向型商业模式的特点。例如，海底捞倡导为客户提供极致服务，豪华酒店为客户提供的奢华设施和专属服务，都属于此范畴。

实现成本最小化和价值最大化，是企业的终极目标，许多现有商业模式的成本结构介于这两种类型之间。

任务二　商业模式画布及其利用

商业模式画布是商业模式要素的可视化呈现，能够帮助大学生创业者催生创意、减少猜测并合理解决问题。通过商业模式画布，大学生创业者能够看出商业模式9大模块的作用及其关系，从而顺利完成和完善创业模式的搭建。通过使用商业模式画布，大学生创业者应该充分认识和发挥自身商业模式的作用，以促进企业更好发展。

（一）商业模式画布及案例解析

亚历山大·奥斯特瓦德与伊夫·皮尼厄在商业模式9大要素的基础上，提出了实用型商业模式的设计方法——商业模式画布，这个画布现已被各个行业的企业广泛应用。通过商业模式画布，一家企业可以将其寻求利润的逻辑过程清晰地展现出来，如图7-2所示。

重要伙伴	关键业务	价值主张	客户关系	客户细分
	核心资源		渠道通路	
成本结构			收入来源	

图7-2 商业模式画布

商业模式画布由 9 个方格组成，每个方格都有非常多的可能和替代方案，大学生创业者需要找到其中的最优方案。商业模式也能直观表现一个企业的运营方式，每个企业都有自己的运营方式，下面以 2 个实例对此进行说明。

1. 小红书

小红书是当前非常热门的网络社区之一，同时也是一个跨境电商、分享平台及口碑库。在小红书，每个用户都可以分享生活内容和消费笔记，传递自己的生活方式。

小红书最初创立于 2013 年，其创始人毛文超将其定位为一个由用户生成内容（User Generated Content，UGC）的产品信息分享平台。早期小红书的内容主要是产品攻略，后来小红书团队认识到这种静态信息流难以使产品与用户之间产生即时、黏性、双向的互动机制，于是开始转型社区，让用户可以"逛""刷"，后来又开始融合电商，上线跨境购买板块"福利社"，方便用户在产生购买需求时直接购买。同时，小红书也通过在社区加入第三方商家，增加广告起量，以及在购买笔记中插入购买链接为自有商城引流，实现社区电商的高效转化。2017 年 5 月，小红书的用户就已经突破了 5 000 万人，每天新增约 20 万用户，电商销售额接近百亿元。2019 年，小红书在著名商业杂志《快公司》发布的"2019 中国最佳创新公司 10 强"榜单中，排名第三，超越了许多互联网科技公司。作为一个以女性用户为主的平台，小红书能迅速爆红并维持良好的发展，与其商业模式的成功密不可分。小红书的商业模式如图 7-3 所示。

重要伙伴 品牌合作 潜在商户	关键业务 内容运营 广告合作 招商维护 自有商城	价值主张 帮助用户快速筛选好货，让用户通过小红书发现美好、真实、多元的生活方式，找到自己想要的生活	客户关系 提供内容 社区互动 引入商家、关键意见领袖	客户细分 职场女性 学生群体 美妆达人 "海淘"一族
	核心资源 平台用户 美妆达人 内容价值 品牌／信用背书		渠道通路 App	
成本结构 平台优化与人员成本 合作费用 广告支出			收入来源 广告 电商 品牌入驻	

图 7-3 小红书的商业模式

2. 美团

美团是国内起步较早的团购类网站，其创始人王兴意图在国内搭建起一家沟通用户、商家的团队网站，促使双方在网络团购平台进行交易。一方面，商家可以通过网络团购平台获得更多客流量，通过规模效应降低成本，通过薄利多销获得盈利，并提升知名度；另一方面，用户因为美团提高了单个用户的议价地位而得以享受更低价格和更多优惠。美团将服务场景分类，邀请相应的商家入驻，通过餐饮团购和餐饮外卖等业务将消费端与需求端链接，并依靠其大数据和算法能力为商家提供营销服务和供应量支持。在帮助商家提高交易达成的概率和频率中，美团获取相应的佣金。美团的商业模式如图 7-4 所示。

重要伙伴 第三方支付平台（微信支付、支付宝）投资人	关键业务 平台设计 车辆管理	价值主张 全方位的选择性和便利性	客户关系 付费 App	客户细分 高校学生 青年白领
	核心资源 服务平台		渠道通路 App	
成本结构 平台维护建设 送单人力成本		收入来源 抽取佣金 广告费 增值收费		

图 7-4　美团的商业模式

（二）商业模式的利用

商业模式十分灵活，大学生创业者可以通过对商业模式的假设、验证和调整，创造一个可行的商业模式，推动自己的创业走向成功。事实上，大学生创业者创业成功的关键之一就是找到一个可持续的商业模式。通过商业模式，企业可以进行如下工作。

（1）创业可行性评估。商业模式是创业的基础。商业模式不可行，则代表该创业项目不合理，该创业不具备可行性。

（2）融资与投资。商业模式是投资人对创业项目进行评判的重要参考因素，影响大学生创业者的融资与投资效果。

（3）创业团队招募。商业模式完成后，大学生创业者需据此选择网页设计、市场运营、产品运营等方面的专业人员。

（4）战略合作伙伴选择。商业模式画布中的一大要素就是重要伙伴，大学生创业者应依据商业模式选择合适的合作对象。

（5）传统行业商业模式创新。商业模式是动态的，需随时代发展而不断调整变化。商业模式创新可以建立在原有的商业模式基础之上。

（6）企业新产品评审。商业模式包含企业的价值定位、目标市场、销售模式、营销方案、盈利模式、竞品分析和产品市场预估，大学生创业者从中可以评估产品是否可以被用户认可并购买。

任务三　商业模式的设计与验证

成功的商业模式往往被快速复制，所以企业必须不断创新商业模式，以获取竞争优势。而初创企业为了打开市场，更应寻找一个适宜的具有竞争力的商业模式。企业所处的环境不同，拥有的资源和能力不同，所选择的商业模式也就不同。企业应根据自己的实际条件，对自己的商业模式进行设计与验证。

（一）商业模式设计

商业模式对于每个企业来说都十分重要，不仅初创企业需要设计商业模式，传统企业也需要创新商业模式。商业模式的设计是大学生创业者及其团队通过思维发散和聚敛，创造出新商业模式的过程，也是他们互动学习达成共识的过程。在当前瞬息万变的市场环境下，企业的商业模式设计没有固定的形式，也不是一次性的行为，需要多次迭代，直到找到一个可持续的、可行的商业模式。商业模式的设计应遵循科学的流程，采用创新的方法。

1. 拟建商业模式设计团队

商业模式设计需要获得企业内部人员、行业专家、客户等人群的支持，如表 7-3 所示。

表 7-3　商业模式设计团队人员

人员组成	团队作用
企业内部人员	了解企业具体创业项目，尤其是创业者，要做好商业模式设计的决策工作
行业专家	帮助创业团队加深对行业的了解，可以提供政策咨询，以实现商业模式的可持续性
客户	使商业模式的设计在最初就能以客户为导向，减少后期验证成本

2. 分析企业环境

商业模式的设计需要结合企业的内外部环境，通过对企业整体情况的把控找到能让企业在市场获得可持续发展并盈利的商业模式。SWOT 分析工具是一个专门用来分析企业内部的优势、劣势，以及外部面临的机会、威胁的战略性工具，可以为企业商业模式的设计提供参考，从而更好地帮助大学生创业者发现机会、规避风险、利用优势、避开劣势，以提升商业模式的竞争力。

扫一扫

SWOT 分析工具

3. 发散创意

商业模式涵盖了企业的整个运营过程，大学生创业者可以根据商业模式的 9 大要素对商业模式进行大胆创意和假设，还可根据企业自身优势，选择某一要素作为起点构建企业的价值链，而不必按照某种固定的顺序。

例如，若企业拥有丰富的客户资源，大学生创业者就可以将客户细分作为设计起点构建企业的价值链；若企业有多种接触客户的渠道，大学生创业者则可以以渠道通路作为设计起点。大学生创业者若以价值主张作为设计起点，则可以从低成本、高品质、购买便捷、响应快、服务好、功能强大等入手，搭建出多个不同的商业模式。

4．聚焦一个商业模式

大学生创业者虽然搭建出了多个不同的商业模式，但仍需回归企业本身，择优选取，带领团队聚焦一个商业模式。这个商业模式应符合以下原则。

（1）客户需求原则。商业模式理应满足客户需求，团队成员可以通过客户验证选出客户最能接受的商业模式。

（2）核心竞争力原则。团队成员可以利用 SWOT 分析工具分析商业模式的门槛，即自己的商业模式能否被竞争对手复制。

（3）价值最大化原则。商业模式设计是为了企业价值最大化，因此团队成员可以借助商业模式画布工具，对利润和成本做简单的评估。

（4）可复制性原则。商业模式应逻辑清晰，即自己能够复制自己。

5．制作商业模式原型

完成以上工作后，大学生创业者便可以以商业模式画布的形式来制作商业模式原型，用于对利益相关方，如客户、投资人、合作伙伴等进行验证。

（二）商业模式验证

一个商业模式的验证，还需获得利益相关方的反馈。商业模式验证的步骤一般如图 7-5 所示。

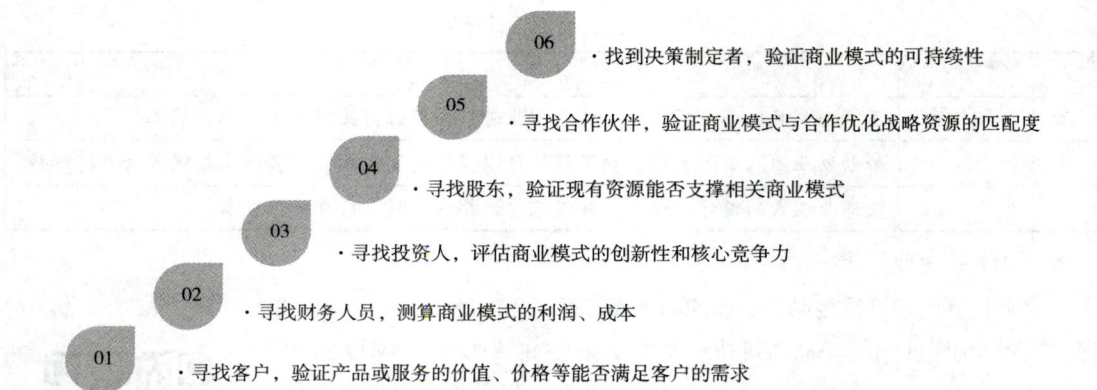

06 ·找到决策制定者，验证商业模式的可持续性

05 ·寻找合作伙伴，验证商业模式与合作优化战略资源的匹配度

04 ·寻找股东，验证现有资源能否支撑相关商业模式

03 ·寻找投资人，评估商业模式的创新性和核心竞争力

02 ·寻找财务人员，测算商业模式的利润、成本

01 ·寻找客户，验证产品或服务的价值、价格等能否满足客户的需求

图 7-5　商业模式验证的步骤

大学生创业者可以一直循环该验证步骤，直到选出商业价值最大、最具有可行性和核心竞争力的商业模式。

（三）价值主张设计与价值主张画布

价值主张是商业模式设计中一个难度较大又十分重要的要素。亚历山大·奥斯特瓦德在商业模式设计的基础上，提出了价值主张设计与价值主张画布。大学生创业者在设计价值主张时要理解与分析客户，判断自己如何为其创造价值才能解决客户的问题或满足客户的需求。从这个角度讲，价值主张是企业可以为客户提供利益的集合。通过寻找客户所需的价值主张，以及始终保持客户价值主张与产品价值主张的一致性，大学生创业者可以找到客户价值主张与产品价值主张的平衡点，促使企业找到一个双赢的商业模式。

价值主张画布是价值主张设计的重要工具，其以结构化的方式描述开发产品或服务时的特定价值主张，即"使用××（产品或服务）帮助××（客户群）完成××（工作），通过解决××（痛点），为客户带来××（益处）。"价值主张画布如图7-6所示。

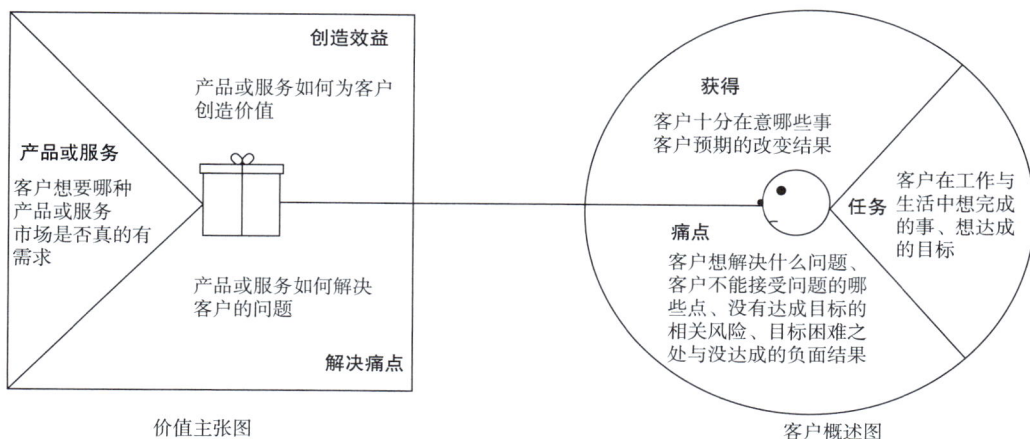

图 7-6　价值主张画布

价值主张画布专注于了解客户的真正需求，并设计与之对应的解决方案。一个与企业契合的价值主张画布还可能需要经过反复设计和修正，需要大学生创业者在整个商业模式的设计过程中对其持续保持关注。需要注意的是，根据价值主张设计，大学生创业者可以通过对创业项目问题、痛点等的归纳总结进行精益画布的呈现，这非常适合大学生创业者，具体内容在上一模块已经介绍过。

课堂活动

活动主题：淘宝的商业模式。

活动内容：当今社会，淘宝可谓一大现象级网购零售平台。作为较早崛起的个人对个人的电子商务平台，它极大地拉近了客户与商家之间的消费距离，改变了人们的消费习惯与生活方式。淘宝的兴盛很大程度上得益于其创新、独特的商业模式。请同学们综合网络搜索与自己对淘宝的了解，分析并总结淘宝的商业模式，也将自己的结论用商业模式画布的形式呈现出来。

案例分析：拼多多的商业模式

21世纪以来，随着科学技术的发展和移动互联网的普及，网络购物模式逐渐兴起并成为人们主要的购物方式之一。至2015年，我国电商行业基本被阿里巴巴和京东两家占领，淘宝、天猫和京东商城成为广为人知的网络购物平台。在电商行业市场基本已成定局，创业者在该领域没有太多机会的前提下，拼多多却于当年9月成立，并在之后的时间里急速发展，成功挤入电商领域几乎饱和的市场，升至行业头部，成为国内首家同时在纽约和上海敲钟上市的企业。

实际上，任何企业的崛起，都与其商业模式有关。商业模式越容易被知晓、复制，企业面临的竞争就越大，企业就越难成功。而拼多多的成功，就在于其商业模式的创新之处。

拼多多成立并发展于电商领域大倡"消费升级"的 2015 年、2016 年。当时，京东商城、天猫对尾部小商家的扶持有限，导致许多中小型商家在这种消费升级中被不断排挤出来。与此同时，智能手机开始在三、四线城市普及，而这些下沉用户作为一种新兴、未被开发的流量却未被阿里巴巴和京东发掘利用。黄铮看准了这些下沉用户，并抓住了两大市场红利：一是源于供给端的广大的农村市场、制造市场；二是来自消费端的移动互联网用户。黄铮由此为中小型商家和这些下沉用户搭建起一座桥梁。事实上，拼多多的成功也证明了低端消费市场非常大。

拼多多初期的商家多为自产自销的小厂商或与厂商合作的低端商家，所售商品多为非品牌货，又因中间流通环节少，所以成本更加低廉，这为商家让利奠定了基础。拼多多的目标用户群体是"价格敏感型用户"，这类用户的消费能力较低、可支配收入较低，追求性价比。双方在供需上具有一致性，这时非常重要的就是如何实现人与货的联结。拼多多早期是采取微信红利的方式来获取大量用户，并利用团购拼单如助力免单、红包小程序、砍价免费拿等活动吸引他们的关注和兴趣。有数据显示，拼多多的玩法甚至挖掘出了一大批不使用淘宝但使用微信的消费空白用户。

拼多多基于团购模式整合了产品的供给与经销渠道，能够做到短时间内获取大量订单，用大需求撬动生产商，减少中间环节成本，且团购模式可以使集中起来的用户在同一时间内有对同一产品的共同需求，从而使商家得到足够的需求信息。这利于制造商在一定时间段内合理规划生产，降低成本，而成本的降低又扩大了商家的让利空间，有助于其进一步吸收和巩固用户，形成一个正循环。这既能够使拼多多持续吸收和巩固用户和商家，又证明了其低价优惠销售商品、利用社交分享、满足用户求廉心理、帮助商家建立品牌的价值主张的可行性。

拼多多的用户可以参与付费拼团，成功则获得商品，失败则获得退款；拼多多的商家交押金就可以上线商品，还可以报名参加平台活动，进行商品销售。拼多多的成本结构较简单，主要是销售营销费用、平台运营和研发费用。收入模式则主要是商家服务费和交易佣金。其最大合作伙伴腾讯微信，为拼多多积累原始客户也提供了许多帮助。

拼多多还以品牌和技术搭建自己的核心资源。例如，拼多多通过"分享式宣传"和高强度的赞助提升自己的影响力，并成为农产品上行的渠道之一，帮扶建档立卡扶贫家庭，创造了许多助农订单，在电商扶贫方面打造了独有的品牌。同时，拼多多基于平台海量数据挖掘与分析，开发完成假货识别算法，研发构建一系列模型以评估和发现假货，进而采取限制措施。此外，拼多多还采用"分布式AI"的算法模式，实现公有数据对所有用户开放。这就相当于每个个体用户拥有了专属的智能代理。拼多多拥有许多技术人才，为自己的发展提供技术支持。

随着拼多多的发展，其一、二线城市的用户占比也在逐步上升，因为这类人群多数并不会将对高品质的追求覆盖到消费的所有方面。例如，有些追求高品质生活的人仍会在拼多多购买高性价比的日用品等。与此同时，拼多多也开始谋求品牌合作，以尽量解决其在电商市场上的售假售劣问题。现如今，拼多多作为一个基于强社交关系的团购低价和分享导向型模式的新型用户对企业（Customer to Business，C2B）的电商平台正被越来越多的用户接受。拼多多的成功，是低端消费市场的成功，也是其商业模式的成功。大学生创业考要善于发现机会，创新商业模式，这样，即便是在竞争激烈的市场中，也能抓到发展的生机。

分析

　　从拼多多的商业模式来看，其低价优惠销售商品、利用社交分享、满足用户求廉心理、帮助商家建立品牌的价值主张是其成功的重要因素。其用户群体初期定位为三、四线城市的"尾部"消费群体；采用 C2B 的电商模式，利用 App 作为渠道通路；通过团购拼单、砍价免费、助力免单等建立客户关系；关键业务分为用户侧的主动拼团和商品侧的商家销售；以小厂商等源头商家和微信为合作伙伴，保证了货源和流量；成本结构包括营销费用、平台运营费用和研发费用；收入模式为商家服务费和交易佣金；以其自身通过赞助宣传获得的极具影响力的品牌、假货识别算法专利权、技术人才等核心资源。其商业模式实现了人与货的链接，并为其技术升级和发展提供了支持。拼多多成立时的电商市场已经比较成熟，且已经存在有重大行业影响力的巨头，建立同类网购平台的创业成功概率已经比较小，而拼多多却通过创新商业模式抢占下层市场、抓住新兴红利，成功抢得阿里巴巴和京东的一部分市场，不得不说是其商业模式的成功。

课后思考

　　京东集团以线下起家，转战电子商务平台后便设立了京东商城。京东商城以"产品、价格、服务"为核心，致力于为消费者提供质优的商品、优惠的价格。作为国内颇受消费者欢迎和颇有影响力的电子商务平台之一，在企业对用户（Business to Customer，B2C）的电商平台领域，其自营式网络零售已经处于国内领先地位，仅落后于天猫商城。2014 年 5 月 22 日，京东集团顺利在美国纳斯达克证券交易所挂牌上市。

　　经过多年的迭代，京东集团已从"自营模式"转变为"自营为主，平台为辅"的商业模式，且平台业务占比逐步增大。京东集团通过建立大规模物流集成设施，保障用户享受到专业化的、方便快捷的物流配送服务；通过自建信息系统，保障自身的运营效率；通过打通供应商渠道，为客户提供低价、优质的服务，为客户打造良好购物体验。京东集团的商业模式无疑是非常优秀的，请根据你对京东集团的了解，完成其商业模式的简析。

模块八

点亮创业的明灯：撰写创业计划书

模块导读 ↓

创业计划书是创业者进行融资的必备文件，其质量对投资交易来说非常重要。大学生创业者选定创业目标与项目，并在资金、市场等方面已经做好准备后，就需要撰写一份详细的创业计划书，其不仅能帮助大学生创业者清楚并坚定自己的创业目标、创业内容，还可作为说服他人合资、入股的工具。

学习目标 ↓

1. 认识创业计划书的作用。
2. 了解创业计划书的基本结构。
3. 掌握创业计划书的制作流程。
4. 掌握创业计划书的撰写原则。

学习要点 ↓

1. 创业计划书的基本结构。
2. 创业计划书的制作流程。
3. 创业计划书的撰写原则。
4. 凝练创业计划书的执行概要。
5. 编写创业计划书正文。

任务一　创业计划书

创业计划书包括商业前景的展望，人员、资金、物质等各种资源的整合，以及经营思想、战略等，是为创业项目制定的一份完整、具体、深入的行动指南书，是一份对与创业项目有关的所有事项进行全方位安排的书面文摘。创业计划书主要解决的是"我们现在在哪里""我们将去哪里""我们如何到达那里"等问题。在创业过程中，创业计划书可以帮助大学生创业者厘清思路，并顺利度过起步阶段。

课堂活动

活动主题：获奖创业计划书展示。

活动内容：创业计划书是创业者获取风险投资的"敲门砖"，也是创业者展示整个项目，彰显自己思想与才华的重要工具。

（1）请同学们分为 5～8 人的小组，并扫描右侧二维码，获取创业计划书。

（2）每位同学花费 3 分钟对创业计划书进行浏览与分析后，与组内成员谈谈自己对创业计划书作用的认识。

（3）各小组尝试分解创业计划书的结构，对其进行归纳总结，再与其他小组进行分享讨论，以加深自己对创业计划书的认识。

扫一扫

创业计划书

（一）创业计划书的作用

创业计划书是创业的行动向导和路线图，建立在创业者对整个创业项目的系统考虑之上。一份好的创业计划书可以从内外两个方面助力企业的发展，从企业内部来看，创业计划书是创业者对创业项目进行调研思考的结果，完整规范的创业计划书包含了产品或服务介绍、市场策略、风险预测等方面的内容，其不仅可以作为创业项目正式投入市场前的行动规划，为企业执行战略和计划提供值得借鉴的"蓝图"，还能激励创业团队一起努力工作，全力以赴地解决创业中遇到的各个细节问题；从企业外部来看，创业计划书在创业者寻找投资人、合伙人，吸纳优秀人才方面发挥着重要作用。因此在具体的创业实践中，大学生创业者要重视创业计划书的作用。

1. 帮助创业者厘清思路

在创业融资之前，创业计划书首先应该是给创业者自己看的。办企业不是"过家家"，创业者应该以认真的态度对自己拥有的资源、已知的市场情况和初步的竞争策略做尽可能详尽地分析，并提出一个初步的行动计划，通过创业计划书使自己心中有数。另外，创业计划书还能为创业者准备资金和分析风险提供思路。对于初创企业来说，创业计划书尤为重要。一个酝酿中的项目往往"面目"很模糊，通过制作创业计划书，对项目进行全面设计，大学生创业者就能对这一项目有更加清晰的认识。

2. 帮助创业者明确方向，优化发展

大学生创业者可以通过制作创业计划书确定创业方向。同时，创业计划书的制作是个漫长的、需要大学生创业者根据企业的实际情况不断调整和完善的过程。若大学生创业者能在该过程中认识到某一方面的不足或者能更新经营思路等，就有利于企业获得良性发展。

3. 帮助创业者进行对外宣传，获得融资

创业计划书作为一份全方位的项目计划，可以对即将展开的创业项目进行可行性分析，也可以向风险投资商、银行、客户和供应商说明大学生创业者拟建的企业及其商业模式，包括企业的产品、营销、市场及人员、制度、管理等各个方面。因此，制作创业计划书在一定程度上也

是一份企业进行对外宣传的文件。实际上，向创业者索要创业计划书的组织数量一直在不断上升。越来越多由大学或社会团体主办的创业园和商业孵化机构要求候选企业提供创业计划书。有研究表明，拥有创业计划书的初创企业会更容易地获得融资。作为一种推销性文本资料，创业计划书有助于提高创业者的可信度，尤其是在由教育部、共青团中央、大学及一些基金组织举办的创业大赛中，获奖的创业计划书及其相关项目更容易获得投资人的关注。

4. 帮助创业者凝聚人心，有效管理

一份优质的创业计划书可以增强大学生创业者的自信，帮着大学生创业者得心应手地经营企业，从而对经营更有把握。因为创业计划书全盘提供了企业现状和未来发展的方向，为企业提供了良好的效益评价体系和管理监控指标。尽管市场经常发生变化，创业计划也需要根据市场变化进行适当调整，但是创业计划书的制作过程仍然非常有用，它能使团队成员团结一心，为了共同的创业目标而努力；同时，大学生创业者在制作创业计划书的过程中还能发现团队中可能存在的问题，通过对创业计划书这样一个重要文件的论证使团队成员更加团结、配合更加默契，使团队成员和大学生创业者保持统一的行动方向。因此，创业计划书的制作过程和创业计划书本身同样有价值，是使创业目标变成现实的重要途径，是使团队成员理解企业目标、完成企业计划的重要措施。

扫一扫

创业计划书制作前
需了解的知识

🔍 拓展阅读

两家川菜馆

大学毕业前夕，5 位对"吃"颇有研究的同学聚在一起，打算在校园附近开一家川菜馆。作为即将毕业的大学生，他们并没有足够的资金启动这个创业计划，商讨之后，便决定寻找投资人。

当时，校园附近已经有了几家川菜馆，但这几家川菜馆的菜品并不正宗。5 人进行了一番调查后，制作了详细的创业计划书，包括对川菜馆前景、发展战略、团队优势、市场环境、目标人群、就餐环境、菜品价格、质量控制、营销方法、资金预算、发展计划、风险控制等进行详细介绍。经过一番努力，5 人成功拉到投资，川菜馆正式开业。

开业后，不远处一家定位"特色川菜"的餐馆也迅速开张，巧的是，这一家川菜馆也是两名大学生开办的。运营一段时间后，两家川菜馆的差距就很明显地体现出来了。前者的运营目标、运营战略都非常明确，会员服务制度也步入正轨，整个川菜馆蒸蒸日上；后者因没有明确的计划，原料的采购、储运，以及财务管理与规划等都十分混乱，很快就因难以继续经营而关门歇业了。

从该案例可以看出，对于大学生创业者来说，一份好的创业计划书具有十分重要的意义，它不仅能帮助大学生创业者获取创业资金，还能让大学生创业者捋清创业初期的发展思路，为创业成功打下坚实的基础。

（二）创业计划书的基本结构

一份完整的创业计划书应该包括封面、目录、执行概要、正文和附录五大部分，如表 8-1 所示。

表 8-1 创业计划书的基本结构

基本结构	具体说明
封面	封面即创业计划书的标题页。封面上应明确创业项目的名称，体现企业的经营范围，同时以醒目的字体和字号来显示创业计划书的标题，如"××创业计划书"。封面上还应有企业的名称、地址、日期、创业者的联系方式和企业网址（如果企业已经建立了自己的网站）等信息。企业如果已有徽标或商标，可以将其置于封面的正中间。封面下部应用一句话来提醒读者对创业计划书的内容保密。需要注意的是，封面上最重要的一项内容是创业者的联系方式，大学生创业者应该让读者能很容易地与自己取得联系
目录	目录即正文的索引。大学生创业者需要按照章节顺序逐一排列每章大标题、每节小标题及章节对应的页码。目录显示到二级或三级小标题为宜
执行概要	执行概要也称计划摘要、执行概览、摘要，应紧接目录展示，是对整个创业计划书的概述
正文	正文是创业计划书的主要内容，包括主体和结论两大部分。正文的具体写作方法参见"按步骤撰写创业计划书的正文"；结论是对整个创业计划书内容的总结式概括，要和执行概要首尾呼应，以体现文本的完整性
附录	附录是对正文部分的补充。受篇幅限制，不宜在正文部分进行过多描述的内容、不能在一个层面上详细展示的内容、需要提供参考资料或数据的内容，一般放在附录部分，如专业证书或专利授权证书、相关的调研问卷、荣誉证书、营业执照等

包括附录在内，创业计划书的篇幅应控制在 20 ～ 35 页。由于读者对创业计划书的结构、体例和内容比较敏感，大学生创业者在制作创业计划书时可以利用不同字体、字号、颜色等对其外观、版式、内容布局等进行精心设计。

（三）创业计划书的制作流程

每个大学生创业者都有自己的制作思路和技术路线，但仍需要遵循一定的流程来制作创业计划书。

1. 构思细化阶段

在构思细化的过程中，大学生创业者首先需要探讨创业项目的商业模式和发展规划，即创业项目从 0 发展到 1 的过程；其次，将项目分为多个阶段，并将每个阶段的核心问题落实到纸面；最后，根据产品或服务的特点设计创业计划书的行文思路。

2. 收集数据阶段

为创业项目收集行业数据，有利于大学生创业者更好地理解产品或服务在行业和市场中所处的位置。同时，大学生创业者要收集定性数据，了解产品或服务为什么能够吸引目标用户，还要了解竞争者的竞争态势。以上这些行为都能帮助大学生创业者更好地整理自己的产品或服务的思路。

3. 制作阶段

大学生创业者应做好企业成立 3 ～ 5 年内的经营策略和规划，以保证企业在收入、销售量、客户等方面取得长足发展。团队建设也是创业计划书中的核心内容。因为财务是企业经营的价值化表现，所以财务分析也是创业计划书的重点。通常，投资人对企业的价值评估、收益率、三大报表等都会十分关注。

4．答辩陈词和反馈阶段

大学生创业者要建立一套容易理解的逻辑，在把创业计划书的核心内容传递给读者（尤其是投资人）时，既可以用看得见的东西让读者深入思考，也可以用简洁的市场分析数据和其他可靠的数据给读者留下深刻的印象。

任务二 创业计划书的撰写

创业计划书是一种非常正式的书面材料，应该有严格的语言规范、完整的内容和合理的结构，同时应保证逻辑的连贯性，这对于较少接触这类材料的大学生创业者而言，有一定难度。在撰写创业计划书时，大学生创业者应该遵循一定的原则与方法，以撰写出语言规范、内容完整、结构合理的作品。

（一）创业计划书的撰写原则

创业计划书质量的高低，往往决定着投资交易和创业项目的成败，因此创业计划书的撰写需要考虑全面。在撰写创业计划书时，大学生创业者通常需要遵循以下原则。

（1）目标性。创业计划书要目标明确，不仅需要表达对企业发展的追求，还要突出对经济效益的追求。

（2）完整一致性。创业计划书需要要素齐全、内容充实、通俗易懂、结构严谨、风格统一、逻辑合理，前后基本假设或预估相互呼应。

（3）优势突出性。创业计划书要将企业的各种竞争优势（资源、经验、产品或服务、市场及经营管理能力）一一呈现，做到详略得当。

（4）团队协作性。创业计划书要展现团队组建的思路、团队成员的作用，尽可能突出专家的作用、高管人员的优势、专业人才队伍的水平，明确团队领军人物。

（5）市场导向性。创业计划书要明确指出企业的市场机会与竞争威胁，能充分显示出大学生创业者对于市场现状的掌握情况与对未来发展的预测能力。

（6）客观实际性。创业计划书要有理有据、循序渐进。创业计划书中的一切数字要尽量客观、实际，以具体资料为证，切勿凭主观意愿高估市场潜力或报酬，低估经营成本。创业计划书中对工作的安排要循序渐进、有条不紊、可操作性强。

（7）文字精练性。创业计划书的写作应开门见山，直切主题。对于读者尤其是投资人而言，他们并不愿意多花时间阅读对他们而言没什么意义的内容。创业计划书只有文字精练、观点明确，才能提高融资成功的概率。

（二）凝练创业计划书的执行概要

执行概要是大学生创业者为了吸引读者尤其是投资人的注意而将创业计划书的核心提炼出来制作而成的，它是整个创业计划书的精华和亮点，涵盖了创业计划书的所有要点。清晰、简洁的执行概要应该是依序介绍创业计划书的各个部分，其介绍顺序应与创业计划书中的章节顺序一致，每部分的标题以粗体字显示。大学生创业者一般要在所有内容编制完毕后，再把核心内容提炼出来，以求一目了然，在短时间内给读者留下深刻印象，得到读者认可。

　　大部分专家建议，如果撰写创业计划书的目的是筹集资金，那么大学生创业者应该在执行概要中明确拟定筹集的资金数额和性质，为引入股权投资，甚至可以明确投资人投入不同投资额后会拥有的企业股权比例，这样更能吸引投资人的关注，也更容易获得投资。

　　执行概要的内容通常需要包括以下方面的内容。

　　（1）企业所处的行业、企业经营的性质和范围。

　　（2）企业的主要产品或服务。

　　（3）企业的市场前景、目标消费人群及其需求。

　　（4）企业的合伙人、投资人。

　　（5）企业的竞争对手、竞争对手对企业发展的影响。

　　（6）投资数量和方式。

　　（7）投资回报及安全保障。

　　执行概要如同推销产品或服务的广告，其主要目的是引起读者的兴趣。因此，大学生创业者要反复推敲，力求精益求精、形式完美、语句清晰流畅而富有感染力，要详细说明企业自身的独特优势及企业获取成功的市场因素，以期引起读者阅读创业计划书全文的兴趣。

　　需要注意的是，执行概要的内容不能完全照搬他人优秀案例，因为没有一个模板适用于所有企业。执行概要中，哪些内容是最重要的，哪些内容是无关紧要的，哪些内容需要强调，哪些内容可以一笔带过，都需要大学生创业者根据企业的实际情况进行判断。

拓展阅读

一页纸的执行概要

　　大四学生王宇计划和志同道合的同学一起创业，于是与同学一起报名参加了某创业比赛，在比赛上，王宇展示了和同学共同研发的室内绿化项目，并引起了投资人的兴趣。投资人对王宇的那份一页纸的执行概要尤其感兴趣。王宇的执行概要的内容如下。

　　（1）项目简介。本项目着力打造人与自然和谐共处的居住理念。随着社会经济的发展，人们的居住条件得到了改善，但其生存环境却在不断恶化，尤其是装修污染问题日益严重，由于室内空气污染引起的呼吸道疾病和白血病患者的数量也在不断增加。因此，如何通过室内绿化设计达到美化环境、消除污染将成为人们装修时最关注的问题。

　　（2）项目进展。项目需要初始投资100万元。经过3年的发展，公司营业收入及利润将每年递增，到第5年营业收入将达到460万元，税后利润达到120万元。

　　（3）竞争优势。绿化环保产业是国家重点扶持和重点发展的产业。目前，市场上还没有将室内绿化设计与植物的特效功能（如清除有害气体等）联系在一起的企业，所以，该领域属于市场空白阶段。另外，各地方政府对该产业有相关补贴政策。

　　（4）产品介绍。通过室内绿化项目，人们就可以在健康与舒适的环境中生活，还能减少因室内空气污染而引发的疾病。

（5）团队介绍。创业团队由一群充满激情与创新精神的大学生组成，该团队拥有园林植物与观赏园艺专业的研究生、经济管理专业的研究生，以及植物相关专业的本科生。其中，团队创始人还取得了室内绿化装饰师证书。

通过这份执行概要，王宇不但让投资人明白了该项目的商业价值，还清楚地介绍了所提供的产品，以及该产品是如何解决消费者的问题的。比赛之后，王宇的项目引来了一些有兴趣的投资人和企业的关注。王宇非常高兴，这让他离创业成功又近了一步。

（三）按步骤撰写创业计划书的正文

正文是创业计划书的主体部分，一般包括企业描述、产品或服务、竞争分析、创意开发、创业团队、财务分析、风险分析和退出策略等步骤内容，如图 8-1 所示。

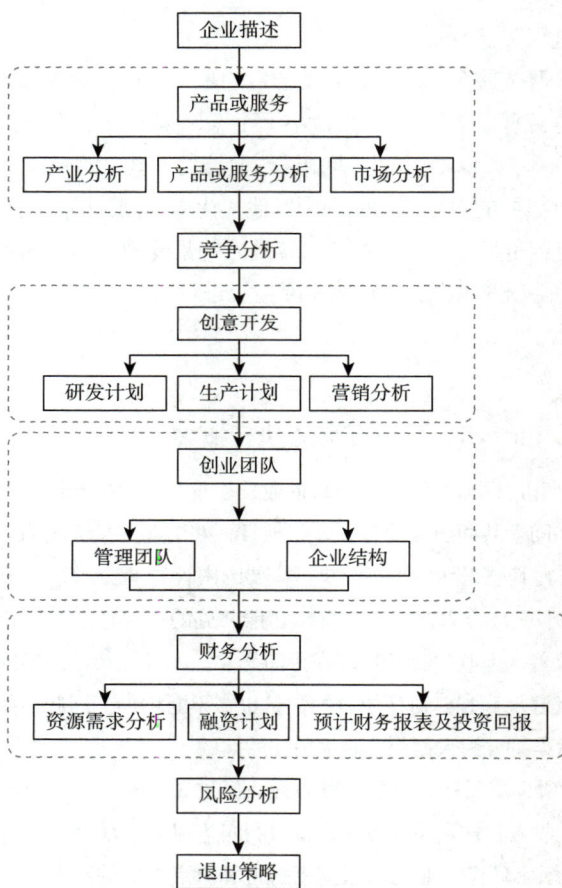

图 8-1　创业计划书正文内容示意图

1. 企业描述

创业计划书的主体部分从企业描述开始。企业描述应包括企业简介、使命陈述、产品或服务、企业现状、启动资金、法律组织形式和所有权、选址等内容。

2. 产品或服务

本部分用简洁的方式描述企业的产品或服务，主要介绍产品或服务的功能、应用领域、市场前景等，说明企业的产品或服务向消费者提供的价值和方式有哪些，产品或服务填补了哪些急需补充的市场空白。大学生创业者还可以放入一些产品或服务的照片。

本部分的内容必须具有创新性，要能清楚地解释产品或服务能实现的功能，从而使读者能够认清它的功能或价值。

产品或服务的描述可从产业分析、产品或服务分析和市场分析3个角度展开。

（1）产业分析

产业由生产相似产品或提供相似服务的一群企业组成。产业分析是大学生创业者对特定行业的市场结构和市场行为进行调查与分析，为企业制订科学有效的战略规划提供依据的活动。在创业计划书中，大学生创业者要对拟进入产业的市场全貌及关键性的影响因素进行分析。

产业分析涉及产业现状、产业发展趋势、产业特征、产业市场上的所有经济主体概况（如竞争者、消费者、供应商、销售渠道）等。

（2）产品或服务分析

本部分的内容应该是对企业产品或服务的详细描述，包括产品或服务的介绍、市场定位、可行性分析结果、进入壁垒等内容。

产品或服务的介绍包括产品或服务的名称、性质、市场竞争力，以及产品或服务的研发过程、品牌、专利、市场前景等。如果产品已经投产，大学生创业者最好附上样品介绍及图片；如果产品还在设计之中，大学生创业者就要提供相应的设计方案并证明自己的生产能力。

产品或服务的市场定位是指大学生创业者根据同类产品或服务的竞争状况，确定自己在市场中的位置。

产品或服务的可行性分析结果可以在这部分进行汇总报告，市场调查分析的内容、消费者购买意愿的分析结果等也可以在这部分进行陈述。总之，大学生创业者要让读者了解产品或服务的创意及定位策略的形成过程。

产品或服务如果有可能获得专利，大学生创业者应该在这里展示出来，并提出专利申请，以获得临时的专利保护；如果没有可获专利之处，大学生创业者应该解释其将会采取何种构建进入壁垒的措施，以免自己的项目被模仿、复制；如果短期内无法构建进入壁垒，大学生创业者也要在此处做出合理解释，坦言企业可能面临的风险及应对措施。

（3）市场分析

市场分析的重点在于描述企业的目标市场及其消费者和竞争者，以及企业如何展开竞争和获取潜在的市场份额等信息。市场分析有助于确定企业的业务性质，其对销售额的预测直接影响着企业的生产规模、营销计划、员工情况及所需资金的数量。一个好的市场分析能够证明企业对目标市场的把握情况。市场分析包括目标市场选择、竞争对手分析、购买者行为分析和销售额预测等信息。

大学生创业者在进行市场分析后，要选择一个合适的细分市场作为目标市场（目标消费者群体构成的子市场）。大学生创业者可以以自身的专业素质或个人爱好为切入点，选择适合自己的目标市场。进入目标市场前，大学生创业者需对目标市场的规模、影响目标市场发展的趋势等进行评估，以确保拟进入的目标市场有足够规模和足够的增长空间支持创业目标的实现。

3. 竞争分析

竞争分析是针对企业面临的竞争情况而做的详细分析，有助于大学生创业者了解主要竞争对手所处的位置，把握在一个或多个领域获得竞争优势的机会。需要注意的是，大学生创业者千万别轻言"市场空白""蓝海市场""行业培育期"等，因为这些用语会给读者留下以下几种印象：该创业计划书的市场调查不够充分、行业分类不够准确，这或许是他人已经尝试过而且放弃了的、无法实现的项目等。

大学生创业者要在对竞争对手进行确认的基础上，分析竞争对手的目标，如竞争对手在市场里找寻什么、竞争对手行为的驱动力是什么等。此外，大学生创业者还必须考虑竞争对手在利润目标以外的目标、竞争对手的目标组合，并注意竞争对手在不同市场细分区域的目标，确定竞争对手的战略，了解竞争对手的优势和弱势及其反应模式，以确定自身企业的竞争战略。

例如，2011年唯品会网站在创建之初提出的市场定位"专注于品牌折扣的女人网站"，就是针对竞争者的市场空隙而提出的核心竞争力，这使其能在众多的购物网站中占据一席之地。

4. 创意开发

再好的创意，只有得到有效开发，才能够为消费者创造价值，为大学生创业者带来收益。创意开发部分应至少包括研发计划、生产计划和营销计划3部分内容。

（1）研发计划

大多数产品或服务遵循从产品理念、产品成型、初步生产向全面生产发展的逻辑路径，所以创业计划书应解释推动产品或服务从一个阶段过渡到另一个阶段需要遵循的过程。如果大学生创业者刚创立了一家企业且对产品或服务只有一个想法，则应当仔细解释产品或服务的原型；如果产品或服务已跨过了原型阶段，大学生创业者就需要对其可用性测试进行描述；如果产品或服务已经存在，那么大学生创业者提供产品或服务的图片，还要对批量生产和销售产品或服务的预估时间予以说明。

（2）生产计划

如果大学生创业者创立的是制造企业，就需要编制生产计划。生产计划是关于企业生产运作系统总体方面的计划，是企业在计划期应达到的产品品种、质量、产量和产值等生产任务的计划和对产品生产进度的安排，一般根据营销计划中预计的销量安排，同时考虑计划期初和计划期末的存货状况。制订完成生产计划后，大学生创业者往往还需要根据生产计划来安排物料的采购计划，同时估算产品的生产成本，以及在生产和采购过程中可能发生的现金支出，为后期编制现金预算服务。企业还可以根据总体战略和对消费者需求的预测和技术发展状况，对未来的产品规划进行描述。

（3）营销计划

营销计划的重点在于介绍有助于企业销售产品或服务的典型营销职能。大学生创业者撰写这一部分的最好方法就是清楚地说明总体营销策略，包括定位策略、与竞争者的差异等信息，然后通过定价策略、销售过程和促销组合、渠道策略说明如何支持总体营销策略的开展。

① 总体营销策略。营销策略是指企业为销售产品或服务所采用的总体方法，它能为营销的相关活动奠定基础。每一个企业在制订营销计划、开展销售活动时都会受到资源的限制，所以，有一个总体的营销指导思想和操作方法，会使企业在使用资源上更有目的性和连贯性。该部分要对企业

的定位策略和与竞争者差异予以说明，对比企业与竞争对手的处境，突出企业提供的产品或服务的特性。一般来说，大学生创业者列举两三个企业与竞争者的差异即可，关键是所列举的差异要突出、易记且易识别。

② 定价策略。这里需要对企业产品或服务的定价方法及其原因进行解释。企业可以采用竞争定价法、心理定价法、差别定价法、成本加成定价法等不同的定价方法，它们分别适用于不同的产品或服务，以及不同的市场竞争状况。大学生创业者可以查询相关资料了解不同定价方法的适用范围，然后进行合理选择。

③ 销售过程和促销组合。销售过程是企业识别潜在消费者和完成销售所经历的过程，企业的销售过程尽管不尽相同，但一般来说会包含以下步骤：寻找销售机会、接触消费者、实现销售机会、进行销售演示、和消费者进行沟通、完成销售、客户关系管理。促销组合是企业所采用的用来支持销售和提升品牌总体形象的具体策略。企业可以采用的促销方式有广告、公共关系和其他促销活动等。公共关系不仅可以促进产品销售，还可以增加企业的信誉度，深受很多企业的青睐。新闻发布、媒体报道、博客、微信等是常用的建立公共关系的方式和渠道。企业还可以通过提供免费样品、试用体验等促销方式来开展销售活动。

④ 渠道策略。渠道包含企业的产品或服务从生产到消费者手中所经历的所有活动。大学生创业者在创业计划书中必须清楚地展示由谁来负责销售以及采用的具体渠道，如是采用直接销售方式，还是通过分销商、批发商销售；是通过同行联合，还是使用其他渠道；等等。企业如果计划采用自己的销售团队，就需说明如何训练销售团队、销售人员的工作安排以及薪金待遇等。对初始销售人员数量和后期销售人员数量的变化等进行说明，可以体现大学生创业者对于营销计划的全面考虑。一般来说，大学生创业者可以通过咨询行业专家、研究行业杂志和行业报告等方式来确定需要的销售人员数量。

5. 创业团队

读者往往会在查看了执行概要后直接阅读创业团队部分来评估创业者的实力，因为创业最终能在竞争激烈的市场中胜出，往往也是依靠好的团队而不是好的创意或市场计划。因此，这部分的内容在创业计划书中具有举足轻重的地位，大学生创业者一定要认真对待。这部分内容包括管理团队和企业结构两个部分。

（1）管理团队

初创企业的管理团队一般由大学生创业者或者大学生创业者和几个关键的管理人员组成，创业计划书最好用一种让读者容易形成具体形象的方式将其表现出来。这部分内容包括管理团队的人事安排、股权结构及其分配计划等。

① 人事安排。创业计划书应该从介绍大学生创业者开始，简要介绍管理团队每个成员的履历，包括姓名、岗位头衔、教育背景、岗位职务和责任、工作和相关经历、以前的业绩等。履历的描述应尽可能简洁，并说明人事安排的理由，以及其将为企业做的独特贡献。如果管理团队曾经在一起工作过，则更会受到读者的青睐。

完成以上内容后，大学生创业者还要对企业存在的岗位空缺进行辨识，通过技能概貌和管理团队分析表可以有效地发现岗位空缺，将现有成员填入表中对应位置，如表 8-2 所示。

表 8-2　技能概貌和管理团队分析表

项目	行政领导	采购主管	运营主管	销售主管	人力资源主管	管理信息主管	会计主管	财务主管
姓名								
姓名								
姓名								
姓名								

② 股权结构及其分配计划。企业的股权结构及其分配计划也是创业计划书的必要内容之一，通过列表的方式展开会给读者留下清晰、简洁的印象。表 8-3 是一种常见的描述股权结构及其分配计划的表格。

表 8-3　股权结构及其分配计划表

项目	岗位	投资额	股权分配
姓名			
姓名			
姓名			
姓名			

需要注意的是，大学生创业者在设计股权结构时，应考虑到企业未来发展对人才的需求，留出一定比例的股权给未来会引进的关键人才。

（2）企业结构

企业结构的内容应该呈现企业当前是如何组织的，以及未来将会如何组织。企业结构是涉及企业内部相互作用和影响的细节问题，也是大学生创业者必须认真对待以使企业平稳运行的关键问题。组织结构图是对企业内部权利、义务进行分配的常用工具，常见的有集权制、分权制、直线式和矩阵式的组织结构图。图 8-2 和图 8-3 所示为集权制企业组织结构图和矩阵式企业组织结构图。

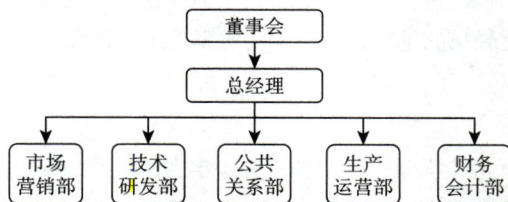

图8-2　集权制企业组织结构图

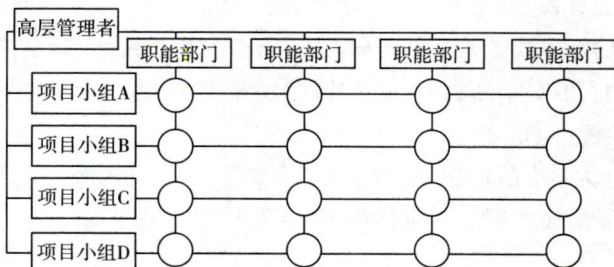

图8-3　矩阵式企业组织结构图

6. 财务分析

创业计划书的财务分析包括资源需求分析、融资计划、预计财务报表及投资回报等内容。

（1）资源需求分析

创办企业需要人力、财力、物力等方面的不同资源。人力资源在管理团队部分已经进行过较为详尽的阐述。财力资源在下面的融资计划部分进行说明。在这里大学生创业者需要向创业计划书读者展示创办企业所需要的物力资源。创办企业需要的物力资源一般表现为企业资产，其按照表现形式可以分为有形资产和无形资产；按照流动性可以分为流动资产和非流动资产。流动资产是指在 1 年或者 1 年以上的一个营业周期中可以变现的资产，如原材料、库存商品等；流动资产以外的有形资产或无形资产均属于非流动资产，如机器设备、家具、商标权、专利权等。购置资产需要支付资金，会影响企业的融资计划。编制固定资产表可以对非流动资产支出进行预估，再结合对流动资产资金需求的判断，大学生创业者可以计算出物力资源需要的资金数量；如果企业需要购买专利或商标等无形资产，也要在这里估计出需要的资金支出。

（2）融资计划

根据对上面资源需求的分析，结合管理团队的构成及分工，企业就能够计算出总的资金需求。这时大学生创业者需要编制资金明细表，以对资金的来源和运用情况进行系统分析。资金明细表的格式如表 8-4 所示。

表 8-4　资金明细表的格式

资金运用	资金来源
开办费用 　　注册登记费 　　工资 　　办公用品 　　培训费 　　差旅费 　　租金 　　…… 　　小计	负债 　　　短期借款 　　　长期借款 　　小计
流动资产 　　原材料 　　库存商品 　　…… 　　小计	所有者权益 　　管理团队投资 　　风险投资 　　天使投资 　　小计 合计 需要的融资额
非流动资产 　　固定资产 　　其中：机器设备 　　　　　房屋建筑物 　　　　　无形资产 　　…… 　　小计 合计	

注：表中的长、短期借款是指企业与投资人基本洽谈完成后可以取得的借款；资金运用合计减去资金来源合计的差额为"需要的融资额"，是需要创业团队继续争取的外部融资额。

（3）预计财务报表及投资回报

一般来说，创业计划书中本部分的内容最受关注，因为无论什么项目，最终能否获得投资与该项目能否实现盈利有着直接的关系。对于投资人来说，其投资目的便是赚取利润。预计财务报表包括预计利润表、预计资产负债表和预计现金流量表等内容。计算并提供有关的投资回报指标可以增强创业计划书对投资人的吸引力，帮助企业更容易地获得资金。

① 关键假设。因为编制的是预计报表，而非企业真实的财务状况，因此，大学生创业者需要在编制预计报表前给出编制报表的基本假设，如对未来经济形势的判断，对销售变化趋势的分析，未来销售量、单价、销售成本的估算方法，假定的企业信用政策、利润分配方案，固定资产折旧计提方法和无形资产摊销的方法，存货发出计价方法，等等。

② 预计利润表。利润表是反映企业一定时期经营成果的报表，其编制依据是"收入 – 费用（生产成本 + 财务费用 + 销售费用 + 管理费用）= 利润"。预计利润表中的"收入"源于营销策略中对销售收入的估计；"生产成本"源于生产计划中对成本的估算，以及假设的存货发出计价方法；"财务费用"源于融资计划中负债资金的筹集金额及其利率；"销售费用"源于营销策划中对营销费用的估算；管理费用源于费用预算。

大学生创业者在企业实现盈亏平衡之前，应该按月编制预计利润表；在企业实现盈亏平衡之后的前两年，可以按季度编制预计利润表，从第 3 年开始就可以按年度编制预计利润表了。一般来说，大学生创业者需要编制未来 3 ～ 5 年的预计利润表（见表 8-5）。

表 8-5　未来 3 ～ 5 年的预计利润表

项目	基期				
	1	2	3	4	5
营业收入 / 万元					
营业利润 / 万元					
营业利润率					
净利润 / 万元					

③ 预计资产负债表。预计资产负债表是反映企业一定时期内财务状况的报表，其编制原理是"资产 = 负债 + 所有者权益"。预计资产负债表的数字基本源于大学生创业者对经营状况的分析和预测，其简表的格式参见前面的相关内容。

④ 预计现金流量表。企业不一定因为亏损而破产，却一定会因现金断流而被清算。因此，大学生创业者一定要加强对现金流量的管理。编制预计现金流量表能够帮助大学生创业者很好地控制现金流量。预计现金流量表是反映企业一定时期内现金及其等价物增减变动情况的报表。未来 3 年预计现金流量表简表如表 8-6 所示。

表 8-6　未来 3 年预计现金流量简表

企业名称：　　　　　　　　　　　　　　　　　　　　　　　　　　单位：万元

项目	第一年	第二年	第三年
一、经营活动产生的现金流量			
净利润			

续表

项目	第一年	第二年	第三年
加：折扣和摊销			
财务费用			
存货减少			
经营性应收项目减少			
经营性应付项目增加			
经营活动产生的现金流量			
二、投资活动产生的现金流量			
购置固定资产、无形资产和其他资产的现金			
投资支付现金			
支付其他与投资活动有关的现金			
投资活动产生的现金流量净额			
三、筹资活动产生的现金流量			
吸收投资收到的现金			
取得借款收到的现金			
收到其他与筹资活动有关的现金			
筹资活动现金流入小计			
偿还债务支付的现金			
分配股利、利润或偿还利息支付的现金			
支付其他与筹资活动有关的现金			
筹资活动现金流出小计			
筹资活动产生的现金流量净额			
四、现金及现金等价物净增加额			
加：期初现金及现金等价物金额			
五、期末现金及现金等价物金额			

预计现金流量表的编制要求和预计利润表相同。

⑤ 投资回报。一般来说，创业计划书在本部分还要提供投资回报的相关资料，如企业的盈亏平衡点、投资回收期、投资报酬率、销售利润率、销售净利率、净现值等指标。投资人还希望看到企业资产负债状况的资料，所以，资产负债率等指标也可以一起提供。

7. 风险分析

前面的部分再出色，若没有风险分析，创业计划书也不完美。因为创业本身就带有一定的冒险性，创业过程中的风险也通常会让人始料不及。风险分析不仅能减轻投资人的疑虑，让他们更全面地了解企业，还能体现大学生创业者对市场的洞察力和解决问题的能力。

8. 退出策略

任何企业发展到一定阶段，都会面临创业者与投资人的退出问题。大学生创业者需要在这一部分描述其将如何被取代，以及投资人的退出战略，即他们如何收获资助企业所带来的利益。出售股份、与其他企业合并、首次公开募股，以及其他重新募集资金的事件，都可以使大学生创业者和投资人有机会将先前的投资转化为现金收益。

需要强调的是，创业计划书的基本结构是明确的，但是，随着大学生创业者掌握的产业情况、消费者反馈越来越多，以及外部环境条件的改变，创业计划书也要随之进行调整。一般来说，在企业的商业模式和目标市场完全明确之前，多数创业计划书会被反复修改。

（四）撰写创业计划书的注意事项

大学生创业者在撰写创业计划书时如果能弄清楚以下 10 个问题，则既可以提高创业计划书的易读性，又可以提高企业融资的概率。

1. 抓住对方的5分钟

一般来说，投资人阅读一份创业计划书的时间为 5 分钟左右。对于投资人来说，创业计划书中最重要的内容是业务和行业性质、项目性质（债权融资还是股权融资）、资产负债表、团队的介绍、项目的核心资源等内容，这些也是投资人评判创业项目价值的主要因素。因此，大学生创业者在撰写创业计划书时要对这 5 个方面给予重视。

2. 内容要完整

一份好的创业计划书起码要涉及以下内容：执行摘要、产品或服务、团队和管理、市场预测、营销策略、生产计划、财务规划、风险分析。创业计划书不应该遗漏任何要素。

3. 投资项目中最重要的因素是人

大学生创业者要按照团队组建原则和团队特点等对创业团队进行如实描述，对团队成员的构成及其分工情况进行重点介绍。

4. 提高撰写水平的途径是阅读他人的创业计划书

阅读他人的创业计划书是帮助大学生创业者提高自己写作能力的有效途径。撰写创业计划书之前阅读并分析十几份他人的创业计划书将会对大学生创业者产生很大的帮助。

5. 记住43.1%规则

投资人一般会希望在 5 年内将其投入的资金翻 6 倍，相当于每年的投资回报率大约是 43.1%。因此，一份承诺投资回报率在 40% ～ 50% 的创业计划书对于投资人来说比较靠谱。如果创业计划书的目标是借款，就需要大学生创业者做好还本付息计划。

6. 夹带"小纸条"

做最充分的准备，对创业计划进行最详细的论证，直面所有和创业计划有关的负面问题，都有利于大学生创业者打动投资人。另外，在会见投资人之前，大学生创业者可以用"小字条"的方式准备尽可能多的有关负面问题的答案，以给自己足够的心理支持和勇气。

7. 利用好投资人名录

取得投资人名录是一种事半功倍的方法。利用好投资人名录，大学生创业者可以预先增进对投资人的认识和了解，以便有针对性地展开融资活动。

8. 做好回答问题的准备

大学生创业者要做好回答投资人提出的各种问题的准备。例如，"你的创业计划书给其他投资人看过吗？"投资人提出的问题的角度和难度具有很大的不确定性，大学生创业者应该遵循诚实守信的原则，如实回答。

9. 正确对待被拒绝

审阅创业计划书是投资人日常工作的一部分，拒绝大多数的创业计划书也是投资人的工作常态。大学生创业者没必要因为创业计划书被拒绝而伤心欲绝，而应该将其作为不断完善创业计划书的手段。大学生创业者如果在每一次被拒绝后，都能够很好地采纳投资人的建议，进一步优化其创业计划书，那么每被拒绝一次就都距离被接受近了一步。

10. 让投资人相信其能快速收回本金

投资人进行投资，其最低的要求都是能把本金收回来。因此，大学生创业者如果能够使投资人相信其能快速将本金收回，那么企业得到融资的概率会大为增加。

案例分析：胡钟亮团队的创业计划书

2018 年，在"大众创业、万众创新"的感召及高校营造的浓厚的创新创业氛围中，南宁职业技术学院艺术工程学院的胡钟亮、唐晓辉、胡桩、陈亦静、刘畅、李东蔚、黄云鹏、黄淑雯等人在师生共同参与的情况下，组成一个团队，以"爽神汤·三姐家乡油茶品牌策划"项目报名参与了"互联网＋"大学生创新创业比赛的文化创意服务主题，并最终成功入围省级决赛，获得"就业型创业组"金奖，唐晓辉老师获"优秀创新创业导师"荣誉称号。该项目团队的创业计划书通过封面和目录介绍了项目和团队的基本信息及该计划书的结构。其正文内容如下。

一、项目简介

（一）品牌名称——爽神汤·三姐家乡油茶

本项目计划打造一款有民族文化、故事情怀的健康速食产品。"爽神汤·三姐家乡油茶"这款具有民族特色的健康食品品牌名称便应运而生。"爽神健胃·三餐好绝配"的品牌调性定位旨在以品牌的健康理念引起消费者的共鸣，并结合绿色、养生、多变的快速食品发展趋势，打造出新的快速食品消费市场。

（二）项目现状

1. 产品创新研发基础

打油茶是侗族特有的一种饮食习惯。"油茶"文化普及广西各地，如今喝油茶已成为人们饮食休闲的一件趣事。（略）

2. 产品口味特色

（略）

3. 产品功效分析

（略）

二、团队介绍

本团队是由老师带领学生组建的一个具有销售性质的创业团队。团队成员主要由营销人员、设

计人员、销售人员 3 部分组成。（略）

三、市场分析

（一）目标消费人群——18 ~ 80 周岁的成年人，消费人群范围广、基数高

1. 痛点

现在人们的工作、生活节奏快，没时间在家打油茶，也无便捷的油茶自助，想喝一碗油茶却喝不到。

2. 切入点

为缓解现在人们的工作、生活的压力、思乡情结和对健康养身产品的渴求，"爽神汤·三姐家乡油茶"不仅扮演了妈妈、姐姐的角色，让人们产生"在家真好"的感觉，可以调节人们的工作压力和身体亚健康状态。此外，产品包装形象把传奇色彩、方言魅力的趣味性与现代人的生活习惯结合起来，颇有特色。

（二）市场现状

（略）

（三）产品市场分析

（略）

四、竞品分析

竞品主要有"瑶之味恭城油茶""瑶乡情浓缩油茶""侗茶香三江油茶"等。（下附表格，就3 种竞品的产品定位、宣传、外观设计、价格、客户群等进行区分，内容略。）

（一）SWOT 分析

S（优势）：油茶历史悠久，是中国非物质文化遗产，内涵丰富。（略）

W（劣势）：全国大多数地区的人还没有喝过油茶，推广需要过程。（略）

O（机会）：油茶能够搭配任何一种食品食用，具有很大的可塑性和拓展空间。（略）

T（威胁）：就产品而言，如果不能快速地占领市场，就容易被其他品牌仿制。（略）

（二）市场定位

（略）

五、营销策略

（一）产品推广策略

（略）

（二）产品形象包装定位

（略）

（三）产品形象包装背景故事——歌仙刘三姐的故事

（略）

（四）包装设计文案策划——方言魅力 + 暖心设计

（产品包装借用刘三姐的形象、电影《刘三姐》中的对歌情景来绘制角色，文案内容用方言和现代生活的网络词，体现了趣味性，让消费者对产品包装形象过目不忘。内容略。）

品牌主广告语——爽神健胃·三餐好绝配

（五）产品包装形态描述

产品包装使用纸质碗盒包装、充气包装等便捷包装，打造油茶速食、快餐文化特色，即冲即喝！

（附产品品牌 Logo）

　　（六）营销策略与计划

　　（略）

六、预算与效果评估

产品上市后半年内的品牌形象推广预算、媒体选择及当期（下附表格），以及风险分析。

七、创业愿景描述

（其内容包括首轮融资目标及首轮资金一年投向，内容略。）

后附创业项目提案 PPT 展示。（略）

分析

　　从以上内容解析可以看出，该创业计划书从项目简介、团队介绍、市场分析、竞品分析、营销策略、预算与效果评估、创业愿景描述 7 个方面对项目进行了全面、完整的介绍，要素较为齐全、目标明确、内容充实、文字精练，体现了客观性，而且凸显了该创业项目的优势和发展前景。对于大学生创业者而言，这是一份非常不错的可供参考、学习的创业计划书模板。

课后思考

　　假设学校愿意在校内以极低的价格提供一间面积为 30 平方米的房屋供大学生创业使用，要求有意愿的大学生提交一份创业计划书来竞争房屋的使用权。你会以什么样的创业项目去竞争，请你据此写一份创业计划书。

模块九

好的项目会"说话"：创业项目路演

模块导读 ↓

大学生创业者完成创业计划书之后，如何在短时间内让项目进入评委或投资人的"法眼"呢？路演是很重要的一环。项目路演是指项目创始人或创业代表在讲台上向评委、投资人讲解项目属性、企业发展计划和融资计划。项目路演是一扇让外界了解企业和项目的窗户。

学习目标 ↓

1. 了解项目路演的内涵与作用。
2. 能够做好项目路演的准备工作。
3. 掌握项目路演的内容和技巧。

学习要点 ↓

1. 项目路演的内涵。
2. 可行性评估。
3. 路演受众分析。
4. 项目路演的内容。
5. PPT 的制作技巧。
6. 项目路演的技巧。

任务一　什么是项目路演

项目路演是一种促进融资的重要活动，是创业者针对创业项目的演讲与介绍，有利于加强投资人对项目的全方位了解，从而清楚项目的价值。项目路演通常要求演讲者（常为创业者）在最短的时间内打动投资人，因此，项目路演对创业者来说有着相当高的要求。

课堂活动

活动主题：黄金30秒。

活动内容：该活动灵感源于麦肯锡的30秒电梯理论，旨在要求同学们能在30秒内直奔主题，将结果表达清楚，做到有吸引力的呈现。

（1）每个人设计一个时长为 30 秒的、精彩的故事开头。

（2）每个人有 5 分钟的准备时间。

（3）同学们对每位同学的分享进行讨论，限时 3 分钟。

拓展阅读

麦肯锡 30 秒电梯理论

　　项目路演通常需要创业者有较好的口才，能在较短时间的心理博弈中给出投资人想要的内容，以快速打消投资人的疑虑，获得投资人的信任，而麦肯锡 30 秒电梯理论与之如出一辙。据悉，麦肯锡公司某项目负责人为某一重要客户提供咨询服务后，在电梯内偶遇对方的董事长，董事长询问该项目负责人能否介绍一下当时的服务情况。由于该项目负责人没有做好准备，也做不到在电梯下楼的 30 秒内将事情说清楚，最终，麦肯锡公司失去了这一重要客户。之后，麦肯锡便要求公司员工凡事都要直奔结果，在 30 秒内将事情表达清楚。该理论也是现在商界流传较广的"电梯法则"，而黄金 30 秒也被认为是非常经典的公众演讲练习活动。

　　对于电梯法则的价值，某著名风险投资人曾表示："在进行商业汇报时，尤其就我本人而言，如果不能遵循'电梯法则'，就不应与任何人讨论。"创业者如果无法在 30 秒内简明扼要、准确无误地阐述自己的想法，则说明其对资料的理解和结构的梳理还不够到位，这无疑会让其错失良机。

（一）项目路演的内涵

　　路演源于以前国际上广泛采用的证券发行推广方式——"Roadshow"，指在企业上市之前，创业者连续在多个重要城市开展公开的交流会，向投资人公开介绍企业、项目产品或创新想法等，以获取投资人的信心和支持，从而在接下来的上市中获得更好的发行和更高的估价。现在，路演的主体不单是企业，也可以是某个项目，对象也不仅是投资人，还可以是合作者。例如，初创企业参加项目路演以获取投资人的青睐；某企业部门推出创新项目，通过参加企业内部项目路演争取企业资源，以做大项目等。

　　大学生的创业项目路演则指大学生创业者在讲台上向投资人讲解自己企业的产品或服务、发展规划、商业模式、财务现状与预测、经营风险与对策、融资计划、产品远景等。

　　随着移动互联网技术的发展，项目路演的形式也越来越多元，开始更多地依托多媒体技术。现在的项目路演可以使用 PPT、视频，甚至可以做成微电影，形式多样。若是线下路演，创业者则可以在活动专场与投资人进行面对面的沟通与交流；若是线上路演，创业者则可以借助腾讯会议网站、微信群、QQ 群等互联网方式，以在线视频的形式对项目进行讲解。

（二）项目路演的作用

　　创业项目通过路演来呈现，能够大大提高融资成功的概率，因为相比文字、PPT 传递、表格交互，路演更为真实。项目路演的好处如下。

1. 路演是一种信息披露方式

在展现形式上，路演包括文字、图片、视频、PPT 演讲、互动问答；在展现内容上，路演包括项目市场分析、竞争分析、产品或服务介绍、技术介绍、商业模式、团队成员、财务指标、融资计划等。这种多角度、多媒体的完整信息披露方式，可以使投资人获得关于该创业项目非常详细、全面的信息，充分了解创业项目。

2. 路演是一种增信手段

任何交易都建立在信用和信任的基础上，寻求融资更是如此。信息披露的本质就是建立信任，路演使投融双方能够面对面进行零距离接触，增进信任。这一作用，在信用体系不够完善的投资市场显得更为重要。

3. 路演是一种即时沟通

路演特别强调现场感，必须由项目主要创始人现场讲解。从这个角度上看，事先录好并经过剪辑的视频，只能作为路演的辅助参考。路演特别强调即时沟通，没有经过深思熟虑的斟酌而直面问题的解答，往往更能反映项目的真实情况。尤其是在问答环节，投融双方通过互动交流，可以将对彼此的了解提升到新高度。

可以说，项目路演是国内外很多企业实现融资的"高速公路"。路演可以实现大学生创业者与投资人的零距离对话、平等交流、专业切磋，增进大学生创业者与投资人的相互了解，最终推动融资进程。

任务二　项目路演的准备

项目路演不仅是一种融资手段，也是一种重要的创业评估和市场测试手段，大学生创业者可以在这个过程中获得关于项目的反馈，并不断修改完善创业计划。当然，更为重要的是使创业项目获得市场的认可。在正式的项目路演之前，大学生创业者还需做一些准备工作，以提高项目路演的整体呈现效果和影响力。

（一）可行性评估

可行性评估以创业计划书为依据，因此大学生创业者准备的项目路演应当明确以下问题。

（1）问题与解决方案是否匹配。这决定了解决方案能否真正解决问题，消费者愿不愿意购买产品或服务。如果项目路演的展示，达不到问题与解决方案的匹配，就得不到投资人的支持。

（2）产品或服务与市场是否匹配。这个问题主要是探讨产品或服务能否正确进入市场并能可持续发展。只有与市场匹配，产品或服务才能真正满足消费者的需求。没有市场的产品或服务也没有成为一个项目的价值。

（3）商业模式与资源是否匹配。创业项目的商业模式是否有足够的资源支撑其实现，商业模式有多大的扩展性，也是投资人评估项目的标准。

（4）行业与竞争的匹配。创业项目的演示过程应当呈现该创业项目的明显竞争优势，以及其门槛与退出机制，以便投资人明确获益空间。

（二）路演受众分析

路演的根本目的是吸引并说服投资人。作为路演的受众，投资人也有不同的类型，大学生创业者应当按照创业项目的类型、项目所处的阶段及投资人关注的领域进行分析，选择适合的投资人，这样能增加吸引投资人关注项目的概率。通常意义上，大学生创业者对受众的分析应当包括两个方面。

1. 投资领域

不同的投资人有不同的关注领域，例如，有的投资人关注金融、生物科技、智能硬件、医疗及消费；有的投资人关注现代农业、教育、先进制造、工业互联网；有的投资人关注深度学习（人工智能分支）、企业服务、共享经济、体育；有的投资人关注无人驾驶、VR/AR（虚拟现实／增强现实）、电子商务、云计算、新能源等。当创业项目所在领域与投资人关注领域匹配时，大学生创业者的融资效率会更高，融资成功的概率也会更大。

大学生创业者可以通过关注投资人以往的投资案例、投资人的投资领域及涉及投资人的报道采访等获取有关投资人的相关信息，以确认自己的创业项目是否属于对方的关注领域，如何呈现创业项目才能更容易吸引并说服投资人。

2. 投资阶段

不同的投资阶段，投资人承担的风险及获得的回报也会有所不同，这会影响投资人的投资决策。在早期投资阶段，投资人面临的风险更大，因为投资周期更长，不可控因素更多，当然，这通常也意味着高收益。总之，投资人的投资规模、对企业的控制权和所要求的回报都会因投资阶段的不同而有所差异。

企业需要根据项目所处的阶段选择投资人，通常，处于种子期、初创期的企业可以选择天使基金；处于发展早期、培育期、扩张期融资的企业则可以选择风险投资基金，尤其是经营高新技术业务的企业；处于成长期的企业，则适合寻求培育基金。

任务三　项目路演的内容和技巧

项目路演也存在激烈的竞争，项目路演只有有足够的内容价值才能获得投资人的认可，因此项目路演的内容非常重要。与此同时，大学生创业者还应掌握项目路演的技巧，助力项目路演更加成功。

（一）项目路演的内容

一般来说，项目路演包括以下内容。

（1）企业做的是什么项目？（项目所处的行业，项目的特点）

（2）企业为什么要做这个项目？（市场需求，消费者需求，项目优势）

（3）企业的项目能解决消费者的什么问题？是如何解决这个问题的？（解决方案）

（4）企业能得到什么？（商业模式，产品或服务，营销方式，获利方式）

（5）项目的市场空间有多大？（市场前景）

（6）企业提供的产品或服务是什么？有无技术优势？（产品或服务、技术的独特之处）

（7）别人有没有在做这件事情？他们做得怎么样？企业凭什么能在市场中获胜？（竞争分析，SWOT 分析）。

（8）企业为什么现在做这个项目？（创业时机，市场环境）

（9）企业准备如何去开发市场？（营销计划）

（10）企业为什么能做这个项目？（团队的能力和背景，股东结构，团队运作项目的方案）

（11）项目目前已经进行到什么程度？企业为项目投入了多少？已经获得了哪些关键数据？（项目进展）

（12）企业准备融资多少？ 计划怎么用这些资金？为此愿意付出什么样的代价？（详细的资金需求，资金使用计划，投资回报率）

（二）PPT的制作技巧

项目路演的内容最好用 PPT 来展示，因为路演时间有限，路演 PPT 可以将核心的内容展示出来，从而让投资人尽快对项目产生兴趣。精心设计的 PPT 可以让项目路演更加精彩，因此大学生创业者应巧妙构思 PPT 展示的内容，以便进行更专业的展示。项目路演的 PPT 制作通常遵循 6-6-6 法则，即每行不超过 6 个词语，每页不超过 6 行，连续 6 页文字 PPT 之后呈现一个视觉停顿（采用带有图表的 PPT）等。一场 5～8 分钟的路演所用的最好不超过 12 页。

表 9-1 所示为项目路演推荐的展示 PPT 模板，共计 12 页 PPT。展示 PPT 往往从标题幻灯片开始。该页 PPT 要包括企业的名称和标志、创业者的姓名和联系方式等内容。

表 9-1 项目路演推荐的展示 PPT 模板

PPT 页码	核心内容	内容安排
1	概述	对产品或服务进行简要介绍，对该项目的潜在收益（经济效益、社会效益）等进行简单说明
2	问题	说明亟待解决的问题（问题在哪儿？为什么会出现该问题？如何解决该问题？）和通过调查证实的问题（消费者的需求是什么？专家有哪些建议？问题的严重性如何？）
3	解决方案	说明企业解决方案与其他解决方案相比的独特之处；展示本企业的解决方案在多大程度上可以改变消费者的生活，以及企业的解决方案有哪些进入壁垒
4	目标市场	要清楚定位企业具体的目标市场，对目标市场的广阔前景进行展望；通过图表的方式展示目标市场的规模、预期销售额和预期市场份额等信息
5	产品或服务、技术	介绍产品或服务、技术的独特之处。如果产品已经试生产成功，则最好展示样品；描述技术时，尽可能使用通俗易懂的语言，切忌使用太多专业术语；说明产品或服务、技术可能涉及的知识产权问题以及企业采取的保护措施
6	竞争	详细阐述直接、间接和未来的竞争者，展示创业计划书中的竞争者分析，说明自身的竞争优势
7	销售计划	描述总体的销售过程、销售渠道、定价策略，说明消费者的购买动机、企业激起消费者欲望的方法，以及产品或服务到达消费者手中的方式

续表

PPT 页码	核心内容	内容安排
8	管理团队	介绍现有管理团队（团队成员的背景和专长，以及其在企业中将要发挥的作用，如何进行团队合作等）
9	财务规划	介绍企业未来 3～5 年总体的盈利状况、财务状况及现金流状况，同时做好回答与数据相关问题的心理准备
10	现状	用数据突出已经取得的重大进展，介绍启动资金的来源、构成和使用情况，介绍现有的所有权结构，介绍企业采用的法律组织形式及其原因
11	财务要求	介绍预期的融资渠道及筹集资金的使用方式，同时介绍资金筹集完成后可能取得的重大进展
12	总结	总结企业、团队最大的优势，同时介绍企业的退出策略，并征求反馈意见

另外，PPT 整体还应满足以下要求：风格清晰；着色不能超过 3 种；多用表格和图片，少用大段文字。

（三）项目路演的技巧

项目路演的效果受到多种因素的影响。除了 PPT 的制作质量之外，观众信息、大学生创业者的着装、讲述的趣味性等都会影响路演的质量。大学生创业者可以通过一些提前的准备和技巧应用，使自己的项目路演更加成功。

1. 提前搜集观众信息

在展示自己的创业计划之前，大学生创业者首先需要搜集观众（主要是投资人）的相关信息，以便和观众建立各种联系。通过搜索投资网站，大学生创业者可以了解参加路演的风险投资人或天使投资人的信息，分析自己的创业计划和这些观众之间是否存在某种联系，或者大学生创业者本人与这些观众之间是否有个人联系。如果创业计划能够和观众的某些活动联系起来，或者大学生创业者本人曾经和观众有过接触，路演工作则会达到事半功倍的效果。

2. 梳理路演的内容

大学生创业者首先需要明确路演的目的，对项目需要的融资方式、项目目前的发展阶段、技术、业务、管理等进行全面梳理；其次需要提前了解资本，考虑好资金引进后，创业团队可能会有的变化、可能面临的压力；然后开展头脑风暴，厘清商业逻辑中容易被质疑、否定的部分，并针对现场可能遇到的提问（棘手问题）做好解答的准备；最后制作 PPT，并按照路演时长多加练习。

3. 良好的形象

外观形象是大学生创业者给观众留下的第一印象，而这往往会影响观众对大学生创业者及其企业的整体看法。毕竟在项目路演中，观众不仅会关注项目本身，还会关注大学生创业者是否值得信任、可以培养等。形象不得体，势必会降低大学生创业者在对方心中的得分，影响对方对大学生创业者的综合素质判断。大学生创业者要注意，路演服装应庄重、大方、得体，不宜过于浮华。

4．生动的讲述

大学生创业者应想方设法使路演生动有趣、充满激情。麻省理工学院的一项权威调查表明，沟通中，视觉（身体语言）的重要性占55%、声音（语音语调）的重要性占35%、口头表达（用字用词）的重要性占10%。因此，在路演中，通过向观众提问而制造停顿，提高音量，使用丰富的表情感染、鼓舞观众，吸引观众的注意力，多和观众沟通等都能使路演生动有趣、充满激情，都是不错的表达技巧。

5．了解路演过程的四大核心环节与常见问题

路演过程包括4个核心环节：开场、演示、沟通和退场。开场是指大学生创业者从进场到开始讲解的环节；演示是大学生创业者讲述项目内容的环节；沟通是大学生创业者回答观众提问并与其进行沟通的环节；退场是指从大学生创业者致谢观众到最后离开演示场所的环节。各个环节对于路演来说都非常重要，因为大学生创业者的全场表现是观众进行全方位评判的基础。

（1）路演过程的核心环节之一：开场

良好的开场是成功的一半，大学生创业者可以设计一个好的开场，以引起观众的兴趣与注意。吸引人的故事，尤其是大学生创业者亲身经历的有场景、时间、人物、地点、事件的故事，容易吸引观众，提高路演的感染力。

（2）路演过程的核心环节之二：演示

演示环节最常见的问题是，大学生创业者埋头照读PPT，没有与观众进行眼神交流。大学生创业者要明白自己才是路演过程中的主角。很多大学生创业者过多注重PPT的华丽制作，却忽略了自己的作用。而且，PPT的内容通常固定且有限，并不能使观众完全理解项目，需要大学生创业者来润色、补充。另外，脱稿演示更能体现大学生创业者对项目的自信和熟悉，这也是能让观众对项目产生信心的一个因素。

在整个演示环节，大学生创业者还要注意对专业术语进行翻译，将抽象的概念具象化，让观众明白演示内容，再配合PPT直观的图文展示（尤其是数据方面），让观众知道"你是谁、要干吗、你不同、你很强"。这无疑是非常成功的项目路演。

例如，桂林理工大学贾克飞团队在2018年"'创青春'启迪控股广西大学生创业大赛"中以"自感知承力筋材＋工程结构状态云诊断中心"为项目名称。由于该项目名称的专业性非常强，他们在演示环节中花了很多时间向评委老师解释，但效果不佳。后来，他们把项目名称改为"建筑中会喊痛的骨骼——自感知承力筋材"，才得以将时间和精力花在他们想讲的内容上，最终该项目一路走进决赛，最终获大赛金奖。

（3）路演过程的核心环节之三：沟通

沟通环节是路演过程中的重点部分。观众会对项目中的团队成员、股份结构、发展前景进行进一步的询问，这时，大学生创业者的回答非常重要。答辩能显示出大学生创业者对项目及其所在行业的熟悉与自信，也是观众评估项目的一个要点。

（4）路演过程的核心环节之四：退场

退场环节也是大学生创业者展示自我的一个重要环节。结束的致谢更显大学生创业者的整体精神面貌，也会给观众留下一个深刻的印象。

活动主题：分组项目路演。

活动内容：同学们通过项目路演练习，加深对项目路演的了解，并提升路演能力。

（1）以自愿报名的形式从所有选手中选拔出4名评委、一名计时员。其他同学分为4～6人的小组，每组准备一个项目。

（2）每组派一名选手负责对本组项目进行现场路演，可以采取自愿报名的方式产生选手。

（3）模拟路演采取"5+3"的模式，即5分钟演讲、3分钟答辩。路演过程中，计时员在每名选手演讲至4分钟时提醒一次。答辩环节，所有同学都可以提问。

（4）全部路演完毕后，全员模拟投资，对每个项目皆可进行投资。其中评委每人拥有600万元投资额，普通同学每人拥有200万元投资额。每人对某个项目的投资不可超过100万元。

（5）以项目最后获得的投资额进行项目路演结果排名。

案例分析：国内路演先锋——马强

马强是黑钻石（北京）文化传媒股份有限公司的创始人。他聚焦于路演领域课题，首创了"影视＋路演"的商业模式，将影视业习以为常的电影路演成功引入商业领域，进行了高端路演一体化解决方案的开发。他提出"影视＋创业孵化器"模式，实现艺术与创业孵化的融合，构建了文创实验室、路演学院、众创空间、路演事务所等业态板块，短短4年时间便使公司在上海股权交易中心挂牌。

1980年，马强出生于吉林省榆树市，父母的文化水平都较高。在父母的影响下，马强从小就对文化艺术感兴趣，并养成了阅读的习惯，还非常善于表达，尤其是讲故事。大学毕业后，视觉传达专业出身的马强先后入职不同的影视公司，从事剪辑策划方面的工作。其中有一个公司在业内非常具有影响力，马强在那里积累了系统的专业技能知识，并因时刻保持创新精神而获得了领导的赏识。这都为马强之后的创业奠定了基础。

后来，马强在收看一档励志创业节目中，被创业者们"励志创新、不断创新"的精神所激励，萌生了创业的想法，但他知道创业需要积累与学习，要具备管理能力。为此，他开始留意公司里的管理模式，"因为，你只有当过员工，才知道怎么当领导。打过工，才知道如何管理员工"。

2007年，马强决定在深圳创办个人工作室为其他公司提供影像宣传服务。刚开始，由于没有成型的作品，所以生意很是冷清。后来，他发现很多公司没有很好的应用影片的能力，就打算探索一种新的道路。以工作室为依托，马强在逐步开拓市场中，积累了许多经验，其间出于工作需要，他与许多创业者和实业家有了深度的沟通。在这个过程中，马强感受到他们对有效宣传的极大需求及无法实现有效宣传的迷茫，就决定将精力和时间集中在公司路演方面。

马强发现，在美国，路演非常普遍，许多公司都用这种方式阐述自己的愿景，放大品牌价值。同时，他决定把电影领域的路演放到商业领域。在他看来，电影表达情感和人生认知，是公司传递能量、创造价值的最佳工具。单纯的影视与传统的路演都无法真正满足公司需求，只有将新型的路演系统与影视的力量相结合，才能把价值最大化。

随即，马强决定北上，到北京创业。2013 年，黑钻石（北京）文化传媒股份有限公司正式成立。他为公司取名"黑钻石"，希望公司能像黑钻石一样稀有，也提醒自己要像专业人员打磨钻石一样打磨公司的产品或服务。在北京，黑钻石公司发展很快，其打造的成熟路演系统，让公司在面临品牌推广、渠道招商、市场营销时有相应完善的解决方案。

之后，马强创造性地提出了"影视＋创业孵化器"模式，开启了黑钻石公司的众创空间运营。以此为依托，马强还搭建了用路演吸引政策、资本及市场关注的优质连锁平台——路演事务所，以招商引资、打造品牌影响力、提升产业价值。随后借助互联网的发展，形成线上与线下结合的路演模式，实现了从影视产品经营到路演平台经营的转变，成功打造了路演新常态、商业文化领域新业态。

最终，黑钻石公司形成了以路演系统培训为入口、以影像为核心呈现工具、以资源性平台为依托、以路演为表现方式，最终实现"理论＋实践＋资源对接"的平台孵化模式。这种模式，可以辅导公司进行文化梳理、品牌战略规划、顶层设计、路演工具建设、路演平台展示、网络媒体推广等，还可以对接公司注册、财务整理、资本资源与事务，让处于资源匮乏阶段的公司能专注于产品研发和服务提升。马强也先后荣获"科技部科技创新创业导师""中关村金种子项目孵化导师"等称号。在马强看来，"路演"是一个可以帮助无数公司提升品牌与商业价值的体系，未来将成为一种常态。他也将带领黑钻石公司在路演领域不断开拓新市场。

🔔 分析

马强打造了一种路演新业态，推动了路演在商业领域的发展。路演作为一种高效的项目推广方式，在打造品牌价值、营销推广和寻求融资方面有着重要的作用，马强设计的路演系统，将人文艺术与商业资本充分融合，也受到了政府、行业和创业者的高度认可。黑钻石公司强调路演和视频的商业作用，为诸多创业者提供路演服务平台，利于创业者积聚能量，激发创新创业活力。创业者可以从马强的经历中学习创新路演的精神，也可以寻求类似服务机构的支持，多参与路演活动，学习路演技能。

🚩 课后思考

结合本模块所学知识，完成下列问题。

（1）请你根据本模块知识点，试总结项目路演的技巧。

_____

_____

_____

_____

（2）请你以模块八最后制作的创业计划书为基础，尝试制作路演 PPT，并进行一次项目路演。

模块十

敢想敢闯：创新创业大赛前期准备

模块导读 ↓

《关于进一步做好新形势下就业创业工作的意见》（国发〔2015〕23号）是国务院关于大学生创新创业工作的指导性文件。该文件明确指出"支持举办创业训练营、创业创新大赛、创新成果和创业项目展示推介等活动，搭建创业者交流平台"。根据文件精神，各地、各高校都纷纷举办了大学生创新创业大赛。通过大赛，一批优秀的创业项目脱颖而出。大学生创新创业大赛的获奖项目具有极高的含金量和参考价值，大学生要充分了解和关注这些大赛，并为参加创业大赛做足准备。

学习目标 ↓

1. 了解参加创新创业大赛的目的和意义。
2. 了解常见的创新创业大赛。
3. 掌握创业大赛的备赛工作及要求。

学习要点 ↓

1. 中国国际"互联网+"大学生创新创业大赛。
2. "创青春"全国大学生创业大赛。

任务一　参加创新创业大赛的目的和意义

在大众创业、万众创新的时代环境下，创新创业大赛成为新热潮，而这些大赛的蓬勃发展，对于大学生树立创新精神、培养创造意识、提高创业能力、深化创业实践具有重要的推动作用。了解和分析这些大赛有助于大学生创业者加深对创新创业活动的理解和领悟。

课堂活动

活动主题：微小型创业比赛模拟。

活动内容：同学们通过微小型创业比赛模拟认识创业竞赛，提升参加创新创业大赛的勇气和信心。

（1）参赛对象为课程面向的所有学生。

（2）每个代表队的参赛人数在 6 人左右，且拥有合理的创业资金。

（3）参赛团队需提供一份创业计划书，包括电子版和纸质版，并按大赛流程参与路演竞赛。

（4）学校优秀的高年级学生、专业课老师、有经验的评委老师等组成评审团。

（5）评审团根据大赛制定的评比细则进行打分，去掉一个最高分作品和一个最低分作品后所剩分数的平均分为最终成绩，最后依据评分选出优胜者。

（一）"大众创业、万众创新"的时代浪潮

"大众创业、万众创新"由李克强总理于 2014 年 9 月在夏季达沃斯论坛开幕式上首次提出。此后，我国掀起了"大众创业、万众创新"的创新创业热潮，与创新创业主题有关的大赛也越来越多。

（二）高校组织参加创新创业大赛的目的

根据国家人才培养计划，创新创业大赛是实施科教兴国、人才强国的一项重要举措。在高校开展创新创业教育，积极鼓励高校学生自主创业，是促进高校毕业生充分就业的重要措施。高校举办创新创业大赛，不仅有助于大学生将学到的知识运用到各领域，还为科研成果转化为生产力提供了可能。

（1）提升大学生的科研与创新能力。创新创业大赛有助于激发大学生的创造力，且高校举办的创新创业大赛颇具权威性，要想取得好成绩，大学生不仅需要具备足够的专业知识和能力，还需要了解许多前沿知识，甚至需要去科研室、实验室做课题和实验，不断提高自己的科研与创新能力。

（2）提升大学生创业就业质量。创新创业大赛鼓励大学生激发创新意识、培养创业精神、参与创业实践，扎根社会，了解国情民情，在创新创业中增长智慧、锤炼品质，把青春梦融入伟大的中国梦。同时，参与大赛的人多为有一定创业兴趣或创业意愿的大学生，他们可以在大赛过程中得到锻炼，为实际创业就业打下基础。

（3）促进教师发展。高校鼓励教师和同学共同参与，或为参赛的同学提供指导，因此教师在该过程中也将被重视和培训，这有助于提升教师素质水平，增强高校学术氛围。

（4）探索素质教育新途径。大赛可以作为深化创新创业教育改革的重要抓手，激发高校开展课程体系、教学方法、教师能力、管理制度等方面的综合改革。

（三）大学生积极参加创新创业大赛的意义

高校以培养高级人才为目标，要注重培养大学生的综合素质。高校大学生参加创新创业大赛，可以增加创业知识，参与创业实战演练，培养创业意识和创业精神，同时提升团队协作能力、科研能力、社会实践能力和发现与解决问题的创新能力，这有利于高校真正达到以赛促学、以赛促创的创新创业教育目的。

1. 提高大学生对创新创业的认识

有研究表明，大学生参加创新创业大赛能直接对其创新创业行为产生显著的正向影响。大学生通过参加创新创业大赛，可以拓展专业技能以外的领域。通过参加创新创业类大赛的全过程，大学生可以更好地认识到什么是创新、什么是创业，将来选择参与创新创业的概率也比从未参加过类似

大赛的大学生高。

2. 提升大学生的团队协作能力

大学生参加创新创业大赛往往是以团队的形式参加，多名大学生组成一个项目团队，各有所长，分工明确，齐心协力，优势互补，共同完成大赛。团队成员要志同道合，具有共同的愿景，要有团队协作的意识，秉持集体主义精神。团队负责人还要具备一定的组织和管理能力。

3. 提高大学生的社会实践能力

大学生参加创新创业大赛，不是纯粹地比拼技能、专业能力，更多的是考验大学生能否贴近社会、服务社会，是否具备切实解决社会问题的能力和足够的社会实践综合能力。这类大赛要求大学生能够充分调研，通过查阅文献、市场调研、实地考察等方式做好项目的市场分析，了解实际需求，发现刚性需求，找准项目定位，还要求大学生通过一定的创新、科研等手段找到解决问题的方案，并通过社会实践进行市场验证，从而完成项目从无到有的过程。

4. 培养大学生的创新创业能力

创新创业大赛为培养大学生的创新创业能力搭建了平台、提供了路径，并有利于大学生了解和增加行业领域前沿信息。通过这类大赛，大学生还能够结识各行各业的投融资精英，积累人脉资源。赢得这类大赛，大学生除了要有足够的知识完成自己的项目外，还要有较好的路演能力，更重要的是要有创新精神和创业能力，以及能够经得起市场验证的创业潜质。

拓展阅读

小江的参赛经历

大三学生小江在老师的指导下，选择了一个不错的项目，准备参加本届的"互联网+"大学生创新创业大赛。在简单了解了大赛的章程后，小江意识到，组建团队是首要任务，于是，小江找来本学院的其他2位同学一起参加大赛。由于小江团队的参赛项目科研性强，他们遇到问题时很难找到现成的解决方案，只能自主探索，因此，在项目开发的前期，每个成员都感觉自己在瞎忙，并没有找到解决方案。万幸，他们没有放弃。随着对行业的逐渐了解，他们学到了一些新技术，也解决了项目最初遇到的问题。经历半年的时间，小江的项目不断成熟。

大赛开始正式报名时，小江通过"全国大学生创业服务网"进行了报名。在高校初赛阶段，小江通过路演将项目重点向评委进行了充分展示，并从背景分析、市场需要、竞争对手、财务预测、未来规划等方面对项目进行了详细阐述，得到了评委们的一致好评，项目也顺利进入省级复赛阶段。成功晋级后，小江团队在指导老师的带领下开始对省级复赛做准备，并针对当下项目可能存在的问题做了修改，对创业计划书以及PPT也进行了完善。有了初赛的经验，小江团队显得更加自信，在答辩过程中，语言表达简明扼要，条理清晰，但事与愿违，复赛评委认为项目的可行性不够高，没有让小江团队进入全国总决赛。

小江觉得，虽然此次大赛没有达到预期的效果，但对于他来说，这是一个开阔视野的好机会。经过大赛的历练，他的管理能力、沟通能力、演说能力都有了很大的提升。同时，这次经历也为他以后的发展指明了方向。

任务二　创新创业大赛及赛事介绍

近年来，随着"大众创业、万众创新"时代浪潮的兴起，各级各类创新创业赛事如雨后春笋般涌现。从国家到地方，从科技到教育，从社会到高校，各级各类创新创业赛事不胜枚举，其中在高校中被普遍认可并获得高度重视的创新创业类赛事包括中国国际"互联网+"大学生创新创业大赛、"挑战杯"系列竞赛，其他分量较重的有中华职业教育创新创业大赛、大学生电子商务"创新、创意及创业"挑战赛、中国创新创业大赛等。

（一）中国国际"互联网+"大学生创新创业大赛

中国国际"互联网+"大学生创新创业大赛的主办单位为教育部、中共中央统一战线工作部、中共中央网络安全和信息化委员会办公室、国家发展和改革委员会、工业和信息化部、人力资源和社会保障部、中国科学院、中国工程院、国家知识产权局、国家乡村振兴局、共青团中央和承办高校所在地省政府。

参赛项目要求大学生能够将移动互联网、云计算、大数据、物联网等新一代信息技术与行业产业紧密结合，培育出基于互联网的新产品、新服务、新业态、新模式，以及推动互联网与教育、医疗、社区等深度融合的公共服务创新。大赛旨在深化高等教育综合改革，激发大学生的创造力，培养造就"大众创业、万众创新"的生力军；推动赛事成果转化，促进"互联网+"新业态形成，服务经济提质增效升级；以创新引领创业、创业带动就业，推动高校毕业生更高质量地创业就业。

有意愿参加此大赛的大学生可登录全国大学生创业服务网了解详情。

（二）"挑战杯"系列竞赛

"挑战杯"是一项由共青团中央、教育部、中国科学技术协会、中华全国学生联合会和地方省级政府共同主办，国内著名大学承办、新闻媒体联合发起的具有导向性、示范性和群众性的全国竞赛活动，也是国内目前颇受大学生关注的热门全国性竞赛。"挑战杯"竞赛始终坚持"崇尚科学、追求真知、勤奋学习、锐意创新、迎接挑战"的宗旨，在促进青年创新人才成长、深化高校素质教育、推动经济社会发展等方面发挥了积极作用，在广大高校乃至社会上产生了广泛而良好的影响。"挑战杯"竞赛在我国有两个并列项目，分别是"挑战杯"全国大学生课外学术科技作品竞赛（简称"大挑"）、"挑战杯"中国大学生创业计划竞赛（简称"小挑"）。这两个项目的全国竞赛交叉轮流开展，每个项目每两年举办一届。

1. "挑战杯"全国大学生课外学术科技作品竞赛

相比"挑战杯"中国大学生创业计划竞赛，"挑战杯"全国大学生课外学术科技作品竞赛的影响力更大。该竞赛的参赛作品主要是科研成果、科技发明创造、社会调查报告等，比较重视学术科技发明创作的实际意义与特点，考查学生的科技创新能力、对社会问题的关注及其分析解决问题能力，目前已成为吸引广大高校学生共同参与的科技盛会。

"挑战杯"全国大学生课外学术科技作品竞赛已成为引导高校学生推动现代化建设的重要渠道。

成果展示、技术转让、科技创业，让该竞赛从象牙塔走向社会，推动了高校科技成果向现实生产力的转化，为经济社会发展做出了积极贡献。同时，该竞赛也已成为深化高校素质教育的实践课堂。广大高校以该竞赛为龙头，不断丰富活动内容，拓展工作载体，把创新教育纳入教育规划，使该竞赛成为大学生参与科技创新活动的重要平台。

"挑战杯"全国大学生课外学术科技作品竞赛已成为展示全体中华学子创新风采的靓丽舞台。我国香港、澳门、台湾众多高校或积极参与竞赛，或派出代表团参加观摩和展示，使该竞赛成为青年学子增进彼此了解、加深相互感情的重要途径。

有意愿参加此竞赛的大学生可登录"挑战杯"全国大学生课外学术科技作品竞赛官网了解详情。

2. "挑战杯"中国大学生创业计划竞赛

"挑战杯"中国大学生创业计划竞赛相比"挑战杯"全国大学生课外学术科技作品竞赛开展得较晚。它借助风险投资运作模式，要求参赛者组成学科交叉、优势互补的竞赛团队，就一项具有市场前景的技术产品或服务，以获得风险资本的投资为目的，完成一份完整的创业计划书。

"挑战杯"中国大学生创业计划竞赛被誉为中国大学生创业创新类比赛的"奥林匹克"盛会，是目前国内非常热门、广受关注的大学生创业创新类竞赛。1999 年，由清华大学承办的首届"挑战杯"中国大学生创业计划竞赛，孕育了一批高科技公司。2000 年，上海交通大学承办了第二届"挑战杯"中国大学生创业计划竞赛。此后，该竞赛每两年举办一届，是具有导向性、示范性和权威代表性的全国创业竞赛活动。

此竞赛以培养创新意识、启迪创意思维、提升创造能力、造就创业人才为宗旨，采取学校、省（自治区、直辖市）和全国三级赛制，分预赛、复赛、决赛 3 个赛段进行；根据参赛对象，分普通高校、职业院校两类，设科技创新和未来产业、乡村振兴和脱贫攻坚、城市治理和社会服务、生态环保和可持续发展、文化创意和区域合作 5 个组别。该竞赛在培养复合型、创新型人才，促进高校产学研结合，推动国内风险投资体系建立方面发挥了重要作用。

有意愿参加此竞赛的大学生可搜索"挑战杯"中国大学生创业计划竞赛官网了解详情。

（三）中华职业教育创新创业大赛

中华职业教育创新创业大赛以"职教育工匠，双创筑梦想"为主题，由中华职业教育社主办，是全国规模最大、级别最高、影响力最强的职业教育创新创业赛事，已成为我国深化创新创业教育改革的重要载体和平台。1917 年，中华职业教育社由著名教育家黄炎培先生创立，至今已有 100 余年的辉煌历程。该机构主办的中华职业教育创新创业大赛，为职业教育发展提供了有力的人才和智力支撑。在大赛的带动下，中国职业学校学生的创新创业实践锻炼能力显著增强。

中华职业教育创新创业大赛设置中职组、高职组和应用技术型本科组 3 个组别，允许各院校组织参赛，不接受个人组队申报。同时，大赛对参赛项目提出要求，中职组参赛作品为一个创业点子或项目，高职组、应用技术型本科组参赛作品为一个创业项目。大赛赛程分为四个阶段，分别为校级初赛、省级复赛、省级决赛、全国总决赛。省级决赛在中职组、高职组、应用技术型本科组各设一等奖、二等奖、三等奖，颁发获奖证书及项目鼓励金。

（四）全国大学生电子商务"创新、创意及创业"挑战赛

全国大学生电子商务"创新、创意及创业"挑战赛（以下简称"三创赛"）是激发大学生兴趣与潜能，培养大学生创新意识、创意思维、创业能力以及团队协同实战精神的学科性竞赛。该赛事由教育部高等学校电子商务专业教学指导委员会主办，面向全国高校（含港澳台地区）的大学生竞赛项目，是教育部、财政部"高等学校本科教学质量与教学改革工程"重点支持项目，为高等学校落实教育部、财政部《关于实施高等学校本科教学质量与教学改革工程的意见》、开展创新教育和实践教学改革、加强产学研之间联系起到了积极示范作用。

"三创赛"面向所有经教育部批准的普通高等学校的在校大学生，高校教师既可作为指导老师参赛，也可作为参赛选手（队长或队员）组成师生混合队参赛。"三创赛"的价值主要在于"大赛促进教学，大赛促进实践，大赛促进创造，大赛促进育人"。"三创赛"强调理论与实践相结合，校企合作办大赛，有"三农"电子商务、工业电子商务、跨境电子商务、电子商务物流、互联网金融、移动电子商务、旅游电子商务、校园电子商务、其他类电子商务9大主题赛事。参赛队伍需要围绕大赛主题给出具体题目参加竞赛，同时，合作企业也会围绕大赛主题给出具体题目，引导和指导参赛队伍参加竞赛。随着规模和影响力的扩大，"三创赛"已经成为颇具影响力的全国性品牌赛事。

（五）中国创新创业大赛

中国创新创业大赛是由科学技术部等共同指导举办的一项以"科技创新、成就大业"为主题的全国性创业比赛。该赛事的目的是整合创新创业要素，搭建为科技型中小企业服务的平台，引导更广泛的社会资源支持创新创业，促进科技型中小企业创新发展。该赛事向全社会开放。

任务三　参加创新创业大赛的准备工作

大学生若积极参加创新创业大赛，不仅可以提升自己的创新能力、创业能力，促进就业，还可以激发自己的创业意识、创业思维，并通过参赛创业项目的成功走上创业之路，找到人生的方向。大学生参加创新创业大赛时，应做足准备，使大赛作用得到充分发挥。

（一）合理选择赛事

创新创业大赛种类繁多，各有特色和重点，大学生应根据自身的需求和目的合理选择赛事。例如，大学生选择参加教育部等主办的A类赛事（如中国国际"互联网+"大学生创新创业大赛），可以为自己的学业增添亮点，甚至可因此获得奖学金或者推优推免的资格；选择参加中国国际"互联网+"大学生创新创业大赛、中国创新创业大赛等级别高、影响力大的赛事，可以拓展自己的视野，提高自己的认知，甚至可因此获得投资并实现真正的创业。无论如何，大学生参赛的成本相对较低，大学生在校期间应积极参加各级各类的创新创业大赛，以不断打磨完善创业项目、锻炼路演能力、树立创新意识、提高创业能力。

既然是比赛，就有比赛的规则，大学生赛前熟读规则、深刻解读项目评审要点是非常必要的。大学生备赛时要针对评审要点进行准备，以拿到更多的得分点。

（二）挖掘创意，挑选项目

很多大学生想参加创新创业大赛，但一直找不到合适的参赛项目。大学生可以参考以下 5 类项目来寻找合适的参赛项目。

1. 大学生自发产生的创新创业项目

当代大学生以"00 后"为主，他们从小通过互联网接触广阔的外部世界，对未知领域带有很强的认知探索和创造的欲望，有自己独特的想法和创意。历届创新创业大赛中，大学生自发产生的创新创业项目不在少数，而且表现尤为突出。

2. 科技成果转化的创新创业项目

国家鼓励科技成果转化，2015 年我国修订了《促进科技成果转化法》等相关法律文件。在此背景下，越来越多的高校重视科研成果转化项目研究。相对于本科学生来说，虽然高职学生的科研能力并不特别突出，但仍然可以通过与老师合作或校企合作科研项目等形式来参与科技成果转化项目研究。

3. 产教融合协同创新创业项目

众多高校以国家及社会需求为导向，开始深度探索应用型人才培养之道——瞄准企业现实人才需求，努力培养企业需要的创新型人才，促进校企合作，建立产教融合的导向机制，为企业转型升级提供智力支持。产教融合在高校和企业之间搭建了一座资源共享的平台，大学生通过企业提供的实践基地或实训场景等途径，在理论指导实践的过程中实现创新发展；而企业则将学生的创新成果进行产业化。

4. 社会公益志愿服务类创新创业项目

公益创业是指创业者采用创新方法解决社会问题并创造社会价值而非个人价值的创业形式，而这正恰如其分地与当代大学生所追求的公益情怀、传递正能量的社会担当相呼应。社会公益志愿服务类创新创业项目正呈现欣欣向荣之势。中国国际"互联网 +"大学生创新创业大赛"青年红色筑梦之旅"赛道及主题活动的诞生，意味着国家越来越重视非营利性质的社会公益志愿服务类创新创业项目，希望大学生更好地服务于民生。

5. 师生共创类创新创业项目

创新创业大赛应该既要肯定老师的主导作用和学生的主体作用，又要鼓励老师和学生成为项目的合作者。老师于项目实施中进行教学指导，学生在项目进行中使知识得以转化应用，越来越多的师生共创类创新创业项目在创新创业实践中得到体现。

党的二十大报告指出："要推进新型工业化，加快建设制造强国、质量强国、航天强国、交通强国、网络强国、数字中国""全面推进乡村振兴……扎实推动乡村产业、人才、文化、生态、组织振兴""加快建设贸易强国，推动共建'一带一路'高质量发展""加快发展绿色方式转型""发展绿色低碳企业"等。作为大学生，我们要学习贯彻党的二十大精神，在综合考虑不同竞赛参赛要求的情况下，结合国家未来的发展方向，党的方针政策指引，多去探索发现合适的项目，使项目内容能更符合国家、社会、人民发展的需要。

（三）寻找伙伴，组建团队

人的力量是无法估量的，若非要在好的项目和好的团队之间选其一，投资人往往会选择好的团队。参加创新创业大赛的大学生团队成员应该具备不同的学科背景，并分别具有企业管理、财务税务、市场营销、项目路演等多种技能，每个人各有所长，有共同的愿景，能够优势互补，共同进退。组织团队就如同派遣部队，主帅、副将、军师、士兵等要应有尽有，但同时不可过多。一个团队的最佳组成人数应控制在一定的范围内，否则不利于工作的开展和协调。

（四）掌握创业计划书的撰写及路演的相关技巧

要想自己的创业项目被他人接受、认可，大学生就要想办法把项目信息传递出来，把项目内容写出来、讲出来。这就要求大学生写好创业计划书，做好项目路演。

1. 创业计划书撰写技巧

创业计划书是引起评委兴趣、获取投资人青睐的"敲门砖"。好的创业计划书的正文部分一定要逻辑合理、提纲挈领、简明扼要。此外，大学生还要为创业计划书设计一个有吸引力的标题，并尽量设计具有自己项目特色的图文版式。

2. 项目路演的技巧

优秀的项目路演有助于大学生赢得创新创业大赛。大学生要有意识地训练自己的舞台风范：一是要熟悉项目路演的内容，尽可能用符合主题、逻辑性强、简明扼要、重点突出的语言向观众展示项目；二是要控制好路演时的语音语速语调，通过不断练习，根据时间准备内容，根据要点调整语速，做到抑扬顿挫，快慢结合，以使整场路演看起来有较强的节奏感；三是要使用合适的肢体语言和充满自信的仪态，通过恰当的眼神交流、手势与语言的合理搭配突出自己的思维清晰程度，赢得大家的信任。

案例分析：一个课件修改30多遍，自制动画和配音，高职项目团队代表湖北省参加全国大赛

"这个红红的脚掌是一个小动物在池塘边玩耍时留下的，大家来猜一猜是什么小动物留下的呢？"长江工程职业技术学院幼儿管理专业的大二学生尚玉娇站在讲台上，一边点击动画，一边给贝比幼儿园的小朋友讲解《咏鹅》。

自己给课程设置动画，自己搭建情境，自己配音，一个课件修改30多遍，开发112个幼儿教学课件，将"交互式"课程带进20余家幼儿园……以尚玉娇为代表的"乐普乐思——幼儿交互式课程开创者"项目团队代表湖北省参加了2022年第十三届"挑战杯"全国大学生课外学术科技作品竞赛。

2021年暑假，尚玉娇和同专业的6名同学赴十堰市郧西县支教。阅读课、美术课、音乐律动课……虽然课程设置丰富，但尚玉娇发现，除了"小嘴巴，闭起来""听清楚了吗""学会了吗"等问答，课堂上很少有其他互动。老师单向输出，学生很难成为课堂的主人。针对这一现象，她和6名同学开始讨论如何让课堂发生改变等问题。

回到学校后，尚玉娇和指导老师熊俐表达了自己的想法。"这让我挺意外的。这种想跳出传统思维、改变现状的创新意识，以及想要为幼儿教育事业出力的责任感，让我很震撼。"熊俐说。

考虑到如今的孩子较早接触电子设备，喜欢动画带来的回馈感，尚玉娇便和老师商量，将这种

形式应用到教学中，创造"交互式"教学方法。熊俐很快找到其他专业学生，帮助尚玉娇成立"乐普乐思"团队，但是"交互式"教学到底怎么做，大家还是一头雾水。

"学校为我们请了很多幼教专家和儿童心理专家。"熊俐说。在专家"以故事化、游戏化形式切入"的建议下，尚玉娇逐渐有了方向。她将故事融入单一的动画，同时，在课程末尾设置游戏环节。"这样寓教于乐，也响应了国家号召的游戏化教学。"尚玉娇说。

"今天我们讲一个和大象有关的故事……"尚玉娇正给桃花苑幼儿园的小朋友们讲解《盲人摸象》。屏幕上，几个盲人正围着一头大象，尚玉娇点击大象身体的某个部位，就会出现盲人思考的动作，还会出现人物配音。

"谁想上台体验一下？"尚玉娇一发问，台下的小朋友们纷纷举起手来。"大象的牙齿像胡萝卜""大象的身体像城墙"……在人物配音出现的过程中，小朋友们对大象的认识也更加清晰。然而，仅仅这一个课件，团队成员前前后后打磨了 30 多遍。"一开始，这个课件的设计就是点击一下大象，出现一张图片，没有建立情境。"熊俐说，"这样的课件代入感不强，当时这门课的反响并不好。"

于是，带着这个课件，团队前往十几家幼儿园试讲，每讲一次，就重新修改一次。熊俐说："后来我们创立故事情境，给人物配音，有声音，又有情节，最终打造出了这个'沉浸式'课件。"在沉浸式体验中，即使老师不说，小朋友们也能悟出其中的道理。

奔赴 40 余家幼儿园调研、20 余家幼儿园试讲，乐普乐思团队已开发出 112 个幼儿教学课件，覆盖语言、科学、艺术、健康、社会五大领域，同时打造了包括神话传说、中华诗词、成语故事、传统节日等在内的传统文化特色课程。

尚玉娇说："还记得课程结束时，桃花苑幼儿园的小朋友们将我们团团围住，想再上一堂课。我们的眼眶都红了，我觉得我们的课程是有意义的，我们都想继续做下去。"

📣 分析

幼儿管理专业的尚玉娇和同专业的 6 名同学，因积极参与学校组织的支教活动而发现了幼儿教育教学中的一些痛点。他们将创新创业与自己的专业对接，既能为幼儿教育事业贡献自己的力量，又能锻炼自己的专业技能。他们表示通过这个创业项目，他们找到了人生奋斗的目标——做幼儿体验教育的创新者，领跑者。他们是敢想、敢梦、敢拼、敢闯的年轻一代，能够较早地找到自己的人生目标，秉持创业的热情与奋斗精神，在自己钟爱的领域发光发热，在创业中实现自我价值。

🚩 课后思考

综合对本模块的学习，完成以下问题。

1. 除了本模块提到的创新创业大赛，大学生还可以参加哪些创新创业大赛？
2. 大学生如何选择适合自己的创新创业大赛？

模块十一

扬帆起航：企业创办与管理

模块导读 ↓

　　创业过程中非常关键的一步就是创办并管理企业，但一些大学生创业者在这一步上犯了难：应当注册什么类型的企业？注册登记时应该提供哪些资料？究竟该怎么给自己的企业起名？企业选址有哪些注意事项？如何更好地管理新企业？如何进行创业融资？因此，学习企业创办与管理方面的知识尤为必要。

学习目标 ↓

1. 熟悉创办企业的法律流程。
2. 了解创办企业必须考虑的相关问题。
3. 掌握企业选址的策略和技巧。
4. 熟悉新企业生存管理。
5. 能够进行创业融资。

学习要点 ↓

1. 企业注册登记流程。
2. 企业选择的基本步骤。
3. 新企业成长的管理技巧和策略。
4. 创业所需资金的测算。

任务一　创办企业的法律流程

　　所有创业者都要按照国家法律规定创办和经营企业，并承担相关的法律责任。法律是一个监督员，时时刻刻监督着大学生创业者的行为。大学生创业者只有遵守法律，才能受到法律保护。因此，大学生创业者在创办企业之前，应该了解和熟悉创办企业的法律流程，其中包括企业注册登记的法定程序。

　　一般而言，创办企业有如下法律流程。第一步，选择合适的企业法律组织形式；第二步，完成企业注册登记流程。

（一）企业法律组织形式的选择

"我想创业，我应该注册一家什么样的企业"或者"我想和同学一起创业，我应该采用一种什么样的组织形式"，这些问题是大学生创业者在创业之初首先遇到的问题。

毫无疑问，创办企业之前，大学生创业者应该首先确定拟创办企业的法律组织形式。创办企业可采用不同的组织形式，如大学生创业者个人独立创办的个人独资企业、由创业团队创办的合伙企业、具备法人资格的有限责任公司或股份有限公司等。对大学生创业者而言，企业法律组织形式没有绝对的好坏之分，各有利弊，选择合适，便可趋利避害；选择不当，就会为将来的运作带来巨大的隐患。因此，大学生创业者必须根据国家的法律法规和拟创办企业的实际情况，科学衡量各种企业法律组织形式的利弊，选择合适的企业法律组织形式。

1. 个体工商户

个体工商户是我国特有的一种公民参与生产经营活动的形式，是一种非企业经济组织。依照相关法律规定，个体工商户是指在法律允许的范围内，经工商行政管理部门核准登记，从事工商业经营的个体劳动者。个体工商户业主可以是一个自然人或一个家庭，人数上不受过多限制。个体工商户的创办手续比较简单，业主只需要有相应的经营资金和经营场所，到工商部门办理登记手续即可。

个体工商户还可以根据自己的需要起字号。在经营上，个体工商户的全部资产属于自己所有，其决策程序比较简单，不受他人制约；利润分配上，个体工商户的全部利润归自己或家庭，但同时对外要承担无限责任，相应的风险也比较大。

2. 个人独资企业

个人独资企业是一种很古老也很常见的企业法律组织形式。个人独资企业又称个人业主制企业，是指依法设立，由一个自然人投资并承担无限连带责任，资产为投资人个人所有的经营实体。当个人独资企业的资产不足以清偿债务时，企业拥有者须依法以其个人财产予以清偿。

个人独资企业在业主数量与注册资金上与个体工商户相似，不受过多限制，但设立手续比个体工商户要复杂，需要有合法的企业名称、投资人申报的出资、固定的生产经营场所和必要的生产经营条件，以及必要的从业人员。个人独资企业在经营决策与利润分配上与个体工商户相似，其决策程序简单，利润归出资人，同时负无限责任。

3. 合伙企业

两个或两个以上的人如果共同创业，那么可以选择合伙制作为拟创办企业的法律组织形式。根据《中华人民共和国合伙企业法》（以下简称《合伙企业法》），合伙企业是指依法在中国境内设立的由各合伙人订立合伙协议，共同出资、合伙经营、共享收益、共担风险，并对合伙企业债务承担无限连带责任的营利性组织。

合伙企业包括普通合伙企业和有限合伙企业两种形式。两者最大的区别在于有限合伙企业有两种不同的所有者：普通合伙人和有限合伙人。其中，普通合伙人对合伙企业的债务和义务负责；而有限合伙人仅以投资额为限承担有限责任，且一般不享有对组织的控制权。另外，普通合伙企业合伙人可以用货币、实物、知识产权、土地使用权或者其他财产权利出资，也可以用劳务出资；但有限合伙企业的有限合伙人不得以劳务出资。

除要有合伙企业的名称、经营场所及从事合伙经营的必要条件之外，普通合伙企业的创办条件还包括以下方面。

（1）合伙企业必须由两个及两个以上合伙人创办，且合伙人应当具备完全民事行为能力，能够依法承担无限责任。

（2）合伙人应当遵循自愿、平等、公平、诚实信用原则订立合伙协议，合伙协议应载明合伙企业的名称、地点、经费范围、合伙人出资额和权责情况等基本事项。

（3）合伙人应当按照合伙协议约定的出资方式、数额和缴付出资的期限履行出资义务。合伙人出资可以用货币、实物、土地使用权、知识产权或者其他财产权利；上述出资应当是合伙人的合法财产及财产权利。合伙人以劳务出资的，其评估办法由全体合伙人协商确定。

4. 有限责任公司和股份有限公司

公司是现代社会中最主要的企业形式。它是以营利为目的，由股东出资创办，拥有独立的法人财产，享有法人财产权，独立从事生产经营活动，依法享有民事权利、承担民事责任，并以其全部财产对公司的债务承担责任的企业法人。所有权与经营权分离，是公司制的重要产权基础。根据《中华人民共和国公司法》（以下简称《公司法》），我国的公司分有限责任公司（包括一人有限责任公司）和股份有限公司两种类型。

（1）有限责任公司。有限责任公司的股东以其认缴的出资额为限对公司承担责任，公司以其全部资产对公司的债务承担责任。大学生创业者如果选择这一企业法律组织形式，除了要有固定的生产经营场所和必要的生产经营条件之外，还应当具备下列条件。

① 股东符合法定人数。根据我国《公司法》规定：有限责任公司由 50 位以下股东出资设立。需要说明的是，一人有限责任公司是在 2005 年 10 月 27 日第十届全国人民代表大会常务委员会第十八次会议通过的《公司法》中加入的。

② 股东出资。自 2014 年 3 月 1 日起，公司登记实行注册资本认缴制。《注册资本登记制度改革方案》明确指出，除法律、行政法规以及国务院决定对特定行业注册资本最低限额另有规定的外，取消有限责任公司最低注册资本 3 万元、一人有限责任公司最低注册资本 10 万元的限制；不再限制公司设立时全体股东（发起人）的首次出资比例，不再限制公司全体股东（发起人）的货币出资金额占注册资本的比例，不再规定公司股东（发起人）缴足出资的期限，股东可自主约定出资方式和货币出资比例。高科技、文化创意、现代服务业等创新型企业可以选择灵活的出资方式。

③ 股东共同制定公司章程。法律对有限责任公司章程有明确的要求，要求应当载明的事项包括公司名称和住所，公司经营范围，公司注册资本，股东的姓名或者名称，股东的权利和义务，股东的出资方式和出资额，股东转让出资的条件，公司的机构及其产生的办法、职权、议事规则，公司的法定代表人，公司的解散事由与清算办法，股东认为需要规定的其他事项。

④ 有公司名称，建立符合有限责任公司要求的组织机构。

（2）股份有限公司。股份有限公司将全部资产分为等额股份，股东以其认购的股份为限对公司承担责任，公司以其全部资产对公司的债务承担责任。大学生创业者如果设立股份有限公司，就要提供公司名称，建立符合股份有限公司要求的组织机构，有固定的生产经营场所以及必要的生产经营条件。除此之外，我国《公司法》对于股份有限公司的设立还有以下规定。

① 发起人符合法定人数。设立股份有限公司，应当有 2 人以上 200 人以下（含 2 人和 200 人）为发起人，其中须有半数以上的发起人在中国境内有住所。

② 发起人认购和募集的股本达到法定资本最低限额。股份有限公司的注册资本为在公司登记机关登记的全体发起人认购的股本总额。自 2014 年 3 月 1 日起，《注册资本登记制度改革方案》明确指出，不再限制公司全体股东（发起人）的货币出资金额占注册资本的比例，除法律、行政法规以及国务院决定对特定行业注册资本最低限额另有规定的外，取消股份有限公司最低注册资本 500 万元的限制。

③ 股份发行、筹办事项符合法律规定。

④ 发起人制定公司章程。

总之，不同法律组织形态的企业存在不同的成立条件、承担责任形式等特征。大学生创业者在创业初期要根据自身情况选择合适的企业法律组织形态。

（二）企业注册登记流程

根据我国法律规定，创业者创办企业时，必须到工商行政管理部门办理登记手续，领取营业执照。创业者如果从事特定行业的经营活动，还须事先取得相关主管部门颁发的经营许可证（如卫生、环保、特种行业许可证等）。

营业执照是创业者依照法定程序申请的、确定企业经营范围等内容的书面凭证。企业只有领取了营业执照，拥有了合法身份，才可以开展各项法定的经营业务。下面以某位大学生创业者确定创办公司制企业为例，介绍本部分内容。

1. 申请核名

注册登记公司的第一步就是审核公司名称，即核名。大学生创业者需要通过工商行政管理部门进行公司名称注册申请，由工商行政管理部门的工作人员进行综合审定，给予注册核准，并发放盖有工商行政管理部门名称登记专用章的"企业名称预先核准通知书"。

大学生创业者需提供法定代表人和股东的身份证复印件，并提供 2 ～ 10 个公司名称，写明经营范围。公司名称要符合规范，格式如下。

公司名称 = 行政区划 + 具体名称（2 个字以上）+ 行业属性 + 组织形式。以湖南智丰众创企业管理有限责任公司为例，"湖南"就是行政区划，指公司所在地的省（包括自治区、直辖市）或县（市辖区）的行政区划名称。"智丰众创"就是具体名称，具体名称是该公司的特有标志，是公司形象的一种代表。"企业管理"就是行业属性，旨在让人判断出该公司生产、经营或服务的范围或特点。"有限责任公司"就是该公司的法律组织形式。

2. 获得经营场所

经营场所是指公司进行业务活动所必需的一切场地，是公司进行经营的必要条件。

3. 办理特种行业申请登记

如果公司的经营范围涉及特种行业，大学生创业者就需要提前办理特种行业申请登记，获准后才可以继续工商注册程序。例如，要创办一家图书公司，大学生创业者就需要向辖区的文化部门申请出版物经营许可证。

特种行业包括旅店、刻字印铸、旧货、典当、拍卖、信托寄卖、出入境服务等，需要消防、治安、环保、科学技术等行政部门审批。特种行业许可证的办理，根据行业情况及相应部门的不同规定，分为前置审批和后置审批。

4. 申领营业执照

工商行政管理部门会对公司提交的材料进行审查，以确定其符合注册登记要求。工商行政管理部门核定后，即向公司发放营业执照。

5. 公司公章备案

工商注册登记需要使用公司图章，图章由公安部门刻制。公司用章包括公章、财务章、法人章、全体股东章等。

6. 办理税务登记证

大学生创业者应到当地税务机关办理税务登记证。大学生创业者办理税务登记证需要提供的材料包括营业执照副本、经营场所产权证及租赁合同复印件、法定代表人身份证及公司用章。

7. 银行开户

新企业需设立基本账户，大学生创业者可以根据企业的具体情况选择开户银行。银行开户会用到的材料包括营业执照正本、公司用章、法定代表人身份证明、国税税务登记证正本和地方税税务登记证正本等。

🔍 **拓展阅读**

《注册资本登记制度改革方案》（部分）

根据《国务院机构改革和职能转变方案》，为积极稳妥推进注册资本登记制度改革，制定本方案。

（一）实行注册资本认缴登记制。公司股东认缴的出资总额或者发起人认购的股本总额（即公司注册资本）应当在工商行政管理机关登记。公司股东（发起人）应当对其认缴出资额、出资方式、出资期限等自主约定，并记载于公司章程。有限责任公司的股东以其认缴的出资额为限对公司承担责任，股份有限公司的股东以其认购的股份为限对公司承担责任。公司应当将股东认缴出资额或者发起人认购股份、出资方式、出资期限、缴纳情况通过市场主体信用信息公示系统向社会公示。公司股东（发起人）对缴纳出资情况的真实性、合法性负责。

放宽注册资本登记条件。除法律、行政法规以及国务院决定对特定行业注册资本最低限额另有规定的外，取消有限责任公司最低注册资本3万元、一人有限责任公司最低注册资本10万元、股份有限公司最低注册资本500万元的限制。不再限制公司设立时全体股东（发起人）的首次出资比例，不再限制公司全体股东（发起人）的货币出资金额占注册资本的比例，不再规定公司股东（发起人）缴足出资的期限。

公司实收资本不再作为工商登记事项。公司登记时，无须提交验资报告。

现行法律、行政法规以及国务院决定明确规定实行注册资本实缴登记制的银行业金融机构、证券公司、期货公司、基金管理公司、保险公司、保险专业代理机构和保险经纪人、直销企业、对外劳务合作企业、融资性担保公司、募集设立的股份有限公司，以及劳务派遣企业、典当行、保险资产管理公司、小额贷款公司的注册资本认缴登记制问题，另行研究决定。在法律、行政法规以及国务院决定未修改前，暂按现行规定执行。

已经实行申报（认缴）出资登记的个人独资企业、合伙企业、农民专业合作社仍按现行规定执行。

鼓励、引导、支持国有企业、集体企业等非公司制企业法人实施规范的公司制改革，实行注册资本认缴登记制。

积极研究探索新型市场主体的工商登记。

（二）改革年度检验验照制度。将企业年度检验制度改为企业年度报告公示制度。企业应当按年度在规定的期限内，通过市场主体信用信息公示系统向工商行政管理机关报送年度报告，并向社会公示，任何单位和个人均可查询。企业年度报告的主要内容应包括公司股东（发起人）缴纳出资情况、资产状况等，企业对年度报告的真实性、合法性负责，工商行政管理机关可以对企业年度报告公示内容进行抽查。经检查发现企业年度报告隐瞒真实情况、弄虚作假的，工商行政管理机关依法予以处罚，并将企业法定代表人、负责人等信息通报公安、财政、海关、税务等有关部门。对未按规定期限公示年度报告的企业，工商行政管理机关在市场主体信用信息公示系统上将其载入经营异常名录，提醒其履行年度报告公示义务。企业在三年内履行年度报告公示义务的，可以向工商行政管理机关申请恢复正常记载状态；超过三年未履行的，工商行政管理机关将其永久载入经营异常名录，不得恢复正常记载状态，并列入严重违法企业名单（"黑名单"）。

改革个体工商户验照制度，建立符合个体工商户特点的年度报告制度。

探索实施农民专业合作社年度报告制度。

（三）简化住所（经营场所）登记手续。申请人提交场所合法使用证明即可予以登记。对市场主体住所（经营场所）的条件，各省、自治区、直辖市人民政府根据法律法规的规定和本地区管理的实际需要，按照既方便市场主体准入，又有效保障经济社会秩序的原则，可以自行或者授权下级人民政府做出具体规定。

（四）推行电子营业执照和全程电子化登记管理。建立适应互联网环境下的工商登记数字证书管理系统，积极推行全国统一标准规范的电子营业执照，为电子政务和电子商务提供身份认证和电子签名服务保障。电子营业执照载有工商登记信息，与纸质营业执照具有同等法律效力。大力推进以电子营业执照为支撑的网上申请、网上受理、网上审核、网上公示、网上发照等全程电子化登记管理方式，提高市场主体登记管理的信息化、便利化、规范化水平。

（资料来源：中国政府网）

🔛 课堂活动

活动主题：给企业取个好名称。

活动内容：根据前面确定的创业项目拟创办一家企业，同学们结合相关学习内容，分组为企业取一个好名称。

（1）每人取一个企业名称，并在组内进行投票，选出最令人满意的企业名称。

（2）每组代表进行企业名称分享与展示。

（3）全班同学对每组的企业名称展开讨论。

任务二　创办企业必须考虑的相关问题

大学生创业者不仅要知法懂法，树立守法经营的观念，还要懂得利用法律武器保护自己。遵纪守法、诚信经营、依法纳税的企业才能立足和持续发展，才能赢得客户的信任、供应商的合作、员工的信赖、政府的支持，甚至竞争对手的尊重，为自己营造一个良好的生存发展空间。在市场经济规则越来越完善的环境中，大学生创业者要知道法律不仅对企业有约束，也给企业提供了相应的保护。

（一）了解相关法律法规

1. 和创办企业有关的法律

国家为使所有公民和企业能在公平、和谐的环境中竞争和发展，制定了各类法律法规。它们是规范公民和企业行为的准则，具有权威性、强制性、公平性。依法办事是公民和企业的责任。大学生创业者也许会觉得法律条款太多，法律概念偏抽象、晦涩、难以弄清。其实，大学生创业者不必了解有关法律的所有内容，只需要知道哪些法律和哪些关键内容和创办企业有关就可以了。和创办企业有直接关系的法律如表 11-1 所示。

表 11-1　和创办企业有直接关系的法律

法律名称	相关基本内容
企业法	关于确立企业的法律地位，调整企业在设立、变更、终止及其生产经营过程中发生的经济管理关系和财产经营关系的法律规范的总称
《民法典》	个体工商户、农村承包经户营、法人、营利法人、企业法人、民事责任、诉讼时效、不动产登记、所有权；合同的订立、履行、保全、变更和转让，权利义务的终止，违约责任等；买卖合同、赠与合同、借款合同、租赁合同、融资租赁合同、运输合同、技术合同、建设工程合同、委托合同；等等
《劳动法》	促进就业、劳动合同和集体合同、工作时间和休息休假时间、工资、职业安全卫生、女职工和未成年工的特殊保护、职业培训、社会保险和福利、劳动争议、监督检查等

和企业有关的其他法律有《会计法》《企业所得税法》《产品质量法》《消费者权益保护法》《反不正当竞争法》《保险法》《环境保护法》等。企业只有在工商行政管理部门办理登记手续，领取营业执照，才会受到国家法律保护。

2. 我国的知识产权法律

知识产权是人们对自己通过智力活动创造的成果所依法享有的权利。知识产权包括专利、商标、著作权等，是企业的重要资产。知识产权可通过许可证经营或出售带来经营收入。实际上，几乎所有的企业都拥有一些对其成功起关键作用的知识、信息和创意。传统观念将物质资产如土地、房屋和设备等视为企业最重要的资产，而现在知识资产已逐渐成为企业中最具价值的资产。对于大学生创业者来说，为了有效保护自己的知识产权，也为了避免无意中侵犯他人的知识产权，了解相关法律非常重要。

（1）专利与《专利法》。专利是指政府机构依法授予发明创造人享有的一种独占权。在这种情况下，专利发明通常只有经过专利权所有人的许可才可以被利用。专利法是调整因发明创造的产生、利用与保护等发生的各种社会关系之法律规范的总称。可以有效地保护专利拥有者的合法权益。大学生创业者应及时对其个人或企业的发明创造申请专利，以寻求法律保护，使自己的利益不受侵犯；或者在受到侵犯时，依据法律提出诉讼，要求侵害方予以赔偿。

我国于 1984 年 3 月 12 日颁布了《专利法》，并于 1992 年对其进行了第一次修正。2001 年 6 月 15 日，国务院颁布了《专利法实施细则》，自 2001 年 7 月 1 日起施行。

（2）商标与《商标法》。商标，是指在商品或者服务项目上所使用的，由文字、图形、字母、数字、三维标志和颜色组合，以及上述要素的组合构成的显著标志。它用以识别不同经营者所生产、制造、加工、拣选、经销的商品或者提供的服务。商标是企业的一种无形资产，具有很高的价值。这种价值体现在独特性和所产生的经济利益上。保护和提高商标的价值，可以为企业带来巨大的收益。

商标包括注册商标和未注册商标。目前，我国只对人用药品和烟草制品实行强制注册，其他品类商标为自愿注册。通常所说的商标均指注册商标，注册商标包括商品商标、服务商标、集体商标、证明商标等。注册商标的有效期为 10 年，可以申请续展，每次续展注册的有效期为 10 年。商标注册申请人必须是依法成立的企业、事业单位、社会团体、个体工商户、合伙企业以及符合《商标法》第九条规定的外国人或者外国企业。

我国于 1982 年 8 月 23 日颁布了《商标法》，并于 1993 年进行了第一次修订，2001 年进行了第二次修订。

（3）著作权与《著作权法》。著作权也称版权，是指著作权人对其作品享有的人身权和财产权的总和。著作权包括发表权、署名权、修改权、保护作品完整权、复制权、发行权、出租权、展览权、表演权、放映权、广播权、信息网络传播权、摄制权、改编权、翻译权、汇编权及应当由著作权人享有的其他权利。著作权的保护期限根据作品种类不同而不同，例如文字作品的保护期限为作者有生之年加上去世后 50 年。我国实行作品自动保护原则和自愿登记原则，即作品一旦产生，作者便享有版权，登记与否都受法律保护；自愿登记更有利于保护作者的合法权益。国家版权局认定中国版权保护中心为软件登记机构，其他作品的登记机构为作品所在的省级版权局。

我国于 1990 年 9 月 7 日颁布了《著作权法》于 2001 年 10 月 27 日进行了第一次修正，2010 年 2 月 26 日进行了第二次修正，于 2020 年 11 月 11 日进行了第 3 次修正。计算机软件属于版权保护的作品范畴。我国根据《著作权法》制定了《计算机软件保护条例》，并于 1991 年 6 月 4 日发布。该条例的保护对象为计算机软件，即计算机程序及其有关文档。

拓展阅读

大学生创办电影网站遭 60 万元索赔

大学生小捷在校期间创办了一家免费电影网站，被杭州某影视公司以"版权侵权"起诉，索赔 60 万元。

原来，临近毕业的小捷和几名低年级同学共同投资 2 万元创办了一家免费电影网站。然而，他怎么也想不到等待他的竟是一场官司。"我们网站上的电影都是通过迅雷下载的，但我们并不知道其中几部电影是杭州那家公司代理的，60 万元的赔偿对我们这些大学生来说是一个沉重的打击。"已收到温州市中级人民法院的传票并等待开庭的小捷说。他还表示，大学生创业既缺乏经验也缺少创业资本，还容易在无意中触犯法律，他们已经认识到了错误，但这样的索赔数额对于他们来说无疑是个天文数字。

在该案中，小捷的行为已触犯《著作权法》。版权侵权分直接侵权和间接侵权。直接侵权是指复制、抄袭，如侵权人将版权作品的表达语言复制为另一种语言，或未做任何改编，包括将传统媒体复制为非传统媒体，于互联网上传或下载；将他人的出版作品稍加修改后进行出版。间接侵权是指侵权人将抄袭作品出口、贩卖、出租或做其他商业用途，以及提供方法、器具或地方进行侵犯版权的行为。大学生创业者要注意避免侵权行为。

（二）依法纳税

税收是国家财政收入的主要来源，取之于民，用之于民。根据我国税法规定，所有企业都要依法报税和纳税。

1. 与企业和企业主有关的主要税种

社会经济活动是一个连续运动的生生不息的过程：生产—流通—分配—消费。国家将对商品生产流通环节征收的税种统称为流转税，流转税以销售收入或营业收入为征税对象，包括增值税、海关关税等；对分配环节征收的税种统称为所得税，所得税以生产经营者取得的利润和个人收益为征税对象，包括企业所得税、个人所得税等。流转税和所得税是两个最基本的税种。具体而言，与企业和企业主有关的主要税种有增值税、企业所得税、个人所得税、消费税、城市维护建设税和教育费附加等。

2. 计算应纳税金

大学生创业者要计算应纳税金须首先正确判断自己的企业类型，因为一般纳税人和小规模纳税人在计算税金上有不同的方式。根据国家税法的相关规定，小规模纳税人可以用以下简易的方式来计算应纳税金。

应纳税金 = 销售额（营业额）× 税率 + 城市维护建设税 + 教育费附加

（三）尊重员工的合法权益

影响企业竞争力的一个关键因素是员工的素质和积极性。在劳动力流动加快和竞争加剧的形势下，优秀员工的价值越来越受认可。所以，大学生创业者一开始就要特别重视以下 4 个方面的问题。

1. 签订劳动合同

劳动合同是劳动者与企业签订的确立劳动关系、明确双方权利和义务的协议。签订劳动合同对双方都有约束作用，不仅可以保护劳动者的利益，也可以保护企业的利益。劳动合同是解决劳动争议的法律依据，双方绝对不能因嫌麻烦或者为了眼前的小利而不签劳动合同。

劳动合同的基本内容如下。

（1）工作职责、定额、违约责任。

（2）工作时间。

（3）劳动报酬（工资种类、基本工资、奖金、加班、特种工作补贴等）。

（4）休息时间（周休息日、节假日、年假、病假、事假、产假、婚丧假等）。

（5）社会保险、福利。

（6）合同的生效、解除。

（7）劳动争议的处理。

劳动者和企业都可以从人力资源和社会保障部获得劳动合同示范文本。

2. 做好劳动保护和安全工作

尽管创业初期资金紧张，但大学生创业者也要尽量创造良好的工作条件，防止工伤事故和职业病的发生，规范危险和有毒物品的使用和储存，改善音、光、气、温、行、居等条件，以保证员工的人身安全并提高他们的工作效率和积极性。

3. 支付合理的劳动报酬

大学生创业者要根据市场行情对员工创造的价值支付合理的劳动报酬，而且必须按时以货币形式发放给员工本人。

4. 按规定缴纳社会保险

国家的社会保险法规要求企业和员工都要参加社会保险，按时足额缴纳社会保险费，使员工在年老、生病、因公伤残、失业、生育等情况下得到补偿或基本的保障。为员工办理社会保险对企业来说具有强制性。

目前，我国的社会保险主要有养老保险、医疗保险、工伤保险、失业保险和生育保险。大学生创业者可以到当地人力资源和社会保障部咨询办理社会保险的具体程序和要求。不给员工缴纳社会保险或不按规定给员工缴纳社会保险，都是一种违法行为。

（四）购买商业保险

有些风险只能由企业自己承担，而有些风险损失则可以通过办理保险业务来减少或降低。

企业的保险险种通常包括以下内容。

（1）资产保险。如机器、库存货物、车辆、厂房的防盗险，水险和火险，商品运输险，特别是进出口商品的运输险。

（2）人身保险。创业者本人和员工的商业医疗保险、人身事故保险、人寿保险等。

大学生创业者要根据自己企业的实际情况来决定是否投保或投保哪些险种，不要过度信赖保险公司的推荐。

（五）重视创业伦理问题

创业伦理是创业者在开拓市场、资本积累、互惠互利、协同合作等方面需要遵守的行为准则。创业伦理是创业健康发展和成功的精神动力，有助于创业者创业目标的实现。大学生创业者要遵守并高度重视创业伦理。

由于企业所处的阶段不同，个人经历不同，大学生创业者要考虑的伦理问题也会有所不同。大学生创业者要考虑的伦理问题通常包括以下几个方面的内容。

1. 大学生创业者与原雇主之间的伦理问题

很多大学生创业者在创办企业之前，都会先去相关企业应聘，以学习创业相关知识。大学生创业者在辞职时必须遵循的两个重要原则。

（1）职业化行事。恰当地提前表露离职意图十分重要，急不可耐地离职是一种不明智的行为。在离职协议生效之前，大学生创业者仍为该企业员工，必须认真负责地做好手上的工作，并做好交接工作。

（2）尊重所有雇佣协议。对准备创业的大学生创业者来说，充分知晓并尊重自己曾签署的雇佣协议至关重要。一般情况下，企业会与重要员工签署保密协议和非竞争协议。保密协议的目的是保护企业的商业秘密，所以，大学生创业者从知晓商业秘密至商业秘密被公开，都必须严格遵守该协议。非竞争协议则规定了在特定时间内，大学生创业者禁止与前雇主竞争。如果签署了非竞争协议，大学生创业者就必须遵守相关协议。

2. 创业团队成员之间的伦理问题

创业团队成员就新企业的利益分配及新企业的发展方向达成一致非常重要。创业团队易犯的错误就是因沉迷于创办企业的兴奋而忘记订立有关企业所有权分配的最初协议。创业者协议一般会包含以下主要内容。

（1）未来业务的实质。

（2）简要的商业计划。

（3）创业者的身份和职位头衔。

（4）企业所有权的法律形式。

（5）股份分配或所有权分割方案。

（6）各创业者持有股份或所有权的支付方式（现金或血汗股权）。

（7）创业者签署确认归企业所有的知识产权。

（8）初始运营资本描述。

（9）回购条款，明确某位创业者退出时出售股份的处理方案。

3. 大学生创业者和其他利益相关者之间的伦理问题

大学生创业者和其他利益相关者之间的伦理问题涉及如下方面。

（1）人事伦理问题。这些问题与公正、公平对待现有员工和未来员工有关。不符合人事伦理的行为范围非常广，如大学生创业者在招聘面试时存在性别歧视、地域歧视。

（2）利益冲突。这些问题与那些挑战雇员忠诚的情景相关。例如，如果大学生创业者不公平对待员工。

（3）欺诈消费者。这个领域的问题通常出现在企业忽视消费者或公众安全的时候，如误导性广告、销售明知不安全的产品等。

任务三　新企业选址策略和技巧

企业都要有自己的经营场所，这个场所的地理位置往往与企业未来的经营发展有很大的关系，尤其是需要开设门店的服务型创业企业，门店选址不当，很容易造成前期的经营困境。不同的企业，其经营场所地理位置的作用也不同，对于许多企业而言，好的选址是成功的重要因素。大学生创业者要充分认识到选址的重要性，并掌握选址的技巧。

（一）企业选址的重要性

企业选址是关系企业成败的重要因素，也是大学生创业者在创业初期需要慎重考虑的重要问题之一。一个恰当的地理位置也许只能使一个普通的企业生存下去，但一个不恰当的地理位置却可以使一个优秀的企业走向失败。

据相关数据统计，在众多创办不到两年就倒闭的企业中，由于选址不当导致倒闭的企业数量占到总量的 50% 以上。由此可见，企业选址的重要性。企业选址的重要性可以从以下 4 个方面来理解。

（1）选址是企业制定经营战略及目标的重要依据。经营战略及目标的确定，需要企业重点考虑所在区域的社会环境、地理环境、人口、交通状况及市政规划等因素，并依据这些因素明确目标市场，再按照目标消费者的构成及需求特点确定经营战略及目标，制定包括广告宣传、服务措施在内的各项促销策略。事实表明，经营方向、产品构成和服务水平基本相同的企业会因为选址的不同，而在经济效益上表现出明显差异。大学生创业者如果不理会企业周围的市场环境及竞争状况，任意或仅凭直观经验来选择企业地址，是难以经受考验并获得成功的。

（2）选址反映了企业的市场定位。为消费者提供便利服务很重要，尤其对服务型企业而言，地址在某种程度上决定了客流量、消费者的购买力、企业对潜在消费者的吸引程度及企业竞争力等。选址恰当，便占有了"地利"的优势，企业就能吸引大量消费者，生意自然就会兴旺。

（3）选址是一项长期性投资。不论是租赁的，还是购买的，企业一旦确定下地址，就会投入大量的资金。当外部环境发生变化时，企业的地址不能像人、财、物等其他经营要素一样可以做相应的调整，它具有长期性、固定性的特点。因此，大学生创业者对企业地址的选择要做深入的调查和周密的考虑，妥善规划。

（4）选址反映了企业的服务理念。为消费者提供便利服务很重要，尤其对服务型企业而言，选址要以便利消费者为首要原则。企业应从节省消费者的购买时间和交通费用的角度出发，最大限度地满足消费者的需要，否则就会失去消费者的信赖和支持，也就失去了存在的基础。

🔖 拓展阅读

不同地段、不同租金的建材店

孙毅和刘立在大学毕业后一起到上海创业，并同时担任一家建材企业的驻沪代表。他们的货源充足，也不需要垫付资金，但是企业规定他们自负盈亏，也就是说他们要各自承担经营期间的费用，如水电费、人员工资和房租等。

因为对上海不了解，他们都选择了朋友推荐的店面。朋友给他们推荐的一家店面在宜山路建材市场，另一家店面在市区路边。位于建材市场内的租金比较贵，孙毅害怕生意做不好，就选择了便宜的路边店面；而刘立比较大胆，租下了建材市场昂贵的店面。

一年以后，刘立店面的销量和利润已经远远超过孙毅，还开设了分店。

（二）影响企业选址的主要因素

企业选址要解决两个基本问题：选择一个独特的地区；在该地区选择一个独特的地点。而影响企业选址的主要因素可划分为市场因素、商圈因素、交通因素、物业因素、政策因素、个人因素、价格因素。

1. 市场因素

大学生创业者应从消费者角度考虑，要考虑经营场所是否接近消费者、周围的消费者是否有足够的购买力、所售的商品能否吸引这一带的消费者。对于零售业和服务业企业来说，客流量和消费者的购买力决定着企业的业务量。

2. 商圈因素

大学生创业者选址时需要对特定商圈进行特定分析，如车站附近是往来旅客集中的地区，适合发展餐饮；商业区是居民购物、聊天、休闲的理想场所，适合开设大型综合商场和特色鲜明的专卖店；影剧院、公园附近人流量多，适合经营餐饮、超市等；在居民区，凡能给家庭生活提供独特服务的生意，都能获得较好的发展；在市郊地段，为驾车者提供生活、休息、娱乐和维修车辆等服务，也能获得较好的发展。

3. 交通因素

交通因素是指交通是否方便，如停车是否方便、货物运输是否方便、乘车来去是否方便。便利的交通不仅对制造型企业很重要，对服务型企业、零售型企业、批发型企业也至关重要。

4. 物业因素

在选择经营场所时，大学生创业者应首先了解地段或房屋规划的用途与自己的经营项目是否相符；该经营场所的产权问题；还应考虑该经营场所空置待租的原因、配套设施的完善程度等，如是不是环境污染区、有没有治安问题、会不会拆迁等。

5. 政策因素

政策因素指的是企业的经营业务最好能得到当地政府和主管单位的支持，至少不能与当地的政策背道而驰。

6. 个人因素

一些大学生创业者过多地关注个人因素，如把企业的经营场所选择在自己的住所附近，这种做法可能会令大学生创业者丧失更好的机会，使企业难以快速发展。

7. 价格因素

大学生创业者在购买或租赁经营场所时，要充分考虑价格因素。大学生创业者既要考虑购买费用和租赁费用，也要考虑经营场所的管理费用，还要对这个场地的投资回报率。只要回报率足够高，就算前期费用高，该经营场所也值得入手。

总之，大学生创业者选址时切忌盲听、盲信、盲从。缺少调查和评估是难以找到符合条件的经营场所的。此外，选址不能一味求快，大学生创业者应该对有意向的地段进行多方面的考察，权衡各个因素的优劣，从长远角度考虑，为自己企业日后的经营打下良好的基础。

拓展阅读

4 名大学生的创业失败案例

4 名梦想创业的大学生各拿出 4 000 元，准备在校园附近开一家精品店。当他们和房屋转租者签完转让协议，准备对店面进行装修时，房东突然出现并进行阻挠。他们已经花光 16 000 元创业资金，却无法开张。

小王是中南大学铁道校区大三学生，大二时他就忙着在学校做市场调查，并认为中高档的精品店会很受学生欢迎。这学期开学不久，他和另外 3 名有创业想法的同学一拍即合，各投资 4 000 元准备开店。

校园附近的孙老板有 3 间紧挨着的店面，其中一个店面闲置着。孙老板同意以 12 000 元转让这个店面的两年使用权。当时孙老板宣称自己有这个店面的 3 年使用权，但为了不让房东知道她将房子转租给他们的事情，就说几个大学生是帮她打工的，以此避免房东找麻烦。

"我们虽然知道孙老板不是房东，只是租用了房东的房子，但我们不知道一定要经过房东的同意才能租房。"当年 9 月 10 日，涉世未深的 4 名大学生和孙老板签下了店面转让协议书，并支付了 7 000 元。之后，他们花了 5 000 元购买了装修材料，又订购了一批货物。

当他们开始对店面进行装修时，房东闻讯赶来。房东表示，他和孙老板签订的合同上明确写着该店面只允许做理发店，并且不允许转租。房东阻止他们装修，并和孙老板发生了冲突。现在店门上已经挂了 3 把锁。先是房东将第一把锁挂了上去，接着孙老板也挂了一把锁。小王等人的物品都被锁在里面，无奈之下他们自己也挂了一把锁。现在进入这个店面，要过三道关。几把锁锁死了他们的创业之路。

（三）企业选址的基本步骤

大学生创业者为企业选址时应当遵循以下步骤。

（1）根据自己的经营定位列出"必需的"和"希望的"选址条件。

（2）对照选址条件确定备选地点。

（3）实地考察备选地点，挑选两三处较好的地点。

（4）按照"必需的"和"希望的"选址条件，对这两三处地点进行比较。

（5）花费一段时间到各个备选地点踩点，计算有效客流量。

（6）咨询有经验的人士，获得帮助。

（7）综合分析各种信息和意见。

（8）做出选址决定。

扫一扫

家乐福超市的选址
策略分析

（四）关于零售店铺选址的建议

经商讲究"天时、地利、人和"，如何选出好的店铺位置是大学生创业者所面临的首要问题。对于做终端零售的创业者来说，店铺位置的好坏是能否盈利的关键。这类店铺的选址需要大学生以下几点建议。

1. 要根据自己店铺的经营范围和目标消费群体进行选址

选择店铺位置之前，大学生创业者首先要明确自己的经营范围：如果经营的是日化、副食等快速消费品，就要选择居民区或社区附近；如果经营的是家具、电器等耐用消费品，就要选择交通便利的商业区。此外，大学生创业者还要考虑自己的目标消费群体，简单地讲，就是要选择能够更接近目标消费群体的地方。通常情况下，大多数店铺都开设在客流量比较大的街区，特别是当地商业活动比较频繁、商业设施比较完善的成熟商圈。

2. 要尽量避免在受交通管制的街道选址

城市为了便于交通管理，会在一些主要街道采取交通管制措施，如单向通行、限制通行车辆种类、限制通行时间等。大学生创业者选址时，应该避开这些地方，也尽量不要在道路中间设有隔离栏的街道开店，因为这些措施会限制店铺的客流量。即使店铺生意再好，对面的消费者也懒得绕路。店铺附近最好有公交车站点，以及为出租车提供的上、下车站等。另外，店铺门前或附近应该有便于停放车辆的停车场或空地，这样会更方便消费者购物。

3. 要选择居民聚集、人口集中的地区

人气旺盛的地区基本上都适宜开设店铺，尤其是超市、便利店、干洗店这样的店铺。居民较少、人口稀疏的地区就不适合开设店铺。虽然有时候在城市新开发的地区开店，可以做到货卖独家，但毕竟消费者较少，店铺的日常运营也难以维持。

4. 要事先了解店铺所在地的政府规划

随着城市的快速发展，旧城改造是店铺经营中可能遇到的情况。开设店铺前，大学生创业者首先要调查和了解当地的城市规划情况，避免在可能拆迁的"危险"地区开设店铺。在租赁房屋时，大学生创业者还要调查了解该房屋的使用情况，如建筑质量、业主是否拥有产权或其他债务上的纠纷等。忽视这些细节往往会导致店铺无法正常经营，造成损失。

5. 要注意店铺所在街道的特点和街道客流的方向与分类

一条街道会因为交通条件、历史文化、所处位置不同，而形成自己的特色。大学生创业者要选择道路通畅、往来车辆和客流较多的街道，避免在一条"死胡同"里开店。店铺的坐落和朝向也是十分重要的，店铺要尽量宽敞，朝北要注意冬季避风，朝西要注意夏季遮阳等。同样一条街道的两侧，由于行人的走向习惯，客流量不一定相同，大学生创业者要细心观察客流的方向，在客流量较大的一侧选址。长途汽车站、火车站和城市的交通主干道的客流量虽然大，但客流速度较快，消费者滞留时间较短。在这些地方开店，大学生创业者要根据自己的情况慎重选择。

6. 要选择同类店铺比较聚集的街区或专业市场

"货比三家"是很多人经常采取的购物方式，所以大学生创业者选择同类店铺集中的街区，更容易招揽到较多的目标消费群体。同类店铺聚集有助于提高相同目标消费群体的关注度。数码市场、

花卉市场、建材市场等地区，也是开设店铺的不错选择。需要注意的是，选择此类地区开店，大学生创业者要考察这些地区的管理水平、规模、在当地的影响力等因素。

课堂活动

活动主题：为企业选址。

活动内容：结合本节所学知识，同学们为企业选一个合适的地址吧！

（1）原来的创业团队组成一个小组。

（2）在学校所在城市选址，各团队讨论出一个最适合自身条件的地方。

（3）确认企业选址并分享思路与过程。

任务四 新企业生存管理

企业在创办初期的工作重心，就是求生存。基于生存开展管理，企业才能有发展可言。创办初期正是企业管理制度和模式还不够完善的时候，企业内部很容易出现妨碍企业发展的各种问题，因此大学生创业者要高度重视企业的生存管理。

拓展阅读

迅雷的生存

2002 年，迅雷的创始人程浩和邹胜龙开始共同创业时，选择的项目是电子邮件的分布式存储系统。当时，电子邮箱市场已经开始收费，提供的邮箱容量也越来越大。不过电子邮箱的存储市场并没有他们当初设想的那么大，两三个月后公司陷入困境，二人商量转型。程浩发现，在门户、邮箱、搜索、即时通信、下载等环节中，唯独下载没有主流提供商，但对于大容量文件，如电影、网络游戏，人们却有较大的下载需求。于是，程浩和邹胜龙决定研发迅雷软件。迅雷软件采用基于网络原理的多资源超线程技术，下载速度奇快，但漏洞百出。为了使产品能以更快的速度发布，程浩在研发过程中放弃了对产品各种细节的考究，只关注核心问题。

为了打开市场，他们每月花费两三万元聘请专业营销人员进行市场推广，但使用者还是寥寥无几。2004 年年中，程浩通过朋友找到了雷军。由于那时程浩没有名气，雷军只给了他一次测试的机会。测试显示，迅雷软件的下载速度是当时其他下载工具的 20 倍。于是，雷军同意推荐其游戏用户使用迅雷软件免费下载其热门游戏。在获得了雷军的认同后，程浩二人迅速和其他网络游戏厂商达成协议，使其新增用量迅速增加。有了可观的用户量后，程浩二人很快通过广告、软件捆绑、按效果付费的竞价排名广告等渠道取得了收支平衡。

（一）新企业的管理原则

新企业成长和现有企业成长具有明显的不同。现有企业在激烈的市场竞争中已经具备了一定的竞争优势，包括品牌、服务、渠道等。而新企业只有打破原有竞争格局，才能扭转不利局面。在核心竟争能力尚未形成的时候，新企业应该采用以下管理原则与对手周旋，争取生存机会，然后不断积累，加强自身的实力。

1. "生存第一"原则

企业在创办初期的首要任务就是在市场中生存下来，让消费者认识和接受自己的产品。也就是说创办之初，企业最根本的目标就是生存，企业的一切活动都应围绕生存来进行，一切危及企业生存的行为都应避免。"生存第一"原则要求大学生创业者把满足消费者的需求放在第一位，把盈利作为企业管理绩效的关键考核指标。企业应有明确的生存理念，指导员工时刻心系企业的生存安危，不断奋斗，确保企业基业稳固持续发展。

2. "现金为王"原则

现金流对于企业而言，如同血液对于人一样重要。"现金为王"原则要求：第一，大学生创业者要周期性地评估企业的财务能力，要对当前现金流的状况做到心中有数；第二，大学生创业者一定要节约用钱，要将每一分钱都用在最需要的地方，要千方百计增收节支、加速资金周转、把握好发展节奏；第三，大学生创业者采用"早收账，迟付款"的方法来实现正现金流。

3. "分工协作"原则

新企业的人员职责分工相对大企业而言比较模糊，新企业员工处于一种既分工又协作的状态。大家平时各司其职，但在遇到紧急情况和面对重要任务时，就要齐心协力、团结一致。

4. "事必躬亲"原则

新企业由于人手少、资源缺乏，一切都处于萌芽阶段，所以大学生创业者必须亲自去做很多事情，如直接向客户推销产品、参与商业谈判、处理财务报表、制订薪酬计划、从事广告宣传等。这个阶段的大学生创业者切忌把自己当成"大老板"而目空一切、眼高手低，而要有事必躬亲的精神，这样才能对企业经营过程中的每一个细节做到心中有数，从而才能使企业越做越大。

（二）企业的生命周期

世界上任何事物都有其生命周期，企业也不例外。企业的生命周期如同一双无形的巨手，始终左右着企业发展的轨迹。企业的生命周期，是指企业诞生、成长、壮大、衰退、死亡的过程，如图 11-1 所示。虽然不同企业的生命周期有长有短，但不同企业在生命周期的相同阶段所表现出来的特征却具有某些共性。了解这些共性，便于大学生创业者了解自己企业所处的生命周期阶段，从而调整企业的发展状态，尽可能地延长企业的生命周期。

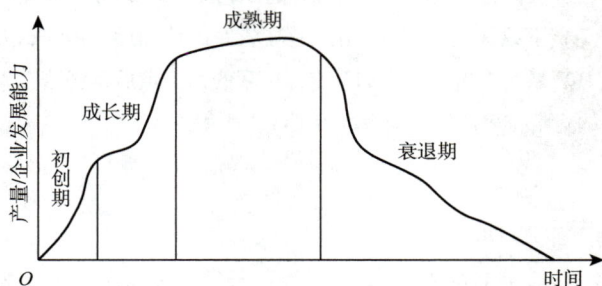

图11-1　企业的生命周期曲线

1. 初创期

初创期指企业创办后的 1 ～ 3 年。一般来说，这一时期的企业生存能力弱，很容易受到行业中原有企业的威胁。此时，企业处于学习阶段，市场份额小，资金不充裕，管理水平低，管理费用高，固定成本大，企业波动较大，死亡率也很高。生产经营活动中出现的任何差错都可能导致企业夭折。新产品开发以及未来的企业现金流量都具有较高的不确定性，因此企业的经营风险非常高。新企业的存活，在很大程度上取决于这一时期的项目可行性分析、市场预测和投资决策。

2. 成长期

在初创期生存下来的企业将很快进入成长期。企业的成长期分为迅速成长期和稳步成长期两个时期。成长期企业的经验和规模都在增长，企业全面成长，经济实力增强，市场份额逐步变大，竞争能力增强，创新能力增强，产品体系化，已能在行业中站稳脚跟。这一时期的企业虽然在产业中已经成为"骨干企业"，但尚未发展为大企业，仍然存在比较大的经营风险，很容易跌入多元化陷阱。这主要是由于企业的市场营销费用加大，企业需要募集大量资金进行项目投资。此外，此时的大学生创业者往往会想当然地认为其成功的经验可以适用于多个领域，于是会"大胆"地进入多个行业或领域，甚至是自己极其不熟悉的行业或领域。诚然，多元化可能使企业的销售量大幅度增长，但盈利却未必随着销售量的增长而增加。这时，企业的现金流量仍然是不确定的，且市场环境是多变的。因此，大学生创业者需要不断完善企业的管理制度，更新企业的未来发展规划，提高企业对市场的应变能力，以保证企业的快速成长。

3. 成熟期

能够进入成长期的企业本来就不多，而能够进入成熟期的企业更是凤毛麟角。在成熟期，企业的发展速度会有所放慢，产品标准化会有所提高，经营领域会有所拓宽，管理走向正规化，产品知名度和市场占有率会有很大的提高。处于成熟期的企业往往会出现创新精神减退的问题。这是因为，企业经过初创期、成长期后，已经可以依赖某一产品而获得丰厚的收益，久而久之便缺少了对新事物的敏感性和强烈的改革意愿。成熟期企业创新精神减退的问题还与企业规章制度有关。创新强调变化，而制度要求遵守，再加上成熟期企业的规章制度已经较为健全，各级人员只需按规定办事即可。但市场是变化的，企业"沉睡"的时间过长，就会影响到满足消费者需要的能力，企业的市场竞争力也会随之下降。成熟期企业的最大风险是其成熟期过于短暂。企业进入成熟期很困难，长期停留在成熟期就更困难。如果能够一直停留在成熟期，对企业来说是再好不过的了。问题是在现实中，只要企业一不留神，就会马上陷入衰退期。

4. 衰退期

企业在成熟期如果没有实现蜕变，则会进入衰退期。企业进入衰退期主要由以下两种情况引起：一种情况是受到行业寿命周期的影响，如果该行业已到了衰退期，自然会影响到企业，使企业跟着衰退；另一种情况是该企业患了"大企业病"，其主要表现是官职增多、官僚主义横行、企业家精神泯灭、部门之间推诿责任、士气低落、应变能力下降等。

衰退期企业的生命周期还是有延长的可能性的。只要企业进行改革，成功地转换产品，灵活地转换企业形态，准确地选择新的产业或领域，企业就可能重获新生。企业在衰退期考虑改革，时间上已经较晚。其实，企业在发现业绩开始下滑或增长速度开始放慢时，就应该考虑改革了。

（三）新企业容易遇到的管理问题

由于初创期企业拥有的资源不多，承担风险的代价不大，大学生创业者勇于冒险；大学生创业者对未来充满期望，往往能够容忍暂时的失误，因此这一时期的大学生创业者对未来的期望值大于已有成就；企业的内部结构简单、办事效率较高等，这些都是初创期企业的典型优势。但也正是因为这些优势，企业快速成长之后，随着人员的膨胀、市场的扩张等，一些管理问题随之而来。

1. 资金不足

低估对现金和经营资金的需要是初创企业中较为普遍的现象，这源于大学生创业者典型的热情心态。热情虽重要，却不能用于解决资金不足的问题。这种热情会让大学生创业者把成功的目标定得很高，而低估了对资金的需求。企业的产品销量越大，出现资金不足问题的可能性就越大。一个企业的平均年销售量增长若超过 35%，就难免遇到资金周转的困难。

为获得足够的资金，大学生创业者又会犯一些常见的错误，如把短期贷款用于较长时间才能产生效益的投资项目；开始用超大折扣刺激现金流的产生，以至于产品卖得越多，企业亏得越多等。

大学生创业者应该时刻重视企业的现金流量、贷款结构和融资成本等，必须有符合实际的经营计划，而且要以"周"为单位来监控现金流量。严格监控应收账目周转率和存贷周转率也是解决资金不足问题的基本手段。

2. 制度不完善

初创期的企业会遇到各种问题，如顾客投诉、供货商令人不满、银行不愿贷款、工人磨洋工等。由于没有先例、规章或经验可借鉴，企业就会产生行动导向和机会驱动的压力。此时的企业正在试验、探寻成功的含义。一旦把成功的内涵搞清楚，企业就会通过制定规章制度来保证今后能取得同样的成功。这一阶段制定的规章制度有可能扼杀灵活满足消费者需求的机会。但缺乏具有正确导向的规章制度和政策，为了获取利益而过于灵活的权宜之计，又会使企业养成"坏习惯"。习惯成自然，而且这种习惯会持续到未来，对企业未来发展造成不利影响。例如，为争取到订单，企业会千方百计去满足消费者的需要，但随后却可能造成企业失控。

3. 因人设岗

初创期企业的员工所承担的责任和义务常常是重叠交叉的。例如，总经理可能既管采购，又管销售，还兼管设计；销售人员可能要承担一部分采买工作；会计人员有时也是办公室主任。这时的企业是围绕人来组织的，而不是围绕工作本身进行组织的。企业按照缺乏规划的方式在成长，它只是对各种机会做出反应，而不是有计划、有组织、定位明确地去开发利用自己所创造的机会。

对于初创期的企业而言，事事优先是正常的。企业在不断成长，不可避免地犯了一些错误之后，就会知晓哪些事不能去做。这是一个不断试错的学习过程。

企业在初创期取得的成就越大，大学生创业者的自满程度越高，企业出现危机的可能性就越大，同时推动企业变革的作用力也就越大。企业终会认识到，自己需要一整套规章制度来明确该做与不该做的事情。规章制度的完善表明企业强调管理的作用，也有助于企业进入更好的发展阶段。爱迪思认为，企业在初创期出现的有些问题属于正常现象，能随着企业的成长而慢慢消失；有些问题则属于不正常现象，需要企业尽早解决，如表 11-2 所示。

表 11-2　初创期企业出现的正常现象与不正常现象

正常现象	不正常现象
没有因风险而拒绝履行应履行的义务	因风险而拒绝履行应履行的义务
现金支出在短期内大于现金收入	现金支出在长期内大于现金收入
缺乏管理深度	丧失控制权
缺乏制度	过早制定规章制度和工作程序
缺乏授权	过早授权
唱"独角戏"，但愿意听取不同意见	刚愎自用，不听取意见
出差错	不容许任何人包括自己出差错
获得家庭支持	缺乏家庭支持
获得外部支持	受到外部干预

（四）新企业成长的管理技巧与策略

新企业往往都是白手起家，通常缺乏制订计划的能力，也没有大量数据资料作为决策的参考依据。因此，新企业往往没有像大企业一样的长远计划。这就需要大学生创业者更加关注市场变化，更加贴近消费者，更加注重培养快速反应能力，以提高企业生命力。需要注意的是，新企业并不是规模小的大企业，它们有本质的区别，大学生创业者不能简单地把大企业成功的管理经验应用于自己的新企业。

1．新企业的营销管理

扩大销售是新企业最重要的任务。为了吸引消费者，企业有时会不惜成本。所以，创业初期企业的销售收入增长很快，但由于成本增加更快，却未必有利润。

随着企业的逐渐成熟，大学生创业者要对已有的销售行为进行规范，对客户进行筛选和细化管理，对产品售前、售中、售后整个过程进行监控，通过整合所有的销售资源，逐步使销售收入与利润实现同步增长。

2．新企业的人力资源管理

新企业的人力资源管理的主要特点体现在组织结构层次简单，决策权在大学生创业者手中；决策简单，只需大学生创业者定出可行性方案；决策与执行环节少，使决策集中、高效，执行快速有力，对于市场变化能够迅速做出反应；具有充分的用人自主权，能够吸引人才加盟。

新企业的人力资源规划，主要应该从业务发展的层面（如技术、生产、营销等方面）及企业整体运营进行思考，同时结合企业的长远发展来进行规划。

企业需要开展什么业务，需要配备什么样的人才，需要配备多少这样的人才，需要的人才来源在哪里，如何才能引进这样的人才，如何才能让这些人才在企业中安心工作并发挥作用，企业在人才方面的预算是多少，一般员工的数量、来源、工作分配是怎样的，企业的薪酬福利制度是怎样的，大学生创业者能够把这些问题思考清楚，能够系统性地把这些问题归纳到一起来处理，就很容易找到答案。

3. 新企业的其他职能管理

在计划方面，新大学生创业者要更多注重对市场机会的开发、把握，以现有可以利用的市场机会确定经营方向，以实现远景目标战略；在领导方面，大学生创业者要与所有能互相合作和提供帮助的人们进行大量的沟通交流，并给予他们有力的激励和鼓舞，率领创业伙伴朝着某个共同方向前进；在控制方面，大学生创业者要应尽量减少计划执行中的偏差，确保主要绩效指标的实现。

总之，新企业没有规范化的管理方式，只有经过大量的实践后，才能结合企业的实际情况，形成符合自身特点的管理风格。用人来定制度，然后用制度来管理人，新企业秩序的实现主要靠人的主动性和自觉性，即以"人治"为主。

综上，在创业初期，大学生创业者要对企业运作和管理有正确的理解，在制定各种规章、制度的同时，更应清楚任何企业管理的目标一定是使企业运作更加有效，获得更多的经济效益，而非把表面文章或者形式架构做得漂亮。所以，一切的管理应该考虑的是企业如何能够盈利、如何能够生存下去、如何能够取得自身独特的竞争优势等。另外，一套规范的管理体系并不是一朝一夕就能形成的，需要长期持续的磨合。在市场竞争日益激烈、产业模式不断更新换代的今天，众多行业利润不断被压缩，企业运营模式不断被新技术和新方法冲击，企业内部管理的精细化和系统协调性的提高成为企业发展的必然要求。企业建立健全管理制度，解决在发展过程中遇到的问题，提高技术创新能力、组织水平、产业化水平，都能对企业的发展起到巨大的推动作用。

任务五　创业融资

资金是企业不可缺少的生产要素，且新企业在发展的每个阶段都会面临不同的融资问题。大学生创业者解决好融资问题是企业能够立足发展的基础，如何确定融资金额和寻找融资的方式与渠道也是大学生创业者应当掌握的内容。通过合理融资，新企业往往能够有一个更好的发展前景。

（一）关于创业融资

要想新企业有更好的发展，并获得足够的资金支持，大学生创业者需要先了解创业融资的概念及其重要性。

1. 创业融资的概念

创业融资指新企业根据自身发展的要求，结合生产经营、资金需求等现状，通过科学的分析和决策，借助企业内部或外部的资金来源渠道和方式，筹集生产经营和发展所需资金的行为和过程。

从狭义上讲，融资是一个企业筹集资金的行为与过程，是企业依据自身的生产经营状况、资金拥有状况，以及未来经营发展的需要，通过科学的预测和决策，采用一定的方式，经过一定的渠道向企业的投资人和债权人筹集资金，以保证企业正常生产需要、经营管理活动需要的理财行为。

从广义上讲，融资也叫金融，也就是货币资金的融通，不仅包括资金的融入，也包括资金的运用。

2. 创业融资的重要性

对大学生创业者来说，创业融资具有非常重要的意义，其主要表现在以下 4 个方面。

（1）创业融资是大学生创业者及时抓住创业机会的重要手段。中国人民大学联合多单位发布的《2017中国大学生创业报告》指出，虽然中国大学生创业意愿持续高涨，但缺乏资金和资源仍是其创业最主要的障碍。

（2）创业融资是新企业生存发展的基础。如果把企业比喻成汽车，那么资金就是汽油。资金不仅是企业生产经营过程的起点，也是企业生存与发展的基础。企业资金链的断裂很可能导致企业破产。

（3）合理融资有利于降低创业风险。新企业使用的资金，是大学生创业者从各种渠道借来的，都有一定的资金成本。因此，合理选择融资渠道和融资方式，有利于降低资金成本，将新企业的财务风险控制在一定范围之内。

（4）科学的融资决策有利于新企业的可持续发展。优质的融资为新企业植入"健康的基因"，保证新企业的健康持续发展。

3. 创业融资的过程

融资前，大学生创业者必须想好"融多少""怎么融"的问题。为了实现科学融资，大学生创业者可以参考以下过程。

（1）做好融资前的准备。市场经济条件下，个人诚信是无形资产，它能有效拓展获取各种资源的渠道。此外，大学生创业者需要广泛搭建人脉，与现实和潜在的投资人建立和发展良好的融资关系。

（2）计算创业所需资金。在融资前，大学生创业者要运用科学的方法测算出创业所需的资金量。

（3）制作创业计划书。制作创业计划书不仅有助于大学生创业者通盘考虑创业所需的资金量，还有助于其获得风险投资支持。

（4）选择合适的融资方式与融资渠道。

4. 创业融资难的原因

创业融资难主要来自以下两个方面的因素。

（1）不确定性。清华大学中国创业研究中心全球创业观察（GEM）项目的研究成果显示，市场变化大是我国创业环境的重要特征。市场变化大，意味着创业活动具有非常大的不确定性，这会使投资人在投资创业项目时非常谨慎。

（2）信息不对称。一般来说，大学生创业者比投资人对于市场创业项目、自身能力、创新水平与市场前景更加了解，处于信息优势地位。与大学生创业者相比，投资人则处于信息劣势的地位。这种信息不对称也会增加企业的融资难度。

（二）创业资金的测算

正确测算创业所需资金有利于确定融资数额，降低资金成本。在测算创业所需资金之前，大学生创业者首先要了解创业资金的分类。

1. 创业资金的分类

按照资金投入企业的时间，创业资金可以分为投资资金和营运资金两种。

（1）投资资金

投资资金发生在企业创办之前，是企业在筹办期间发生各种支出所需要的资金。投资资金包括企业在筹建期间为取得原材料等流动资产而投入的流动资金，购建房屋、购买机器设备、购买专利权和商标权等而投入的非流动资金，以及在筹建期间发生的人员工资、培训费、差旅费、印刷费、注册登记费、营业执照费、市场调查费、咨询费和技术资料费等资金。

（2）营运资金

营运资金是在从企业开始经营之日起到企业能够做到资金收支平衡为止的时间内，企业发生各种支出所需要的资金。营运资金以流动资金为主，既包括企业投入在流动资产上的资金，也包括企业用于日常开支的费用。

新企业的产品或服务很难在短期内得到消费者的认同，导致企业的市场份额较小且不稳定，难以取得一定规模的销售额。此外，在商业信用（赊销）极其发达的今天，很多企业会采用商业信用的方式开展销售和采购业务。使用这种方式的企业无法当期收到已经实现的销售收入。规模较小且不稳定的销售额，以及应收款项延后入账，都会导致企业缺少资金的情况，这要求大学生创业者及时融资，形成大量的营运资金。

很多企业对营运资金的需求要远远大于对投资资金的需求。对营运资金重要性的认识，有利于大学生创业者充分估计创业所需资金的数量，从而及时、足额筹集资金。

2. 投资资金的测算

为了能对创业投资资金进行准确测算，大学生创业者需要具备丰富的企业管理经验，以及对市场行情的充分了解。为了较为准确地测算出自己的创业投资资金，大学生创业者需要将其分类列表，而且越详细越好。一个可靠的办法就是大学生创业者先想出企业所需要的一切资源，从有形的商品（如场地、库存、设备等）到专业的服务（如装潢、广告和法律事务等），再分门别类，逐项测算创业启动所需要支付的费用，如表11-3所示。

表11-3　投资资金测算表

项目	数量	金额／万元
置办房屋、建筑场地		
购买生产设备		
购买办公家具		
购买办公用品		
员工工资		
广告费用		
市场调查费用		
营销费用		
水电费、通信费		
保险费		
设备维护费		
员工培训费		
……		
合计		

3. 营运资金的测算

广义的营运资金又称总营运资本，是指一个企业投放在流动资产上的资金，具体包括现金、有价证券、应收账款、存货等占用的资金。狭义的营运资金是指某时间点内企业的流动资产与流动负债的差额。营运资金通常在一个运营周期内就可以收回，大学生创业者一般至少要准备新企业前6个月所需要的营运资金。营运资金的测算步骤如下。

第一步：测算新企业的营业收入

测算营业收入是制定财务计划、编制预计财务报表的基础。由于新企业没有既往销售业绩可供参照，所以大学生创业者只能依据市场调查、销售人员综合意见、专家咨询、同类新企业的销售量等来预测月度、季度乃至年度的销售量，再根据定价测算出营业收入。大学生创业者可以通过表 11-4 来进行营业收入的预测。

表 11-4　预测营业收入表

企业名称：　　　　　　　　　　时间：　　　　　　　　　　单位：万元

产品名称	项目	1月	2月	3月	4月	5月	6月	……	12月	合计
产品一	销售数量									
	平均单价									
	销售收入									
产品二	销售数量									
	平均单价									
	销售收入									
……	……									
合计	销售总收入									

第二步：编制预计利润表

预计利润表又称为预计损益表，是反映企业在一定时期内经营成果的会计动态报表，如表 11-5 所示。其编制依据是"收入－费用＝利润"。预计利润表中的"营业收入"来源于营销策略中对销售收入的估计；"营业成本"是指企业对所销售商品或服务的成本的测算；"销售费用"来源于营销策划中对于营销费用的测算；"管理费用"来源于费用预算；"财务费用"来源于融资计划中负债资金的筹集金额及其利率。

表 11-5　预计利润表

企业名称：　　　　　　　　　　时间：　　　　　　　　　　单位：万元

项目	1月	2月	3月	……	12月
一、营业收入					
减：营业成本					
税金及附加					
销售费用					
管理费用					
研发费用					
财务费用					

续表

项目	1月	2月	3月	……	12月
其中：利息费用					
利息收入					
资产减值损失					
加：其他收益					
投资收益（损失以"-"号填列）					
其中：对联营企业和合营企业的投资收益					
以摊余成本计量的金融资产终止确认					
收益（损失以"-"号填列）					
净敞口套期收益（损失以"-"号填列）					
公允价值变动损益（损失以"-"号填列）					
信用减值损失（损失以"-"号填列）					
资产减值损失（损失以"-"号填列）					
资产处置收益（损失以"-"号填列）					
二、营业利润（亏损以"-"号填列）					
加：营业外收入					
减：营业外支出					
三、利润总额（亏损总额以"-"号填列）					
减：所得税费用					
四、净利润（净亏损以"-"号填列）					
（一）持续经营净利润（净亏损以"-"号填列）					
（二）终止经营净利润（净亏损以"-"号填列）					
五、其他综合收益的税后净额					
（一）不能重分类进损益的其他综合收益					
1. 重新计量设定收益计划变动额					
2. 权益法下不能转损益的其他综合收益					
3. 其他权益工具投资公允价值变动					
4. 企业自身信用风险公允价值变动					
……					
（二）将重分类进损益的其他综合收益					
1. 权益法下可转损益的其他综合收益					
2. 其他债权投资公允价值变动					
3. 金融资产重分类计入其他综合收益的金额					
4. 其他债权投资信用减值准备					
5. 现金流量套期储备					

续表

项目	1月	2月	3月	……	12月
……					
六、综合收益总额					
七、每股收益					
（一）基本每股收益					
（二）稀释每股收益					

第三步：编制预计资产负债表

资产负债表也称财务状况表，是反映企业在一定时期内全部资产、负债和所有者权益的财务报表，是企业经营活动的静态体现。

资产负债表根据"资产＝负债＋所有者权益"这一会计等式，结合一定的分类标准和要求编制而成，是一种重要的财务报表。其最重要的功用在于它能够确切地反映企业的营运状况和企业需要外部融资的数额，如表11-6所示。

表11-6　预计资产负债表

企业名称：　　　　　　　　　　时间：　　　　　　　　　　单位：万元

资产	1月	2月	……	12月	负债及所有者权益	1月	2月	……	12月
一、流动资产					三、流动负债				
货币资金					短期借款				
交易性金融资产					交易性金融负债				
衍生金融资产					衍生金融负债				
应收票据					应付票据				
应收账款					应付账款				
应收款项融资					预收款项				
预付款项					合同负债				
其他应收款					应付职工薪酬				
存货					应交税费				
合同资产					其他应付款				
持有待售资产					持有待售负债				
一年内到期的非流动资产					一年内到期的非流动负债				
其他流动资产					其他流动负债				
流动资产合计					流动负债合计				
二、非流动资产					四、非流动负债				
债权投资					长期借款				
其他债权投资					应付债券				
长期应收款					其中：优先股				
长期股权投资					永续股				
其他权益工具投资					租赁负债				
其他非流动金融资产					长期应付款				
投资性房地产					预计负债				
固定资产					递延所得税负债				

续表

资产	1月	2月	……	12月	负债及所有者权益	1月	2月	……	12月
在建工程					其他非流动负债				
生产性生物资产					非流动负债合计				
油气资产					负债合计				
使用权资产					五、所有者权益（或股东权益）				
无形资产					实收资本（股本）				
开发支出					其他权益工具				
商誉					其中：优先股				
长期待摊费用					永续股				
递延所得税资产					资本公积				
其他非流动资产					减：库存股				
非流动资产合计					其他综合收益				
					专项储备				
					盈余公积				
					未分配利润				
					所有者权益（或股东权益）合计				
资产总计					负债和所有者权益（或股东权益）总计				

课堂活动

活动主题：项目融资金额测算。

活动内容：为了新企业能更好地发展，你打算根据本企业营运资金的测算去进行融资。现需要你以半年为单位，计算出新企业所需的营运资金。

（1）大致测算新企业的营业收入。

（2）编制预计利润表。

（3）编制预计资产负债表。

（三）创业融资的方式

大学生创业者获取融资的方式有很多，需要根据企业的实际情况选择适合的融资方式。

1. 内部融资和外部融资

内部融资是指企业依靠其内部积累进行的融资，具体包括 3 种方式：资本金、折旧基金转化为重置投资和留存收益转化为新增资本。内部融资具有原始性、主动性、低成本性和抗风险性等特点。

外部融资是指企业通过一定方式从外部融入资金，包括银行借款、发行债券、融资租赁、商业信用等负债融资方式，以及吸收直接投资、发行股票等权益融资方式。外部融资具有高效性、灵活性、大量性和集中性等特点。

2. 直接融资和间接融资

直接融资是指资金供求双方直接融通资金的方式，是资金盈余单位在金融市场购买资金短缺单位发行的有价证券，如商业汇票、债券和股票等。另外，政府拨款、占用其他企业资金、民间借贷和内部集资也属于直接融资的范畴。直接融资具有直接性、长期性、不可逆性和流通性等特点。

间接融资是指企业通过金融中介机构间接向资金供给者融通资金的方式。它由金融中介机构充当信用媒介来实现资金在资金盈余单位和资金短缺单位之间的流动，具体的交易媒介包括货币、银行存款及银行汇票等。另外，融资租赁、票据贴现也属于间接融资。间接融资具有间接性、集中性、安全性和周期性等特点。

3. 股权融资和债权融资

股权融资包括大学生创业者自己出资、争取国家财政投资、与其他企业合资、吸引投资基金投资及代表企业公开向市场募集发行股票等。大学生创业者自己出资是股权融资的最初阶段，向市场募集发行股票是股权融资的最高阶段。股权融资的特点在于企业无须偿还引入的资金，不需要支付利息且不必按期还本，但需按企业的经营状况支付红利。当企业引入新股东时，企业的股东构成和股权结构将会发生变化。

债权融资包括大学生创业者向政府、银行、亲友和代表企业向社会发行债券等。向亲友借贷是债权融资的最初阶段，向社会发行债券是债权融资的最高阶段。债权融资的特点是企业必须根据借款协议按期归还本金并定期支付利息。债权融资一般不影响企业的股东及股权结构。

（四）创业融资的渠道

创业融资渠道即新企业筹集资金的方向和通道，体现了资金的来源。对于大学生创业者来说，快速、高效地筹集到资金，是新企业站稳脚跟的关键，更是实现正常经营的动力。目前国内大学生创业者的融资通道较为单一，主要是依靠银行等金融机构。实际上，私人资本融资、机构融资、政府的创业扶持基金、风险投资和创业板上市融资等都是不错的创业融资渠道。

1. 私人资本融资

私人资本融资包括自我融资、亲朋好友融资和天使投资。

（1）自我融资。自我融资是指创业者将自己的部分甚至全部积蓄投入企业创办之中。研究发现，70%的创业者依靠自己的资金创办企业。自我融资具有使用成本低、得来容易和使用时间长的优势。其他投资人在决定是否提供资金支持时，也会考虑创业者个人资金投入的情况。

（2）亲朋好友融资。亲戚、朋友一般都是创业者理想的投资人，许多成功创业人士在创业初期都借用过亲戚或朋友的资金。

（3）天使投资。天使投资是自由投资人或非正式风险投资机构对处于构思状态的原创项目或小型新企业进行的一次性前期投资。天使投资虽是一种风险投资，但有其独特处：天使投资是一种非组织化的创业投资形式，其资金来源大多是民间资本；天使投资的门槛较低，甚至会对一个创业构思进行投资。

扫一扫

天使投资的特征

2. 机构融资

机构融资主要分为商业银行贷款和担保机构融资。

（1）商业银行贷款

在我国，中国工商银行、中国农业银行、中国银行、中国建设银行、中国交通银行等国有商业银行，中国光大银行、民生银行、招商银行、深圳发展银行、上海浦东发

展银行等股份制商业银行是大学生创业者获得银行贷款的重要来源。商业银行不提供股权资本，主要提供短期贷款，也提供中长期贷款和抵押贷款。目前，我国商业银行推出的个人经营类贷款非常适合大学生创业者，其包括个人生产经营贷款、个人创业贷款、个人助业贷款、个人小型设备贷款、个人周转性流动资金贷款等类目。

（2）担保机构融资

担保机构融资是指由依法设立的担保机构以保证的方式为债务人提供担保，在债务人不能依约偿还债务时，由担保机构承担合同约定的偿还责任，从而保障银行债权实现的金融支持方式。担保机构融资主要解决中小企业融资难的问题。

担保机构融资的程序与要求如下。

① 担保融资的程序。有担保需求的企业应首先选择一家担保机构并提出担保申请，担保机构对申请企业进行调查后，会要求企业提供反担保。担保机构审批同意后，企业就可按正常程序向商业银行申请贷款。

② 担保融资的条件。担保机构为具有以下条件的客户提供担保：在行业内具有比较优势；健康、稳健、诚信、有持续经营能力；有还本付息能力。

③ 担保融资的注意事项。担保机构是经营信用的企业，在其所面临的风险中，最突出、最不可控制的是其所担保的企业无法按时还款，因此担保机构非常看重向其提出担保申请的企业及创业者以往的信用记录。

所以，大学生创业者应当未雨绸缪，在日常生活中就要注重诚信建设，并尽早同担保机构建立联系，加强沟通，增进了解。一旦大学生创业者有担保融资需求，其良好的信用就可以大大缩短担保机构的审核时间，为企业抓住商机提供保障。

3. 政府的创业扶持基金

由政府主导的创业扶持基金不但能为企业带来现金流，更是企业壮大无形资产的利器。近年来，政府充分意识到创业对促进经济增长、扩大就业容量和推动技术创新有着非常重要的作用，为此，各级政府相继设立了一些创业扶持基金对创业予以支持，主要包括科技创新基金、政府创业基金、专项基金等。政府提供的创业扶持基金通常能得到大学生创业者的高度关注，因为利用政府资金就不用担心投资方的信用问题；而且，政府的投资一般都是免息的，这也降低或免除了大学生创业者的筹资成本。政府的创业扶持基金有严格的申报要求，加上政府每年的投入有限，大学生创业者须高度重视、认真准备申报材料。

4. 风险投资

风险投资（Venture Capital，VC），是指投资人在企业发展初期投入风险资本，待企业发育相对成熟后，便通过市场退出机制将所投入的资本由股权形态转化为资金形态以收回投资，取得高额风险收益。

由于高新技术企业与传统企业相比更具备快速成长潜力，所以风险投资人往往把高新技术企业作为主要投资对象。

5. 创业板上市融资

创业板是指交易所主板市场以外的另一个证券市场，其主要目的是为新企业提供筹资途径，助其发展和扩展业务。创业板市场最大的特点就是进入门槛低，运作要求严，这有助于有潜力的中小企业获得融资机会。

创业融资不只是一个技术问题，还是一个社会问题，大学生创业者应从建立个人信用、积累社会资本、做好创业计划、测算不同阶段的资金需求量等方面做好准备。突破创业融资束缚，提升整体创业的成功率，需要政府、社会、高校等协调配合，形成合力，以为创业融资乃至整个创业进程"保驾护航"。

案例分析：张天一"伏牛堂"的成功

2014年，北大硕士毕业生张天一创作的《我硕士毕业为什么卖米粉》的文章在网络上流传，并引发热议，有不少人认为"北大毕业却去卖米粉是对教育资源的严重浪费"。确实，北大硕士毕业的人似乎应当在中央商务区挥斥方遒，但张天一有自己的看法。他曾经在中央商务区的一家律所实习，但并不喜欢那种"高大上"的工作。在张天一看来，创业可以满足他对自由自在生活的向往。他认为，创业本身有风险，越早创业，试错成本越低；年轻人最应该看重不是安稳的工作，也不是赚钱，而是在精力最好、求知欲最旺盛的时候，以最快的方式获得对世界的认知和积累，这不是被动的生存选择，而是对生活方式的主动追求。

张天一的创业团队正在营造一种"霸蛮"文化。"霸蛮"有"拼命三郎"的意思，张天一将它印在衣服上做口号是希望自己的创业团队有这样的精神。这种创业者应有的精神得到了李克强总理的肯定。

张天一的创业之路从卖湖南常德的米粉开始。他将牛肉米粉作为创业项目，也是经过深入分析和调研的。黄太吉、雕爷牛腩等餐厅的成功，让张天一发现餐饮业在移动互联网时代大有可为。为了定下产品配方，张天一和合伙人走街串巷，吃遍常德的米粉，学习并尝试调整配料，又通过常德餐饮协会邀请到当地几家知名米粉店的主厨品尝。对于门店的选址，他们选择了一流商圈十流地段，将"伏牛堂"开在国贸的角落，这样可以节约租金，将节省下来的资金投到大众点评上，并设置店铺促销，吸引顾客。

身为创始人，张天一也并不是只做管理工作。他说，创业初期，"牛肉是自己切的，自己炒的，自己炖的；米粉是自己进货，自己泡，自己发，自己煮。所有的工作都是自己做，所以在最开始创业时，我们有两个身份：一是，创业者；二是，体力劳动者。"

随着"大众创业、万众创新"的东风和"大学生创业引领计划"多项政策措施的出台，国家鼓励和支持更多的大学生创业，"硕士粉"的故事被报道后，许多人慕名而来，导致张天一的米粉店不得不限量销售。同年6月，第二家"伏牛堂"开业，面积足足有180多平方米。

张天一的发展愿景是伏牛堂"要做一家受人尊重的餐饮企业"。在企业管理上，张天一重视员工体验、顾客体验。他将门店利润与员工收入结合在一起，激发员工的工作热情。员工可以通过完成工作任务得"牛币"，以兑换假期或提要求。同时，他开辟了社群运营模式，在创业初期就建立社群，通过微信、QQ、微博与湖南粉丝群体互动，开展产品试吃等深度互动。张天一还建立了"霸蛮社"———一个在京湖南人的乐活空间，在这里，大家一起读书、吃饭、做公益，张天一则不遗余力地推广熟食产品。2016年，张天一当选北京市第十一届青年联合会委员。

之后，伏牛堂更名为霸蛮。2020年，霸蛮开启了线上和线下的营业模式，打造"餐饮＋零售"

的商业模式。2021 年，霸蛮已经完成 C 轮融资，累计融资金额超过 1 亿元人民币。

🔔 分析

从案例中可以看出，第一家伏牛堂的选址的选择是经历过考量的，而且张天一对顾客体验、员工体验的把握以及自己亲手做粉的一系列行为体现了新企业管理中"生存第一"和"事必躬亲"的原则。使用"牛币"的管理方式和将员工绩效和门店业绩挂钩的方式，可妥善解决管理问题，通过良好的营销方式增加店内流量，张天一对企业的运作和管理有着自己的正确的理解，并获得了成功。创业不是一样被动的事情，而是一种生活方式，在当前的时代背景下，大学生有良好的创业资源和条件，可以积极进行创业尝试，成就理想事业。

🚩 课后思考

综合本模块所学知识，完成以下问题。

（1）创办企业有哪些法律流程？新企业容易遇到哪些管理问题？

（2）同学们扫描右侧二维码，谈谈主人公在解决由选址不当而引发的问题时，其选择的方法和思路给了你哪些启示？你认为企业选址应当注意哪些问题？

扫一扫

谈出来的销售业绩